中小学课堂教学改进丛书

主编 胡庆芳 王洁

改进语文课堂

GAIJIN YUWEN KETANG

韩艳梅 编著

教育科学出版社
·北京·

出 版 人　　所广一
责任编辑　　樊慧英
责任校对　　曲凤玲
责任印制　　曲凤玲

图书在版编目（CIP）数据

改进语文课堂/韩艳梅编著. —北京：教育科学出版社，2011.6

（中小学课堂教学改进丛书/胡庆芳，王洁主编）

ISBN 978-7-5041-5563-4

Ⅰ.①改… Ⅱ.①韩… Ⅲ.①语文课-教学研究-中小学 Ⅳ.①G633.302

中国版本图书馆 CIP 数据核字（2011）第 058437 号

中小学课堂教学改进丛书
改进语文课堂
GAIJIN YUWEN KETANG

出版发行	教育科学出版社		
社　　址	北京·朝阳区安慧北里安园甲9号	市场部电话	010-64989009
邮　　编	100101	编辑部电话	010-64989449
传　　真	010-64891796	网　　址	http://www.esph.com.cn
经　　销	各地新华书店		
印　　刷	莱芜市东方彩印有限公司	版　　次	2011年6月第1版
开　　本	170毫米×228毫米　16开	印　　次	2011年6月第1次印刷
印　　张	16.5	印　　数	1-6 000册
字　　数	251千	定　　价	28.00元

如有印装质量问题，请到所购图书销售部门联系调换。

专业透视课堂问题，范例诠释教学改进

课堂观察和在此基础上的诊断改进是一种重要的、常规的，也是"专业性的教研活动"。课堂教学问题的诊断到位，有利于教学问题本身的顺利解决，同时也有助于教师之间相互学习，切磋技艺，从而优化教学艺术，实现专业水平的共同提高。在新旧课程转型的过程中，传统教研实践活动中重要的观课环节还没有真正充分体现课堂观察与问题诊断的专业性，凭经验进行判断的现象还比较突出，这些问题的存在制约了课堂教学问题的解决。在国内当前的课堂观察实践中，归纳起来主要存在以下几个方面的问题和不足。

1. 直接进入教学情境进行观察，淡化观察前对教学内容及教学目标的了解。课堂观察作为一种实践研究和问题诊断的专业活动，要求我们在进入课堂前对要观察的教学内容以及当堂课教学所要达成的目标有充分了解。这种充分的了解是观察的准备和前提，它使观察具有针对性，也使得课前计划和课堂实施有了比较的依据。观察者在进入课堂进行观察之前就必须对即将开展的教学活动有自己的理解和设想。严格意义上的观察不是一种随意进入教学情境就可以实践的活动，观察前的准备不可或缺。

当前，在新课程推进过程中，研究人员越来越多地深入到中小学，进入课堂进行"草根"研究（grass-root research），广大教研员、学科带头人不仅亲身进行课堂观察，还恰到好处地亲身演绎自己对新课程教学的理解。他们的经验表明，有了课堂观察前对教学内容及教学目标的透彻理解，自己做的教学预设，课堂观察的针对性和目的性就会大大提高，从而使得基于课堂观察所发现的问题以及由此提出的解决策略有了更强的指导意义。

2. 紧扣教学内容的完成程度进行观察，注重教学的结果，强调精心的预设和预设目标的达成，对教学过程中偏离预设而生成的新知识、新情境关注不够。传统的课堂观察是教学预设导向的，紧扣教学内容的覆盖和教学目标的达成，注重结果，而忽略鲜活课堂上生动情境中动态生成的新知识。这种导向性的课堂观察，容易使教师有意或无意识地限制学生的个性思维，阻止偏离预设答案的思想火花的形成。

教师在课堂教学中比较关注课前的预设，注意力集中在如何完成预设的教学任务。课堂中，当学生的回答不是预设的答案时，教师要么置之不理，要么直接往预设的答案上引导，不会创造机会让学生自由表达真实的想法。当学生回答有困难或词不达意时，教师往往急于用填空式的问题去帮助他或换其他学生回答。多少年来，课堂所要掌握的知识点都以结论的形式呈现出来，而相关的各种评价也主要考查学生对结论的掌握程度，致使课堂观察陷入实践的狭隘误区而不能充分发挥其预警、诊断和指导的应有功能。

3. 注重教学环节或活动形式，缺乏对其质量和效率的深度审视。传统的课堂观察注重教学环节的完备和教学活动形式的多样。如果执教教师体现了这些形式，评课时往往就会得到很多的加分，但是这些环节和活动本身的质量问题却没有得到专业的审视与分析。

例如，课堂教学中的"互动"。新课程强调教师与学生之间、学生与学生之间的互动，于是许多教师在互动环节里连串地问，有的甚至满堂地问，学生齐声作答。这类问题往往并不利于学生思维的发展，可能还会限制学生的思维，久而久之还可能导致学生思维僵化、丧失创造性。注重教学环节是否完备的传统课堂观察活动，往往因为课堂气氛活跃而隐藏了现象背后的问题。

4. 注重教师教的过程，淡化学生学的过程，难以反映学生学习的情感体验和个性化学习风格的差异。传统的课堂观察，往往注重教师教的过程以及学生的配合程度，这种课堂观察是以教师为中心的，忽视了教与学是一个过程的两个方面。新课程积极关注学生学习过程中的情感体验和学习风格的差异，弘扬人文精神，力主对学生人格的尊重和生命质量的人文关怀。

新课堂观察要体现新课程的理念，设置对学生学习差异性和内心情感体验关注的维度，力求全面观察到教学经历的全部事件，真实地、深层次地反映教学过程中重要的反馈信息。教师对学生学习过程中情感体验和学习风格差异的尊重可以从许多教学细节反映出来，包括尊重学生的隐私、人格、思维和表达的方式，创造性地设计适合不同学生认知方式的真实性任务，从而达到殊途同归的教学效果。新课程的教学不仅关注知识与技能目标的达成，同时还强调过程与方法、情感态度与价值观。在新课程实践过程中，围绕知识与技能目标的教学设计成为主流，其他的二维目标形同虚设而被边缘化。

5. 注重对规定教材内容的审视，对教师在课程二次开发过程中体现出的智慧与创造性关注不够。传统的课堂观察，以教材为本、以教材为纲的思想过于突出，限制了教师课程实施的创造性。适应了传统课程教学的教师最不适应的就是没有教参造成的失落感。"用教材而不是教教材"的观念转型，要求教师不能停留在教材本身所呈现的知识框架上面，而要根据学生的具体情况做灵活调整，或整合，或拓展，真正实现"用教材来教"。

新课程表达了"教师即课程"的先进理念，手头的教材是一种参考的文本，尚需教师基于自身的经验和理解对教材进行二次的开发和加工，最终实现把专家编制的课程变成教师自己理解的课程，并在鲜活的课堂上一起和学生合作，建构起教师与学生共享的课程。新课程的理念自然要反映到新的课堂观察中来，要求课堂观察充分关注教师对课程进行二次开发的程度。

基于对传统的课堂观察及其评价活动的反思，以及秉承"以专业理性的力量提升课堂观察与问题诊断的品质从而实现教学改进"的理念，"中小学课堂教学改进"丛书的研究团队将分学科深入到中小学课堂教学的第一线，和中小学第一线的教师们共同确定课堂教学中需要克服的教学难题并作为实践研究的专题，以团队合作的方式群策群力，以抓住问题不放松的执著与智慧，以打破砂锅问到底的气魄与韧性，直至促成课堂教学问题得到比较圆满的解决，并由此总结出与专题相关的对教学实践具有借鉴与指导意义的结论与观点，从而尽可能在最大范围内实现实践理性的辐射与推广。

"中小学课堂教学改进"丛书主要面向中小学第一线的广大教师、教研室教研员、教育研究机构的研究人员以及教师培训机构的培训工作人员。本丛书首批推出《改进英语课堂》《改进语文课堂》《改进数学课堂》和《改进科学课堂》。

希望并期待本套丛书的出版实现我们和谐奋进的研究团队良好的初衷！

胡庆芳
2010 年 11 月于上海

目　　录

第一章　阅读教学：构建整体设计的行动框架 ／（1）

阅读教学，一直是语文教学的"重中之重"，却也是语文教学中费时最多、收效甚微的。主要原因在于，教师习惯于在课堂上以自己的思考代替学生的思考。作为教师的我们要积极行动起来，尝试改变。本课例的研究从如何促进学生思维、深入理解课文的策略与方法角度切入，进而构建阅读教学整体设计的行动框架。

第一节　课例研究报告／（1）

有效的阅读教学设计具备三个基本特征：（1）教学流程的每一步都必须为教学目标服务；（2）要考虑到教学时间分配与教学内容的匹配；（3）问题的设计要有梯度、有过渡、有衔接，能够激发学生的认知冲突。有效的阅读教学要加强四个环节设计：（1）提出问题环节，要注意创设问题情境；（2）问题解决环节，要围绕学生已有的经验、体验；（3）得出结论环节，要引导学生自主得出；（3）评价反馈环节，要促进学生的发展。有效的阅读教学要实现三项突破：（1）要考虑阅读教学内容呈现的形式和呈现的时机；（2）要创造条件，唤醒学生学习语言文字的意识；（3）要教给学生必要的阅读技巧和策略。

第二节 教学设计改进/（11）

第一次课对"随文识字"处理有些机械化。第二次课，采取"开火车"的方式集中认读，省时高效，把更多的时间留给学生思考与理解课文。第三次课鼓励学生进行迁移与联想，将生活中的经验引申到文本，活化对文本的理解。

第三节 课堂教学实录/（19）

第一次课在教学重点与难点的突破上比较勉强，看似活跃的课堂缺少深度的互动，学生对文本内容的理解仍停留在表层。第二次课执教教师尝试在某些重点环节上突破，尤其是在教学策略的使用上进行了积极的、有意识的尝试，教学目标的达成度比第一次课要好。第三次课执教教师"在文本和学生之间做媒"，从学生可触可感的教科书、从学生的生活经历入手，层层设置问题，铺设阶梯，教学难点得以顺利突破，教学目标有效达成。

第四节 同行教学评价/（63）

"这是一堂充满语文味的课堂，是扎扎实实的语文课堂。课堂有起有伏，在提高学生综合素养的同时，又回归朗读，读得有层次、有感悟、有深情，情景交融的阅读教学，活化了课堂，学生乐于接受。"

第二章 写作教学：着眼过程指导的实施原则/（67）

阅读和写作就好像鸟的双翼，缺一不可。困扰目前写作教学的有三大问题：缺乏科学的教学序列——作文应该教什么？缺乏翔实的教学内容——作文用什么来教？缺乏有效的教学过程——作文应该怎样教？本课例的研究拟探索写作教学过程指导的有效原则与策略。

第一节 课例研究报告/（67）

写作教学要实现教学转向，必须真正关注学生写作过程中遇到的困难与需求。写作教学要重视对学生写作"过程"的指导和设计。写作教学要提供写作策略和相应的训练。写作教学要融合在语文综合学习过程中。

第二节 教学设计改进/（73）

第一次课根据学本目标来定教学目标，通过揭示课题，抓住关键词理解学习目标来导入，但把写作中的范文当成了阅读课中的范文来教。第二次课的改进体现在把教学重点放在唤醒学生的生活积淀，激发学生的真实体验，通过实例比较强化写作要点，总结写作方法。第三次课增加了"学会感受材料中的动情点"的学习目标，并将"感受动情点"作为整堂课的教学主线和关键，强化了对学生认知历程的引领。

第三节 课堂教学实录/（77）

第一次课围绕学习目标，围绕实例导入、名作赏析、他山之石、交流构思、片段仿写、篇章训练等环节依次展开，教学过程环环相扣。第二次课引导学生从社会选取难忘的一幕，片段仿写，使学生感受、感悟、领悟得更深；第三次课已渐进臻于完美的境界。

第四节 同行教学评价/（107）

"引导学生为生活而驻足留心、为生活而涌动真情"、"教会学生获取知识的过程，其价值要远远高于获取知识和技巧本身"……

第三章 图画书教学：播撒语文综合实践活动的创新种子/（110）

语文教学如何实现学生听说读写的整体发展，如何沟通书本知识与实践活动的紧密联系，一直是语文教师的孜孜追求。然而，课堂上的语文课本，学生早已提不起兴趣。滞后的选篇，枯燥的分析，把学生对文字的美好情感一点点消磨掉了。语文教学真的没有出路了吗？并非如此。其实，在语文拓展课上，我们还是欣喜地发现了许多风景，图画书教学就是其一。图画书教学填补、丰富了语文教学的空间，为学生们带来一个文字与图画相融合的视觉盛宴，它不但有利于培养学生丰富的想象力，而且有利于孕育一颗颗美丽心灵，语文教学如能利用两者的长处，将会为学生形成语文素养奠定坚实的底子。

第一节 课例研究报告/（110）

图画书是语文综合实践活动的媒介之一，因其形式新颖，颇受学生喜爱。图画书教学提供给我们的启示是：(1) 语文综合实践活动是跨学科的，不应局限于文学阅读。(2) 学生的语文能力不是教师讲出来的，而是学生通过听说读写的活动，通过言语实践学会的。(3) 语文综合实践活动强调学生主体的地位，强调发挥学生主体的作用。(4) 语文实践活动是一个时空开阔的言语实践场，要融阅读、写作、口语交际于一体，要体现听说读写能力的应用与发展，使语文内部各个要素相互协调，互相为用。(5) 语文综合实践活动要提供在具体的言语环境中开展言语实践的机会。言语实践活动的设计与日常生活，与实际的语言环境应该有一定联系。

第二节 教学设计改进/（113）

第二次课的教学设计改进较大，进行了适当的"仿说"练习，既训练了学生的口头表达能力、组织语言的能力和想象力。但因把目标定位在阅读、理解故事，而相对淡化了图画的欣赏，导致学生"沉浸"不够。第三次课的教学设计聚焦教学目标，割舍了部分内容留出更多的时间给学生品读和思考。

第三节　课堂教学实录／(127)

第一次课上，引导学生欣赏《活了一百万次的猫》，激发学生想象空间，大胆丰富情节。课堂上学生的反应热烈而顺畅。第二次课因教学内容过多，学生静下心来去赏、去悟、去创造的时间不够。第三次课几乎所有的学生都积极参与课堂上的每一个学习活动，表现出浓厚的学习兴趣，在赏读中享受着心灵的自由成长。

第四节　同行教学评价／(148)

"几乎所有的学生都积极参与课堂上的每一个学习活动"、"学生独具慧眼，善于发现；联想翩然，想象奇特"……

第四章　信息技术与语文教学：架设整合的互动平台／(150)

电子交互白板目前在欧美和世界其他地区的教育教学改革中方兴未艾。而能即时反馈课堂教学效果的"按按按"互动反馈技术，在课堂领域的应用也尚不多见。从未来的发展趋势，二者的有机整合，将对语文课堂教学产生无法估量的作用。本课例通过引入功能强大、使用方便的交互白板和具有即时反馈功能的"按按按"技术，尝试探索信息技术与语文课堂教学的有机整合。

第一节　课例研究报告／(150)

信息技术与语文课堂教学整合的应用要点：(1) 电

子白板、"按按按"，这些都是技术，学与教的最终效果不是取决于技术的高低，关键是合理的教学设计，适当的教学方法、有效的组织、内容与资源的合理安排、师生的互动以及各种技术功能的巧妙结合。（2）教师要有意识地将各种技术融入自己的教学设计理念中，并能够将已有资源和自主设计的白板资源、互动反馈技术整合进自己的课堂教学中。

信息技术与语文课堂教学整合的应用策略：（1）促进学生主动学习，教师由"点击"转为"点拨"；（2）创设合适的情境。丰富的视觉刺激会引起学生视觉期望，并使注意力保持在较高的水平。（3）整合多种技术，发挥技术的多种功能。（4）多种教学策略要有机结合。

第二节　教学设计改进/（155）

第一次课运用电子白板技术的"圈画"、"拖曳"功能，抓住学生的注意力。第二次课增加了白板"遮幕"功能的运用，激发了学生的探究欲和想象力。第三次课增加了互动反馈技术——"按按按"，将学生思维过程显性化，教学效果得到即时反馈。

第三节　课堂教学实录/（169）

第一次课充分发挥白板的书写勾画功能，加深了学生对重点词语的理解，但师生互动不够。第二次课通过白板的"遮幕"功能进行想象造句，深化文本理解。第三次课通过"按按按"促进了师生、生生互动，并为及时调控课堂教学提供反馈依据。

第四节　同行教学评价/（184）

"既有个体的积极参与，又有群体的通力合作"、"既有利于教师的扬长避短，更有利于教师在高起点上发展"……

第五章 优化教学环节：积累重组整合的实践智慧/（190）

课堂教学环节既是一堂课的结构，也是为了实现教学目标而设计的一系列任务板块的组合，其间的协调与促进是课堂教学成败的关键。调研发现，在当前小学语文的教学过程中还存在以下方面的疑难与困惑：新编教材单元众多，课时调配余地有限；单元囊括字词句篇、听说读写样样俱全；教学设计沿袭教材，教教材胜过用教材；环节组合随意性强，过渡转换缺乏艺术；活动设置目标单一，三维目标疏于整合。

第一节 课例研究报告/（190）

优化教学环节的实践智慧可以总结如下：（1）设计统领全篇的问题链，使教学环节环环相扣。（2）弄清语篇学习的重点、难点，使教学环节重点突出。（3）整合教学目标的三维度，使教学环节融通渗透。（4）做好时间分配的加减法，使教学环节经济实效。

第二节 教学设计改进/（201）

执教教师为第一次课确立了四个教学目标，即认识课文中出现的"趾爪"等10个生字词，发挥想象力讲述该故事，通过学习该故事学会自我保护，激发学生阅读鲁迅等名家名篇的兴趣，并设计了课堂导入、整体感知、课文研读和综合提高四个教学环节展开教学。第二次课教师精简为前三个教学目标。第三次课教师放大了细致研读和综合提高环节的故事复述以促进阅读文本阅读质量的提升。

第三节 课堂教学实录/（210）

三次课的持续探索与改进，清晰地表现出这样的脉络：第一次课，设计了"总—分—总"阅读教学环节的组合，细致研读环节有鲜活生成，但教学环节有机联系欠缺，语篇整体理解不到位。第二次课，问题驱动课堂，想象说话有新意，但语篇关键字眼分析不定位，挖掘文本力度不够。第三次课，朗读凸显语篇感知，角色扮演盘活课堂。

第四节　同行教学评价／（242）

"本节课教师在教学环节的设计上做了许多改进。……只是在质疑时没让学生提出有质量的问题……""在知识与技能目标方面，为了促进学生理解语篇，教师请学生对课题进行质疑；使用停顿符号，指导学生朗读好长句；通过比较句子，体会猫教老虎本领时的耐心、认真；运用改写句子的方法，把老虎的想法，改成老虎在心底里说的话；利用想象说话，把猫早知道老虎的来意及猫是怎么想的表达出来等。这一系列的设计，都为学生理解寓意做了铺垫……"

后记／（245）

第一章　阅读教学：构建整体设计的行动框架

第一节　课例研究报告[①]

阅读教学，一直是语文教学的"重中之重"，也是语文教学中费时最多、收效甚微的。究其原因，归根结底，就是教师在课堂上以自己的思考代替了学生的思考，学生的思维始终没有被激发起来，即便有一点思考，也是"浅"思考。学生在课上往往挖空心思捉摸教师可能的"标准答案"是什么，却始终没有全身心地"投入"思考。这其中的病症，不在于学生，而在于教师，在于教师没有教会学生如何"沉浸"，如何去"思考"。这就是语文教学的真正目的，即"教会学生怎样想而不是想什么"。

在阅读教学中，促进学生思维、深入理解课文的有效策略与方法一直是国内语文阅读教学所忽略的。本课例研究以"运用阅读策略，提高阅读教学有效性"为专题，选择执教的课文是九年义务教育课本三年级第五册第六单元第三十课《想别人没想到的》。

课文讲述的是一位画师考三个徒弟的故事，画师要看看谁能在一张同样大小的纸上，画出的骆驼最多。大徒弟画满了很小很小的骆驼；二徒弟画的是许许多多的骆驼头；小徒弟虽然只画了两只骆驼，一只完整，一只露出脑袋和半截脖子，但画面却营造出数不尽的骆驼的情境，让人拍案叫绝。课文虽然篇幅短小，却为学生看世界打开了一扇明亮的窗户，从中获得对社会、

---

① 本课例的研究除了有执教教师所在的上海市实验小学语文组全体教师的参与外，还得到了香港教育学院余婉儿博士的现场指导，特别是在课后交流、研讨中，有关阅读教学的不同的视角给予本研究以更深入的思考与更开阔的视角，特此一并感谢。

改进语文课堂

人生的有益启示，对开阔学生的思维，培养学生的创新意识具有积极的意义。

一、第一次课试教

在第一次课试教的过程中，执教教师把指导学生随文学习理解少量的重点词句与整体感知同理解课文内容紧密结合起来，层层推进，最终突破本课的教学重点与难点，即"理解画师称赞小徒弟的原因"。从整节课的教学来看，教学思路比较清晰，问题设计得也比较精心，能以学生思维中的困惑为出发点，提出要学生思考与探索的问题，一步一步推进教学，基本完成了预设的教学目标。

本节课的教学，是我们经常看到的常态下的一种课堂形态，既真实，又朴实。

1. 课题引入新颖有趣，别具特色。执教教师出示一个圆，通过"在一张白纸上画一个圆能让你想到什么"这一问题，一下子激发了学生的思维涟漪，学生的答案千奇百怪，执教教师顺势揭示课题"想别人没有想到的"。

2. 加强朗读训练，引导学生读出某些关键句所表达的语气。例如，当大徒弟用细笔密密麻麻地在纸上画满了很小很小的骆驼，而自以为自己画得最多，得意洋洋时，让学生揣摩大徒弟的心理感受，带着得意的神情来读一读；当学生对小徒弟只画了两只骆驼却是画得最多的而感到奇怪时，让学生带着疑惑的神情来读文本。

3. 重视词语教学，运用多种方法引导学生体会关键词、句的表达效果。例如，联系上下文理解；用近义词替代；选择解释条，教师对这些方法的运用驾轻就熟，与阅读教学有机融合。

除此之外，教学中可圈可点的亮点就不多了，并且原定一节课35分钟的教学，实际超出时间达10分钟之久。这其中除了课文本身看似简单实则有一定难度外，更主要的是执教教师对教学目标、教学环节、教学内容的处理还显得拖沓，不够紧凑，存在以下一些问题。

观察发现

1. 知识与技能教学目标仅仅局限于对生字词的学习，未能从阅读的角度去思考如何设定教学目标，即教给学生简便易行的阅读技能，授之以"渔"。

2. 将本节课要求认读的6个生字分散在6处来学习，几乎每次学生对课文内容的思考刚刚渐入佳境，就被"生字的学习"给打断了。思维的火花一次次被浇灭，实在可惜。

3. 学生的思维未能被有效地激发，在教学重点与难点的突破上比较勉强，看似活跃的课堂缺少有深度的互动，学生对文本内容的理解仍停留在表层。

问题诊断

1. 知识与技能教学目标仅局限于"学习本课'召'等6个生字、积累'半截'等8个词语，理解'连绵起伏'等词语的意思"上，还显单薄，应教给学生阅读的一些策略。三年级的学生已有一定的阅读量，但缺少阅读策略，因此，需要教师为学生提供适当的阅读指导，有意识地运用阅读策略训练来提高学生的阅读能力，帮助学生扫除阅读方面的障碍。例如，帮助学生运用自身的经验、词汇和语言方面的知识，积极思考，获得对文本内容的准确把握；能够预知在阅读过程中学生可能遇到的困难，进而有目的地、积极主动地去解决阅读障碍。

2. 对"随文识字"的理解有些机械化。"随文识字"是一种比较好的学习生字的方法，即把生字的学习放到文本的语境中来进行。但这并不意味着，生字的学习要与语段的学习同步进行，不能文本阅读到哪里，就识字到哪里。因为如此一来，阅读中的思维过程就会被打断，难以形成对文章的整体感知与理解。例如，课文原句"只露出脑袋和半截脖子的骆驼"中的"截"字的学习过程。以下是教学实录。

师：另一只是只露出脑袋和半截脖子的骆驼。

师：这里有个生字，一起读。

生：截。

师：这个字的笔画特别多。跟着老师来写一写。拿起手来。

师：先写……

生：横，竖。

师：一个十。接着写一长……

生：横。

师：下面注意是一个"隹"字。有……

生：四横。

师：最后写……

改进语文课堂

　　生：斜勾，撇，点。
　　师："截"这个字的部首是……
　　生："歹"字部。
　　师：不叫"歹"字部。
　　生："戈"字部。
　　师：对，就是老师红笔出示的"戈"字部。
　　师：这个"截"字在这里是一个量词，表示（动作比画），一截就是……
　　生：一段。
　　师：虽然我们只看到脑袋和半截脖子。但是我们知道，这也是一只骆驼。

　　3. 学生思维的火花未能充分点燃，对教学难点和重点的突破还不到位。学生对"小徒弟只画了两只骆驼，但画师为什么称赞了小徒弟"这一问题的理解，仅停留在课文中画师对此的解释上，停留在教师对此段文字展开的描述上，学生并没有从心底里对这一情境产生真切的理解，因此，学生的回答也是按部就班，落入教师预期的答案之中。其实，学生最终也没有真正搞清楚为什么小徒弟只画了两只骆驼，但却是画得最多的。以下是教学实录。
　　师：第二只骆驼是怎么样的骆驼？
　　生：只露出脑袋和半截脖子。
　　师：对呀，这只露出脑袋和半截脖子的骆驼是若隐若现的。
　　师：透过这只若隐若现的骆驼，你仿佛看到了什么？
　　生：看见了后面还有很多很多的骆驼。
　　师：闭上眼睛，展开你想象的翅膀，一起走进小徒弟的画中：去看看到底是不是这么回事？
　　师：眼前是连绵起伏的群山，山峦叠嶂，一座山峰接着一座山峰，望不到头。听，幽幽的山谷中，传来阵阵的驼铃声，近了，近了，露出了一只骆驼的脑袋和半截脖子，慢慢地，它迈着轻快的步子走了出来。在它身后，又一只骆驼的脑袋和半截脖子从山谷中露了出来，一会儿工夫它也迈着轻快的步子完整地出现在我们眼前。瞧，身后又出现了一只骆驼的脑袋和半截脖子……数一数，一只、两只、三只、四只……十只……一百只……一千只……还有，还有，你能说得清会从这连绵不断的山谷中陆陆续续走出多少只骆驼吗？说得清吗？

4

生：说不清。
师：数得完吗？
生：数不完。

改进建议

1. 知识与技能教学目标保留原有的字词教学，但有必要补充培养学生掌握简单的阅读技能方面的目标。例如，猜测（推测）策略、提出问题策略、假设想象策略、比较阅读策略和角色扮演策略等。教师可根据学生的认知与接受情况，选择其中的一两种阅读策略在教学中渗透。

2. "随文识字"要选好"时机"，灵活施教，切忌琐碎、分散。可相对集中来统一处理，也可根据需要边阅读边学习。但切记识字不能干扰阅读与思考的连贯性。

3. 设计生动的情境，把感性的认识与课文中的语言描述结合起来，以突破教学难点和重点。

二、第二次课改进

本节课执教教师能敏锐地抓住上次教学中的不足，力求在某些重点环节上突破，尤其是在教学策略的使用上进行了积极的、有意识的尝试，取得了一定的成效。教学目标的达成度比第一次课要好，教学语言更简练，对学生的引导也比较到位。教学中呈现出更多的闪光点。最明显的改进如下。

1. 6个重点生字的学习采取"开火车"的方式集中认读，省时高效，把更多的时间留给学生思考与理解课文。

2. 运用课题猜测策略，目的是激起学生探究新知的欲望，引导学生在阅读时从文本中提取相关信息，更加主动阅读，印证自己的想法。教师在引出课题（《想别人没有想到的》）后，提出了这样一个问题："读了课题你有什么问题吗？"一石激起千层浪，这一发问，激发起学生五花八门的猜测与质疑，提出了一连串的问题，如，"谁没有想到？""他想到了别人没有想到的什么？""那个人是谁？""'别人'指的是谁？"等一连串的质疑，既抓住了文章的重点，又体现了文章的中心，既蕴涵着创新的萌芽，实际上又是一个积极思维的过程。正如执教教师所言，"我要做的就是通过教学艺术策略将学生智慧的火花拨旺，直至绽放出美丽的火焰"。

3. 运用角色扮演策略，激发学生思维火花，加深对文本的理解。教师

改进语文课堂

引导学生把自己想象成课文中的某一角色，设身处地，尝试去想该怎么办。如，"如果你是大徒弟，听了师傅的要求，你在作画前会怎么想呢？""'该怎么办呢？'这是二徒弟在问自己，但是他没有回答自己。你们来说说看二徒弟该怎么办？"

与第一次课相比，第二次课有了很大的改进，但在教学难点的突破上依然有进一步改进的潜力和空间，在观课中，我们发现了如下问题。

观察发现

1. 创设的动画情境并没有取得预期的效果，学生对"为什么小徒弟只画了两只骆驼，但却得到画师的称赞？"这一教学重点和教学难点的理解尚未完全突破。

2. 问题的设计缺少坡度与递进，问题与问题之间的关联性还不够紧密。因此，从教学的"课貌"角度来看，教师还难以紧紧抓住学生。师生之间、生生之间的互动表面看起来似乎流畅，但总感觉热热闹闹的背后，碰撞出来的思想"火花"还未完全激发出来。

3. 教学尾声的拓展内容，虽与课文具有相关性，并对进一步激发学生创造性思维有帮助，但由于前面教学难点的突破耗时太长，所以这部分内容显得有些仓促。尽管如此，教学时间仍然超过 5 分钟。

问题诊断

1. "为什么小徒弟只画了两只骆驼，但却得到画师的称赞？"这一教学难点没有得到有效突破，主要是因为学生受年龄所限，认知水平尚未达到一定的程度，因此，误以为画的数量越多越好。第一次课中，执教教师用优美的语言创设情境，并出示了一幅静态的图片（见图 1），但显然学生并未从中受到多少启发。第二次课中，执教教师改用动画创设情境（见图 2、图 3），学生对此中原因的理解变得容易一些了。显然，从静态到动态的改变，在教学效果上有了一定的进步。但这也同时引出了另一个问题，即，用动画展示的画面，代替了学生的思考，学生依然是被动地接受。并且从课后与学生访谈中，我们也了解到，一部分学生依然认为是二徒弟画得多，而不是小徒弟画得多。看来，这些"感性"的情境创设，是以损伤学生的思维过程为代价，适得其反，学生并没有真正真切的感受与体验，只能是表面的认同。

2. 阅读教学中，问题的设计是非常关键的，它决定了教学的方向，教

第一章　阅读教学：构建整体设计的行动框架

图1（第一次课）

图2（第二次课）　　　图3（第二次课）

师要把学生带往何处，通过何种途径引导方向与内容，直接决定了教学的成效。尤其是对低年级学生而言，问题的设计更要考虑到学生思维的特点与方式，要与学生在特定年龄阶段的认知特点相一致，要循序渐进，由易而难，由浅入深，由局部到整体，由分散到综合。教师抛出来的看似是一个一个独立的问题，但这些问题串联在一起，应是一个相对完整的问题链，给人以一气呵成之感，这样教学内容才会紧凑，并沿着既定的方向推进。

3. 在教学难点突破上，还没有完全达成目标的情况下，为追求"新颖"，把教学时间过多地放在拓展内容"踏花归来马蹄香"上，忽略了教学内容要为教学目标服务这一首要标准。

改进建议

1. 从学生生活实际出发，设计适当的教学环节，引导学生体验"连绵不断"、"连绵起伏"、"若隐若现"所表达的含义；鼓励学生进行迁移与联想，将生活中的经验引申到文本当中，使其最终明白，小徒弟虽然只画了两只骆驼，一只骆驼从山中走出来，另一只骆驼只露出了脑袋和半截脖子，但却是"部分代表整体"，是言尽意无穷，给人以无限遐想的空间，所以说他画的骆驼最多。

2. 对问题进行整体设计，采用"阶梯式"或"递进式"的提问方式，为学生理解体验文本做了必要的支撑和铺垫。要做到一个问题一个台阶，第一个问题为第二个问题做铺垫，第二个问题又是第一个问题的发展和延伸，以此逐步推进思考的方向与深度，最终达到预期的教学目标与效果。

3. 加强教学内容与教学目标的一致性，教学的最后拓展环节内容，不一定非要用课外的内容，也可以结合课文本身内容的拓展延伸出去，如"你最喜欢课文中的哪个角色"，这样的问题有助于加深学生对文本的思考与评价，且因前面对文本的理解已经有了一定的基础，学生就有了畅所欲言的可能，教学时间也会更充裕。

三、第三次课改进

观察发现

1. 本节课在教学难点（小徒弟的画为什么能得到画师的称赞？）的突破上，没有用优美的语言描述，也没有用生动活泼的动画来创设情境，而是"在文本和学生之间做媒"，在学生一筹莫展时，从学生可触可感的教科书入手，从生活经历入手，层层铺设阶梯，直至学生自然而然发自内心地搞清楚，原来小徒弟画的骆驼最多，教学难点得以顺利突破。

2. 以问题激发学生思考、品读课文，问题设计有梯度，衔接紧密，层层推进。这六个问题如下：

画师召集徒弟究竟要考什么？

画师看了三个徒弟的画之后分别有什么反应？

为什么画师不满意大徒弟和二徒弟的画，而对小徒弟的画却点头称赞呢？三个徒弟分别画了什么？

三个徒弟这么画，一定有他们的道理，画之前会怎么想？

一开始大徒弟和二徒弟都认为自己画的骆驼最多，听了师傅的话，他们还这么认为吗？

课文中的四个人物中，你最喜欢谁？为什么？

3. 本节课的拓展环节，教师把前两次课中一直用宋太祖赵匡胤靠画取仕的"踏花归来马蹄香"的故事来升华课文所揭示的主旨的做法，改为结合课文本身的延伸思考，使整节课的教学更加浑然一体，不蔓不枝，且更加有深度。尽管前两次课中的做法也不错，但从学生认知情况及有限的课时来考虑，本节课的做法更可取。

诊断分析

1. 在难点突破环节，教师是这样层层铺垫，突破难点的：就地取"资源"——手中的语文书；生活中的资源——"旅游中车子在盘山路上行驶的情景"；闭上眼睛，伴随"驼铃声"，插上想象的翅膀，入情入境；睁开眼睛，读一读，细细品味，体会反问句所加强的语气。经过层层铺垫，把文本还原为学生可感受的、可触摸的形象世界，唤醒了学生对语言文字的体验过程，至此，水到渠成，从学生豁然明亮的眼神中，我们看到文本的难点已被突破。

2. 教学问题的设计有梯度，为课堂教学内容的逐步推进搭建了"台阶"，降低了任务达成难度；教学问题的设计既有合理性，又有逻辑性，符合学生思维的认知规律，激发学生的认知冲突；教学问题的设计前后衔接紧密，给人以行云流水般的感觉。

3. 教学最后的拓展环节，教师提出了一个非常有价值的、开放性的、且能引发学生积极思考的问题——"文章中有几个人物，你最喜欢哪一个？"这一问题引领着学生把自己对课文的理解、对人物的态度拿出自己的判断，并能自圆其说地解释理由。教师没有限定"标准"答案，答案也不是唯一的。从学生畅所欲言的回答中，我们看到，学生对文章吃得很透，有自己的见解，有创造性和批判性的思考。特别是对"画师"这个人物，一般在教学中往往是被忽略的，但是本节课，因问题的开放性，所以学生的视角被打开了，对问题的思考也更加深入了。例如，有的学生说，"我最喜欢画师，因为画师让大徒弟和二徒弟懂得小徒弟的这幅画到底好在哪里"。一个三年级的学生能从这样的角度来思考问题，是相当不易的。这也告诉我们，不要低估学生的能力，只要给他们足够的舞台，创造有利的条件，他们的潜力就可以得到更大的开发，会带给你意外惊喜。

四、针对有效阅读教学形成的经验与共识

1. 有效的阅读教学设计具备三个基本特征

（1）教学流程的每一步都必须为教学目标服务，要考虑到教学容量、教学手段、教学方式、教学方法与教学目标的一致性。

（2）要考虑到教学时间分配的合理性与教学内容的特征相符合。

（3）教学问题的设计要有梯度、有过渡、有衔接，要符合学生思维的认知规律，激发学生的认知冲突，教给学生如何探索新知的方法。

改进语文课堂

2. 有效的阅读教学要加强四个环节设计

（1）提出问题环节，要注意创设问题情境，包括生活情境和虚拟情境。并通过新鲜有趣的形式引发学生的好奇心。

（2）问题解决环节，要围绕学生已有的经验、体验及未来的发展展开，设置合适的台阶，运用恰当的教学组织方式，引导学生主动参与交流讨论，凸显解决问题的过程。

（3）得出结论环节，引导学生自主得出结论，教师不要越俎代庖，允许不同结论的存在。

（4）开展评价环节，通过评价，分析彼此的长短处，总结该方法与以前所学有何不同，反思合作性学习的有效性，从而提高学生的信心，促进学生的发展。

3. 有效的阅读教学要实现三项突破

（1）要考虑阅读教学内容呈现的"形式"和呈现的"时机"。"对于知识呈现过程中'时机'与'形式'维度的审视，需要有对教学内容的透彻理解以及对学生情境认知的深刻洞察"[1]。例如，阅读教学中的"字词教学"，要选好"时机"，才能处理好字词教学与文本阅读之间关系。何时集中识字，何时随文识字，要考虑到阅读的需要，识字不能干扰阅读与思考的连贯性。

（2）要创造条件，唤醒学生学习语言文字的过程，让学生进入文本，去体验其中的思想、意象或人物，达到理解的目的。借助一定的方法手段，引导学生调用以往的生活经验和熟悉的生活场景，把书面语言转换成直观的、可感受的、可触摸的现实的形象，或者通过生动的口头语言，使学生如临其境、如闻其声、如品其味，如此，学生的思考才有抓手，思维的转换才能完成。

（3）要教给学生必要的阅读技巧和策略，鼓励学生学会阅读并掌握常用的、基本的阅读方法，这有助于提高阅读教学质量。例如，"利用语境"策略来理解词义，联系词语所在句子理解词义，或联系上下文理解词义；"推测标题"策略，标题是"文眼"，根据标题推测文章内容，可以促进学

---

[1] 胡庆芳. 听诊英语课堂：教学改进的范例[M]. 北京：教育科学出版社，2009：5.

生积极思考，尽快进入文本，提高阅读的主动性、理解水平和速度，还有"角色扮演"策略，"词义替换"（如近义词替代）等策略，这些策略，对培养学生创造性地思考问题和批判性地思考问题都非常有好处。

第二节　教学设计改进

一、第一次教学设计

课题：《想别人没想到的》；九年义务教育课本三年级第五册第六单元第三十课

授课教师：上海市实验小学　陆　蕾

教学目标

知识与技能

1. 学习本课6个生字"召、俩、截、幅、若、恰"；读准"召"和"俩"的读音，了解"截"的字形。

2. 积累"召集、果然、他俩、半截、恰好、连绵起伏、若隐若现、恍然大悟"8个词语。

3. 理解"连绵起伏、若隐若现、恍然大悟"等词语的意思。

过程与方法

1. 能正确流利地朗读课文。找出三个徒弟是如何完成画师要求的句子。

2. 能结合课文有关内容，用"虽然……但是……"理解画师称赞小徒弟的原因。

情感、态度与价值观

明白要勇于开拓创新、勤动脑、多思考，才能想到别人所想不到的，才能有新的收获。

教学重点

理解课文内容，体会画师称赞小徒弟的原因。

教学难点

理解画师最后说的那段话。

改进语文课堂

教学过程

(一) 设疑激趣，谈话导入

1. 出示：一个圆。

问：看到这个圆，你想到了什么？

2. 板书课题：《想别人没想到的》。学生齐读课题。

(二) 初读课文，整体感知

1. 根据提示，轻声读课文，标上小节号，给生字注音，并试着自己说说课文讲了一件什么事？

2. 出示下列句式，帮助学生把握课文内容。

画师召集三个徒弟，让他们＿＿＿＿＿＿，看谁＿＿＿＿＿＿＿。大徒弟＿＿＿＿＿＿，二徒弟＿＿＿＿＿＿，而三徒弟＿＿＿＿＿＿，却得到了画师的高度赞扬。

学习生字：召（正音）

(三) 品读课文，感悟妙处

1. 画师要考徒弟什么？课文哪一段是写这个问题的，找出来读一读。

出示：他给每个徒弟一张同样大小的纸，让他们画骆驼，看谁画的骆驼最多。

2. 画师看了三个徒弟的画之后分别有什么反应？

出示：画师看了他俩的画，没有露出满意的神情，当他拿起小徒弟的画时，禁不住点头称赞。

学习生字：俩（正音，理解意思）

板书：不满意　称赞

3. 学生默读课文，用直线画出三个徒弟各是怎样画的句子。

4. 交流阅读感受，对比探究，重点感知三徒弟的画。

(1) 交流出示三个句子。

大徒弟用细笔密密麻麻地在纸上画满了很小很小的骆驼。

他画了许许多多骆驼的头。

小徒弟只画了几条弯弯曲曲的线，表示连绵不断的山峰，一只骆驼从山中走出来，另一只骆驼只露出脑袋和半截脖子。

(2) 三个徒弟这么画，一定有他们的道理，当时他们会怎么想？

(3) 讨论大徒弟的想法和做法。

12

随机板书：密密麻麻　很小很小

　　指导朗读，读出得意的语气。

　　（4）比较大徒弟和二徒弟的画，谁画的骆驼更多？当时他是怎么想的？

　　板书：许许多多　头

　　理解"果然"一词。

　　指导读句。

　　（5）了解小徒弟的画究竟画了什么。

　　学习生字：截（笔顺书空）

　　板书：连绵不断的山峰

　　5．学生质疑引出画师的话。

　　6．用曲线画出画师说的话。

　　（1）出示：你们看这幅画，画上虽然只有两只骆驼，但它们在连绵起伏的群山里走着，若隐若现，谁也说不清会从山谷里走出多少只骆驼，这不恰好表明有数不尽的骆驼吗？

　　（2）学习生字：幅　若　恰

　　（3）理解"若隐若现、连绵起伏"的意思。

　　（4）创设情境，理解画师的话的含义。

　　（5）理解"这不恰好表明有数不尽的骆驼吗"的含义。

　　（6）指导朗读。

　　7．理解"恍然大悟"的意思。

　　一开始大徒弟和二徒弟都认为自己画的骆驼最多，听了师傅的话，他们还这么认为吗？从哪个词看出来？

　　什么叫"恍然大悟"？他们"悟"到了什么？

　　用"虽然……但是……"说话练习。

　　8．再次出示填空，根据板书指导概括课文主要内容。

　　出示：画师召集三个徒弟，让他们＿＿＿＿＿＿，看谁＿＿＿＿。大徒弟＿＿＿＿，二徒弟＿＿＿＿，而三徒弟＿＿＿＿＿，却得到了画师的高度赞扬。

　　9．师小结。

　　板书：动脑　创新

　　（四）拓展延伸，丰富认识

　　1．如果让你画一幅"踏花归来马蹄香"的画，你会怎么画？

改进语文课堂

2. 小组讨论。

3. 出示故事。

4. 引导学生思考：主考官为什么一见十分欣喜，当众表扬了他？你从哪里看出这个人的画很有创意？他是怎么表现出香的？

5. 学生自由发言后，教师总结：我们做任何事情，要想有创意，就应该想别人没想到的。

板书设计

```
           30  想别人没想到的
             （动脑  创新）

   密密麻麻         很小很小
                              不满意
   许许多多         头

   连绵不断的山峰   若隐若现     称赞
```

二、第二次教学设计

课题：《想别人没想到的》；九年义务教育课本三年级第五册第六单元第三十课

授课教师：上海市实验小学 陆 蕾

教学目标

1. 学习生字，在语言环境中理解"果然、连绵起伏、若隐若现、恍然大悟"等词语。

2. 能正确流利地朗读课文。找出三个徒弟是如何完成画师要求的句子。

3. 能结合课文有关内容，用"虽然……但是……"理解画师称赞小徒弟的原因。

4. 明白要勇于开拓创新、勤动脑、多思考，才能想到别人所想不到的，才能有新的收获。

教学重点

理解课文内容，体会画师称赞小徒弟的原因。

教学难点
理解画师最后说的那段话。

课前游戏
出示圆,看到这样的图形让你想到了什么?

教学过程

(一) 初读课文,整体感知

1. 出示课题,质疑。
2. 学习生字。
3. 分节读课文。

(二) 品读课文,感悟妙处

1. 画师召集徒弟究竟要考什么?
2. 画师看了三个徒弟的画之后分别有什么反应?

板书:不满意　称赞

3. 为什么画师不满意大徒弟和二徒弟的画,而对小徒弟的画却点头称赞呢?三个徒弟分别画了什么?默读课文,边读边用直线画出三个徒弟各是怎样画的句子。

4. 交流出示三个句子。

大徒弟用细笔密密麻麻地在纸上画满了很小很小的骆驼。

他画了许许多多骆驼的头。

小徒弟只画了几条弯弯曲曲的线,表示连绵不断的山峰,一只骆驼从山中走出来,另一只骆驼只露出脑袋和半截脖子。

5. 三个徒弟这么画,一定有他们的道理,当时会怎么想?
6. 讨论大徒弟的想法和做法。

随机板书:密密麻麻

指导朗读,读出得意的语气。

7. 比较大徒弟和二徒弟的画,谁画的骆驼更多?当时他们是怎么想的?

板书:头　许许多多

理解"果然"一词。

8. 了解小徒弟的画究竟画了什么。

质疑。

9. 理解画师说的话。

(1) 读一读画师说的话。

(2) 理解"若隐若现"的意思。

板书：若隐若现

(3) 创设情境，理解画师话的含义。

(4) 理解"这不恰好表明有数不尽的骆驼吗"的含义。

(5) 指导朗读。

10. 理解"恍然大悟"的意思。

(1) 一开始大徒弟和二徒弟都认为自己画的骆驼最多，听了师傅的话，他们还这么认为吗？从哪个词看出来？

(2) 什么叫"恍然大悟"？他们"悟"到了什么？

(3) 用"虽然……但是……"说话练习。

11. 师小结。

（三）拓展延伸，丰富认识

1. 如果让你根据"踏花归来马蹄香"画一幅画，你会怎么画？
2. 小组讨论。
3. 听故事。
4. 引导学生思考：主考官为什么一见十分欣喜，当众表扬了他？
5. 总结：我们做任何事情，要想有创意，就要想别人没想到的。

板书设计

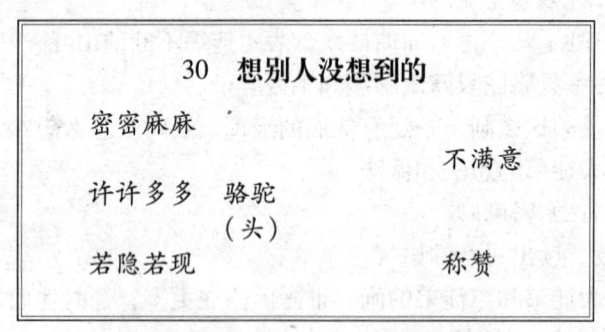

```
        30   想别人没想到的

   密密麻麻
                          不满意
   许许多多    骆驼
              （头）
   若隐若现                称赞
```

三、第三次教学设计

课题：《想别人没想到的》；九年义务教育课本三年级第五册第六单元第三十课

第一章　阅读教学：构建整体设计的行动框架

授课教师：上海市实验小学　陆　蕾

教学目标

1. 学习生字，在语言环境中理解"果然、连绵起伏、若隐若现、恍然大悟"等词语。

2. 能正确流利地朗读课文。找出三个徒弟是如何完成画师要求的句子。

3. 能结合课文有关内容，用"虽然……但是……"理解画师称赞小徒弟的原因。

4. 明白要勇于开拓创新、勤动脑、多思考，才能想到别人所想不到的，才能有新的收获。

教学重点

理解课文内容，体会画师称赞小徒弟的原因。

教学难点

理解画师最后说的那段话。

课前游戏

出示圆，看到这样的图形让你想到了什么？

教学过程

（一）初读课文，整体感知

1. 出示课题，质疑。

2. 轻声读课文，读准字音。

3. 学习生字。

4. 分节读课文。思考：画师的考题是什么？结果怎样？

（二）品读课文，感悟妙处

1. 画师召集徒弟究竟要考什么？

2. 画师看了三个徒弟的画之后分别有什么反应？

板书：不满意　称赞

3. 为什么画师不满意大徒弟和二徒弟的画，对小徒弟的画却点头称赞呢？三个徒弟分别画了什么？默读课文，边读边用直线画出三个徒弟各是怎样画的句子。

4. 交流出示三个句子。

17

改进语文课堂

大徒弟用细笔密密麻麻地在纸上画满了很小很小的骆驼。

他画了许许多多骆驼的头。

小徒弟只画了几条弯弯曲曲的线，表示连绵不断的山峰，一只骆驼从山中走出来，另一只骆驼只露出脑袋和半截脖子。

5．三个徒弟这么画，一定有他们的道理，画之前他们会怎么想？

6．讨论大徒弟的想法和做法。

随机板书：密密麻麻

指导朗读，读出得意的语气。

7．比较大徒弟和二徒弟的画，谁画的骆驼更多？当时他们是怎么想的？

板书：头　许许多多

理解"果然"一词。

8．了解小徒弟的画究竟画了什么。

理解"连绵不断"、"半截"的意思。

质疑。

9．理解画师说的话。

（1）读一读画师说的话。

（2）理解"若隐若现"的意思。

板书：若隐若现

（3）创设情境，理解画师话的含义。

（4）理解"这不恰好表明有数不尽的骆驼吗"的含义。

（5）指导朗读。

10．理解"恍然大悟"的意思。

（1）一开始大徒弟和二徒弟都认为自己画的骆驼最多，听了师傅的话，他们还这么认为吗？从哪个词看出来？

（2）什么叫"恍然大悟"？他们"悟"到了什么？

（3）用"虽然……但是……"说话练习。

11．师小结。

（三）拓展延伸，丰富认识

1．课文中的四个人物中，你最喜欢谁？为什么？

2．总结：我们做任何事情，要想有创意，就要想别人没想到的。

第一章 阅读教学：构建整体设计的行动框架

板书设计

```
        30  想别人没想到的
  密密麻麻
                     不满意
  许许多多    骆驼
            （头）
  若隐若现              称赞
```

第三节　课堂教学实录

一、第一次课实录

想别人没想到的
上海实验小学　陆　蕾

师：上课。

生：起立。

师：同学们好！

生：老师好！

师：请坐。

师：大家看，如果在一张白纸上，画这样一个图形，让你想到了什么？

生：鸡蛋。

生：想到一个游泳圈。

生：想到一个太阳。

师：一轮红日当空照。

生：我想到一个盘子。

生：我想到了皮球。

生：我想到了一个气球。

生：想到一个面饼。

师：噢，你的想象力很强。你们想到了吗？

生：我想到的是一个呼啦圈。

19

改进语文课堂

师：刚才同学们联想到了很多东西，他们想到的，你们想到了没有，有没有想到别人没有想到的？

生：车轮。

师：你想到了别人没有想到的。你们都很爱思考，想到了别人没想到的。今天我们也来学习一个这样的故事。一起把课题读一下。

(师板书课题：想别人没想到的)

生：想别人没想到的。

师：再读一遍，读得响一点。

生：想别人没想到的。

师：从前，有位画师收了三个徒弟，一天，画师把他们召集在一起想考考他们。画师出的是什么题目，三位徒弟又是如何作答的，结果怎样呢？想不想知道？

生：想。

师：请同学们把书翻到第102页，轻声读课文，给课文标上小节号；给生字标上拼音，多读几遍；并能根据提示自己试着说说课文讲了一件什么事，要求听清楚了吗？开始。

(生自由轻声读课文。师巡视)

师：先是轻轻地读课文，读完了再标小节号。

师：读完的小朋友开始给生字注音了。

师：快的小朋友已经根据提示在思考了。

(出示填空：

画师召集三个徒弟，让他们_____，看谁_____。大徒弟_____，二徒弟_____，而三徒弟_____，却得到了画师的高度赞扬。)

师：我们先来看看，这里有个生字。谁能把它读正确？

生：召，召集。

师：第四声、翘舌音读得非常正确。一起读。

生：召，召集。

师："召集"是什么意思？

生：把他们都围到自己身边来。

师：对，把他们都叫过来，围在自己的身边。

师：画师召集三个徒弟究竟要考他们什么呢？课文第几小节告诉了

第一章 阅读教学：构建整体设计的行动框架

我们？
　　生：第二小节。
　　师：找到有关的句子来读一读。
　　生：画师考他们画骆驼。
　　师：书上是怎么写的呢？
　　生：让他们画骆驼，看谁画的骆驼最多。
　　师：还有不同的吗？
　　生：他给每个徒弟一张同样大小的纸，让他们画骆驼，看谁画的骆驼最多。
（出示句子：他给每个徒弟一张同样大小的纸，让他们画骆驼，看谁画的骆驼最多。）
　　师：他要考徒弟的是……
　　生：画骆驼。
　　师：而且要看谁画得……
　　生：最多。
　　师：为了公平起见，他给每个徒弟的纸也是……
　　生：同样大小的。
　　师：画师看了三个徒弟的画之后分别有什么反应？
　　师：谁来读一读这段话。
（再次出示填空）
　　师：谁来填一填？
　　生：画师召集三个徒弟，要他们画骆驼，看谁画得最多。
　　师：画骆驼？有不一样的吗？
　　生：比赛画骆驼。
　　师：那我给他们的纸，这个那么一点，那个那么一大张，行吗？
　　生：画师召集三个徒弟，让他们用同样大小的纸画骆驼，看谁画的骆驼最多。
　　师：你真会思考，要让他们在同样大小的纸上画骆驼，然后再来看看谁画得最多。画师分别看了三个徒弟的画后又是什么反应呢？找找看，课文的第几小节？
　　生：第六小节。
　　师：你找到了，你来读一读。

21

改进语文课堂

生：画师看了他俩的画，没有露出满意的神情，当他拿起小徒弟的画时，禁不住点头称赞。

（出示句子：画师看了他俩的画，没有露出满意的神情，当他拿起小徒弟的画时，禁不住点头称赞。）

师：这里有个生字，我们来看一看。很难读，谁能读正确。

生：俩，他俩。

师："开火车"读。

（生"开火车"读）

师：一起读。

生：俩，他俩。

师："俩"字我们可以从字形上看它的意思。俩，就是两个……

生：人。

师："他俩"在课文中指的是谁？

生：在课文中指的是大徒弟和二徒弟。

师：请大家默读课文，边读边用直线画出三个徒弟各是怎样画的句子。明白了吗？开始。

（生默读思考，师巡视指导）

师：有的同学已经找到大徒弟的画了。

师：二徒弟的画也找到了。

师：三徒弟的也找完了。

师：谁来说说，大徒弟画了什么？

生：大徒弟用细笔密密麻麻地在纸上画满了很小很小的骆驼。

（出示句子：大徒弟用细笔密密麻麻地在纸上画满了很小很小的骆驼。）

师：二徒弟呢？

生：他画了许许多多骆驼的头。

（出示句子：他画了许许多多骆驼的头。）

师：三徒弟呢？

生：小徒弟只画了几条弯弯曲曲的线，表示连绵不断的山峰，一只骆驼从山中走出来，另一只骆驼只露出了脑袋和半截脖子。

（出示句子：小徒弟只画了几条弯弯曲曲的线，表示连绵不断的山峰，一只骆驼从山中走出来，另一只骆驼只露出脑袋和半截脖子。）

师：多了个字谁听出来了。只露出，没有"了"的。要认真听，再读

第一章 阅读教学：构建整体设计的行动框架

一遍。

生：只露出脑袋和半截脖子。

师：三幅画已经呈现在我们眼前了，让我们来看一看。首先来看一看大徒弟的画。

（出示句子：大徒弟用细笔密密麻麻地在纸上画满了很小很小的骆驼。）

师：谁来读一读。

生：大徒弟用细笔密密麻麻地在纸上画满了很小很小的骆驼。

师：他这么画，一定有他的道理。他在作画前会想些什么？

生：他肯定想，东西画得越少，画出的东西就越小。

师：画得越少？

生：东西画得越小，纸上画出的东西就越多。

师：所以他要画很小很小的骆驼。

（师板书：很小很小）

师：是呀，要想把东西画得多就要把它画得……

生：小。

师：画得越小画的骆驼也就……

生：越多。

师：所以他就画了很小很小的骆驼。他还会怎么想？

生：他要用细笔来画，否则画小的骆驼就看不清楚。

师：所以为了把骆驼画小，他就选择了很细很细的笔来画。他还想到了什么？

生：骆驼之间要紧，否则再细再小，也画不多。

师：如果骆驼东画一只，西画一只，还是很少。一定要把它们画得……

生：密密麻麻。

（师板书：密密麻麻）

师：中间要不留一点儿空隙，要一只紧挨着一只。

师：大徒弟看来是动了一番脑筋，他要用细笔画这么多的骆驼，一定花了很多的时间。难怪他画完这幅画之后很……

生：得意。

师：自以为自己画得……

生：最多。

师：谁来得意地读一读这段话？

23

改进语文课堂

生：大徒弟用细笔密密麻麻地在纸上画满了很小很小的骆驼。画完以后，他很得意，以为自己画得最多。

师：读得让我感觉到很多。自以为是，洋洋得意。一齐来读一读。

生：大徒弟用细笔密密麻麻地在纸上画满了很小很小的骆驼。画完以后，他很得意，以为自己画得最多。

师：再来看看二徒弟的画，他画了什么？

生：于是，他画了许许多多骆驼的头。

（出示句子：于是，他画了许许多多骆驼的头。）

师：他画的是许许多多……

生：骆驼的头。

（师板书：许许多多　头）

师：你们觉得二徒弟画得多不多？二徒弟在画之前是怎么想的呢？谁来读一读。

（出示句子：二徒弟想：纸只有这么大，要画出最多的骆驼，该怎么办呢？）

生：二徒弟想：纸只有这么大，要画出最多的骆驼，该怎么办呢？

师："该怎么办呢？"这是二徒弟在问自己，但是他没有回答自己。你们来说说看，二徒弟该怎么办？

生：他会想，如果骆驼的身体也画出来的话，会占空间。于是画了许许多多骆驼的头。

师：说得真好。用骆驼的头来代表整只骆驼。这样就可以节省更多的空间，画出更多的骆驼来。这样骆驼的数量就要比大徒弟的……

生：更多。

师：于是，他画了……

生：许许多多骆驼的头。

师：于是，他画了……

生：许许多多骆驼的头。

师：想法好不好？

生：好。

师：第五节中，哪个词能看出二徒弟的想法比大徒弟的好？

生：果然。

师：二徒弟一开始想……

第一章 阅读教学：构建整体设计的行动框架

生：纸只有这么大，要画出最多的骆驼，该怎么办呢？
师：于是他……
生：画了许许多多骆驼的头。
师：他画的……
生：果然比大徒弟的多。
师：果然……
生：比大徒弟多。
师：所想的和结果一致就是……
生：果然。
师：大徒弟和二徒弟都是绞尽脑汁将骆驼画得越多越好，那么，小徒弟又是怎么画的呢？谁来读？
（出示句子：小徒弟只画了几条弯弯曲曲的线，表示连绵不断的山峰，一只骆驼从山中走出来，另一只骆驼只露出脑袋和半截脖子。）
生：小徒弟只画了几条弯弯曲曲的线，表示连绵不断的山峰，一只骆驼从山中走出来，另一只骆驼只露出脑袋和半截脖子。
（出示图）
师：我们来看看小徒弟的这幅画，你看到了几只骆驼？
生：两只。
师：一只是怎样的骆驼？
生：一只是从山中走出来的骆驼。
师：还有一只是怎么样的骆驼？
生：另一只是骆驼只露出脑袋和半截脖子的骆驼。
师：另一只是只露出脑袋和半截脖子的骆驼。不要重复。
师：这里有个生字，一起读。
生：截。
师：这个字的笔画特别多。跟着老师来写一写。举起手来。
师：先写……
生：横，竖。
师：一个十。接着写一长……
生：横。
师：下面注意是一个"隹"字。有……
生：四横。

25

改进语文课堂

师：最后写……
生：斜勾，撇，点。
师："截"这个字的部首是……
生："歹"字部。
师：不叫"歹"字部。
生："戈"字部。
师：对，就是老师红笔出示的"戈"字部。
师：这个"截"字在这里是一个量词，表示（动作比画），一截就是……
生：一段。
师：虽然我们只看到脑袋和半截脖子。但是我们知道，这也是一只……
生：骆驼。
师：对，是一只完整的骆驼。
师：图上除了两只骆驼，就只剩下了什么？
生：山。
师：这个山是怎么样的？
生：这山是连绵起伏的。
师：是连绵不断的山峰。

（师板书：连绵不断的山峰）

师：连绵不断也就是指山一座……
生：接着一座。
师：一座连着一座，没有尽头。学到这里，你们觉得小徒弟画上的骆驼多不多？
生：不多。
师：你们有什么疑问？
生：为什么两只是最多的骆驼？
师：对呀，为什么只画两只？
生：为什么小徒弟要这么画？
师：怎么画？
生：只画了几条弯弯曲曲的线表示连绵起伏的山峰。
师：画了两只……
生：骆驼。

第一章 阅读教学：构建整体设计的行动框架

师：这两只骆驼还是……
生：一只从山中走出来，另一只只露出脑袋和半截脖子。
师：为什么要这样画？
师：你们很善于思考。不仅你们觉得奇怪，大徒弟和二徒弟也感到很奇怪。明明小徒弟只画了……
生：两只骆驼。
师：为什么师傅还要……
生：夸奖他。
师：称赞他。
师：我们来看看画师是怎样评价小徒弟的？找找看，用浪线画出画师说的话。画完之后读一读，想一想。
生：你们看这幅画，画上虽然只有两只骆驼，但它们在连绵起伏的群山里走着，若隐若现，谁也说不清会从山谷里走出多少只骆驼，这不恰好表明有数不尽的骆驼吗？
（出示：你们看这幅画，画上虽然只有两只骆驼，但它们在连绵起伏的群山里走着，若隐若现，谁也说不清会从山谷里走出多少只骆驼，这不恰好表明有数不尽的骆驼吗？）
师：这里有个生字，一起读。
生：幅。
师：幅在这里是个量词，一幅画。一般除了形容一幅画之外还可以形容布帛、呢绒，所以幅是……
生："巾"字旁。
师：这幅画指的是谁的画？
生：小徒弟的画。
师：小徒弟的画上是什么呀？
生：是连绵起伏的群山里走着若隐若现……
师：走着若隐若现的骆驼。
师：刚才我们有一个词语跟这里的这个词语的意思是一样的，找到了吗？
生：连绵不断。
师：都是表示山峰一座接着一座。
师：这里还有一个生字，注意它的声母是……

27

改进语文课堂

生：r。
师：你来读。
生：若，若隐若现。
师：一齐读。
生：若，若隐若现。
师：若在字典上有三种解释，在这篇课文中应选择哪一条？
生：第三条，好像。
师：若隐若现是什么意思呢？
生：一会儿看不见，一会儿看得见。

（师板书：若隐若现）

师：好像有，又好像，隐是什么意思？
生：没有。
师：好像藏起来，又好像出现了。形容隐隐约约。
师：在小徒弟的画中，哪只骆驼是若隐若现的？
生：第二只骆驼。
师：第二只骆驼是怎么样的骆驼？
生：只露出脑袋和半截脖子。
师：对呀，这只露出脑袋和半截脖子的骆驼是若隐若现的。
师：透过这只若隐若现的骆驼，你仿佛看到了什么？
生：看见了后面还有很多很多的骆驼。
师：闭上眼睛，展开你想象的翅膀，一起走进小徒弟的画中，去看看到底是不是这么回事？
师：眼前是连绵起伏的群山，山峦叠嶂，一座山峰接着一座山峰，望不到头。听，幽幽的山谷中，传来阵阵的驼铃声，近了，近了，露出了一只骆驼的脑袋和半截脖子，慢慢地，它迈着轻快的步子走了出来。在它身后，又一只骆驼的脑袋和半截脖子从山谷中露了出来，一会儿工夫它也迈着轻快的步子完整地出现在我们眼前。瞧，身后又出现了一只骆驼的脑袋和半截脖子……数一数，一只、两只、三只、四只……十只……一百只……一千只……还有，还有，你能说得清会从这连绵不断的山谷中陆陆续续走出多少只骆驼吗？说得清吗？
生：说不清。
师：数得完吗？

第一章 阅读教学：构建整体设计的行动框架

生：数不完。
师：小徒弟的画给我们留下了丰富的想象空间。
师：慢慢睁开眼，将思绪拉回到画师的话上。
师：你们看这幅画，画上虽然……
生：只有两只骆驼。
师：只有……
生：两只骆驼。
师：这两只骆驼，一只正从山中……
生：走出来。
师：另一只骆驼只露出……
生：脑袋和半截脖子。
师：我们看到的是这有限的两只骆驼，但它们给我们带来了无限的遐想，它们在……
生：连绵起伏的群山里走着，若隐若现。
师：谁也说不清会从山谷里……
生：走出多少只骆驼。
师：这不恰好表明有……
生：数不尽的骆驼吗？
师：这不恰好表明有……
生：数不尽的骆驼吗？
师：这个字谁会读？
生：恰。
师：恰好是什么意思？换个词语。
生：正好。
师：这句话是什么意思，你们明白吗？
生：正好表明有数不尽的骆驼。
师：课文当中用了一个标点符号。
生：问号。
生：是反问句。
师：你很聪明。它是用反问句来表示肯定的意思，使意思更加的肯定了。谁能肯定地读读这句话？还有谁我今天没有请过的？
生：这不恰好表明有数不尽的骆驼吗？

29

改进语文课堂

师：你读得很好，胆子再大一点就更好了。谁能再肯定点。
生：这不恰好表明有数不尽的骆驼吗？
师：有数不尽的骆驼吗？
师：一齐读这句话。
生：这不恰好表明有数不尽的骆驼吗？
师：难怪师傅对小徒弟的画要点头……
生：称赞。
师：我们一齐来夸夸小徒弟。
生：你们看这幅画，画上虽然只有两只骆驼，但它们在连绵起伏的群山里走着，若隐若现，谁也说不清会从山谷里走出多少只骆驼，这不恰好表明有数不尽的骆驼吗？
师：一开始大徒弟和二徒弟都认为自己画的骆驼最多，现在听了画师的话，他们还这么认为吗？
生：没有。
师：从哪个词看出来？
生：恍然大悟。
师："恍然大悟"是什么意思？
生：突然明白了。
师：他们"悟"到了什么？你能不能联系课文内容用"虽然……但是……"来说一说？自己说说看。
生：虽然我们画了非常多的骆驼，但是小徒弟画了弯弯曲曲的几条线，这恰好表明有数不尽的骆驼。
师：弯弯曲曲的线就表明有数不尽的骆驼吗？
师：但是小徒弟只画了几条弯弯曲曲的线和……
生：两只骆驼。
师：若隐若现……
生：的骆驼。
师：表明了有……
生：数不尽的骆驼。
师：你明白了。
生：虽然小徒弟只画了两只骆驼，但是这恰好表明有数不尽的骆驼。
师：你明白了画师的话。

第一章 阅读教学：构建整体设计的行动框架

生：虽然小徒弟只画了两只骆驼，又画了几条弯弯曲曲的线表示连绵起伏的山峰……

师：让这两只骆驼在连绵不断的山峰中……

生：行走，谁也说不清，这恰好表明有数不尽的骆驼。

师：虽然有了，但是有了吗？再说说看。

生：虽然小徒弟只画了两只骆驼，让它们在连绵不断的山峰中行走，若隐若现。

师：但是……

生：但是这正好表明有数不尽的骆驼。

师：你们明白了吗？

生：明白了。

师：画师召集三个徒弟，让他们在……

生：同样大小的纸上画骆驼。

师：看谁的……

生：最多。大徒弟在纸上密密麻麻地画了很小很小的骆驼。

师：二徒弟呢？

生：画了许许多多的骆驼的头。

师：大徒弟和二徒弟都想到了将骆驼画小，这样就能把骆驼画满，可是他们没有想到，一张纸，即使画得再小再多，也是……

生：有限的。

师：而他们没有想到，小徒弟是怎么做？他是画了……

生：连绵不断的山峰和若隐若现的骆驼……

师：他想到了用有限的、可数的两只若隐若现的在山谷中行走的骆驼来表示无限的可能，给我们留下了丰富的想象空间。因此他的画才是最符合画师要求的。不仅如此，他的画还有一种意境的美，这样的画才真正叫做作品。所以，他的画受到了画师的……

生：高度赞扬。

师：那么小徒弟为什么能够想到别人没有想到的呢？

生：他动脑筋。

师：对呀，他善于动脑。

生：他思维广阔。

师：他能从多角度进行思考。所以他才会有创新。想别人没有想到的。

31

改进语文课堂

师：画师要来考考大家，如果让你根据这句诗句"踏花归来马蹄香"来画一幅画，你会怎么画？讨论讨论。

生：花是香的，马蹄踩到花上，马蹄也变成香的了。

师：那你的画面上就是一匹马踩了一朵花……

生：然后在马蹄上画一些花，几条线，表示香味。

师：好像是花散发出来的。

生：在纸上画马蹄的声音，再在底下画许多许多的花，画几条线表示花香。

师：在路上铺满了鲜花，一个人骑着马飞驰而过。

师：其实呀在宋太祖的时候就考过这道题，一起来看看他们是怎么做的。

师：宋太祖赵匡胤开国以后，特别设立了翰林图画院，并用考画来取仕。考题都是一句诗，让学生根据诗句的内容作画。有一年，考画的内容就是……

生："踏花归来马蹄香"。

师：刚才我们说了"花"、"归来"、"马蹄"都好表现，唯有"香"是无形的东西，用画很难表现，这就得让考生动一动脑筋了。有的画是骑马人踏青归来，手里捏一枝花；有的还在马蹄上沾着几片花瓣；只有一位考生别出心裁，他画了几只蝴蝶绕着马蹄翻飞。于是他受到了主考官的表扬。为什么呢？

生：因为蝴蝶是去采花的，马蹄上有花香，蝴蝶当然就会围着这些花了。

师：马蹄上没有花。

生：蝴蝶会顺着香味找来。

师：会被花香给吸引来。

生：所以会围着马蹄飞。

师：蝴蝶围着马蹄飞说明马蹄上留有……

生：花的香味。

师：对呀，这位考生别出心裁，想到了别人没有想到的，才会受到主考官的欣赏。我们在生活中做任何事情，要想有创意，就应该想别人没想到的。

师：好，这节课上到这里。同学们再见。

生：老师再见。

第一章 阅读教学：构建整体设计的行动框架

二、第二次课实录

想别人没想到的
上海实验小学 陆 蕾

师：上课之前我们先来做个小游戏，请大家看，在一张白纸上画这样一个图形，你想到了什么？

生：苹果。

生：皮球。

生：我想到月亮。

生：太阳。

生：我想到头。

师：小朋友圆圆的头。

生：我想到大饼。

师：你们的想象力真的是非常丰富。一个圆就引发了你们这么多的思考。我想只要你们多思善思，就一定会想到许多别人想不到的东西。

师：好，上课。小朋友早。

生：老师您早。

师：今天我们来学习30课。

生：《想别人没想到的》。

师：读了课题你有什么问题吗？

生：为什么他没有想到？

师：为什么他没有想到别人……

生：没有想到的？

生：谁没有想到？

师：对，谁呀？

生：他想到了别人没有想到的什么？

师：什么是别人没有想到的？

生：那个人是谁？

师：哪个人呀？是不是那个想别人没有想到的呀？

生：对。

师：还有这里的……

33

改进语文课堂

生：别人指的是谁？

师：带着这些问题我们一起来学课文。请同学们把书翻到第102页，轻声读读课文，读准字音，读通句子，开始。

（生轻声读课文，师巡视指导）

师：这里的生字你们都认识了吗？"开火车"读一读。

生：召，召集。

生：召，召集。

生：俩，俩。

生：俩，俩。

生：截，半截。

生：截，半截。

生：幅，幅。

生：幅，幅。

生：若，若隐若现。

生：若，若隐若现。

生：恰，恰好。

生：恰，恰好。

师：读得很认真，你们觉得哪些字特别难读？

生：恰好的恰，特别难读。

师：你读读看。

生：恰，恰好。

生：恰，恰好。

生："俩"特别难读。

师：读"俩"字时嘴巴要张得特别大。

生：俩。

生：俩。

师：开火车。

生：俩。

生：俩。

生：俩。

生：俩。

第一章 阅读教学：构建整体设计的行动框架

师：俩，我们可以通过字形来看意思。就是表示……
生：两个人。
师：还有哪个字？
生：若。
师：若字，它的声母是……
生：r。
师：舌头要把它翘起来。
生：若，若隐若现。
生：若，若隐若现。
师：这个"截"字，老师认为特别难写，你们是这么认为的吗？
生：是。
师：举起手来跟我一起写一写。
师：先写十，接着写长长的……
生：横。
师：接下去写一个"隹"字。注意有几横？
生：四横。
师：最后写……
生：斜勾，撇，点。
师：自己在桌上写一遍。
师："截"这个字是什么部首的？
生："截"是"隹"字部。
师："隹"字部？
生："戈"字部。
师：对，"戈"字部就是老师红笔出示的部分。
师：还有一个字也很难读。我们把它放到课文中去，找到句子。找到了吗？
生：找到了。
师：谁来读一读？
生：一天，画师把三个徒弟召集在一起，要考考他们。
师：召的第四声读得非常正确。一起读一读。
生：一天，画师把三个徒弟召集在一起，要考考他们。
师："召集"是什么意思？

35

改进语文课堂

生：让人聚集起来。

师：课文中就是把三个徒弟……

生：聚集起来。

师：画师召集三个徒弟要考他们什么？

生：要考他们画骆驼，看谁画的骆驼多。

师：他要考徒弟的是……

生：画骆驼。

（师板书：骆驼）

师：骆驼的驼是轻声，读正确。

生：骆驼。

师：不仅要考他们画骆驼，还要比一比谁画得……

生：最多。

师：我们看看书上是怎么写的。你来读读。

生：他给每个徒弟一张同样大小的纸，让他们画骆驼，看谁画的骆驼最多。

师：我听出"同样大小的"这几个字你特别强调，为什么？

生：因为……

师：谁能帮助他？

生：因为它是同样大小，没有多也没有少。

师：因为这是比赛，比赛就要公平。为了公平起见，纸一定要……

生：同样大小。

师：一齐读一读。

生：他给每个徒弟一张同样大小的纸，让他们画骆驼，看谁画的骆驼最多。

师：比赛结果，画师对三个徒弟是什么态度。

生：画师对大徒弟和二徒弟的画都不是很满意，但是对小徒弟的画非常满意。因为小徒弟虽然只在纸上画了两只骆驼，但是骆驼是从山里走出来的，不知道有多少只骆驼。

师：预习课文后你已经有了自己的理解了。我们来看看书上是怎么写画师的反应的？

（出示句子：画师看了他俩的画，没有露出满意的神情，当他拿起小徒弟的画时，禁不住点头称赞。）

第一章 阅读教学：构建整体设计的行动框架

师：看屏幕，俩就是……
生：两个人。
师：他俩就是……
生：他们两个人。
师：指的是谁？
生：大徒弟和二徒弟。
师：画师对大徒弟和二徒弟的画是……
生：没有露出满意的神情。
师：也就是对他们的画……
生：不满意。
（师板书：不满意）
师：而对小徒弟的画却……
生：点头称赞。
（师板书：称赞）
师：能不能读出不同的语气来？
生：画师看了看他俩的画，没有露出满意的神情，当他拿起小徒弟的画时，禁不住点头称赞。
师：非常赞赏小徒弟。你来读读。
生：画师看了看他俩的画，没有露出满意的神情，当他拿起小徒弟的画时，禁不住点头称赞。
师：不满意大徒弟和二徒弟的画。一齐读读。
生：画师看了看他俩的画，没有露出满意的神情，当他拿起小徒弟的画时，禁不住点头称赞。
师：那么三个徒弟各画了什么？为什么画师不满意大徒弟和二徒弟的画，而对小徒弟的画却点头称赞呢？让我们先来看看三个徒弟是怎么画的？拿起你们的笔，用直线画出三个徒弟是怎样画的句子。
生：大徒弟用细笔密密麻麻地在纸上画满了很小很小的骆驼。
（出示句子：大徒弟用细笔密密麻麻地在纸上画满了很小很小的骆驼。）
师：二徒弟呢？
生：于是，他画了许许多多骆驼的头。
（出示句子：他画了许许多多骆驼的头。）
师：小徒弟呢？

37

改进语文课堂

生：小徒弟只画了几条弯弯曲曲的线，表示连绵不断的山峰，一只骆驼从山中走出来，另一只骆驼只露出脑袋和半截脖子。

（出示句子：小徒弟只画了几条弯弯曲曲的线，表示连绵不断的山峰，一只骆驼从山中走出来，另一只骆驼只露出脑袋和半截脖子。）

师：三个徒弟画了三幅画，他们在作画之前一定经过了一番……

生：思考。

师：如果你是大徒弟，听了师傅的要求，你在作画前会怎么想呢？

生：大徒弟会想……

师："我会想"，你就是大徒弟了。

生：如果我画很大的骆驼这张纸是画不下的，如果画很小很小的骆驼，就可以画很多，第一名非我莫属了。

师：非你莫属了，说得很好。要把骆驼画得多，就一定要画得……

生：小。

师：画得越小……

生：画得越多。

师：你认为骆驼能画到怎么小，小到什么程度？

生：（用手比画）

师：那么小。

生：像芝麻那么小。

师：哦，像芝麻那么小。

生：小得几乎要看不见了。

师：还有什么想法吗？

生：要用显微镜才能看得见。

师：要画我们肉眼能看见的。

生：要在这么小的一张纸上画骆驼，我一定要把它画得很小很小，其他两个徒弟一定做不到的。

师：你还是想把骆驼画得很小很小。

生：用细笔。

师：为什么要用细笔？

生：如果用粗笔画很小很小的骆驼就看不清了。

师：看不清，而且粗笔也画不……

生：小。

第一章　阅读教学：构建整体设计的行动框架

师：要想把骆驼画得小，就要用很细很细的笔。这样就能画很小很小的骆驼。画的骆驼越小，画的骆驼就……

生：越多。

师：还有什么想法吗？

生：画许多骆驼的头。

师：你是大徒弟。

生：用细笔画许多许多的骆驼，但是可以选择地画，有的只剩腿，有的只剩尾巴了。

师：书上有一个词语是什么？

生：密密麻麻。

（师板书：密密麻麻）

师：密密麻麻是什么意思？

生：数量多，多得数不清。

师：不仅多，而且要……

生：一个挨着一个。

师：尽量节约空间。挤在一起，这样画出的骆驼才多。大徒弟是动了一番脑筋的。谁能读出骆驼多？

生：大徒弟用细笔密密麻麻地在纸上画满了很小很小的骆驼。

师：我看到很多很小很小的骆驼挤在一起。还有谁来读？

生：大徒弟用细笔密密麻麻地在纸上画满了很小很小的骆驼。

师：是呀，密密麻麻全是小骆驼。

生：大徒弟用细笔密密麻麻地在纸上画满了很小很小的骆驼。

师：大徒弟确实是动了一番脑筋画的骆驼也确实很多。

师：于是，他画完之后就很……

生：得意。

师：自以为自己画得……

生：最多。

师：谁来得意地读一读这段话。

生：画完以后，他很得意，以为自己画得最多。

师：我们一起得意地读读。

生：画完以后，他很得意，以为自己画得最多。

师：再来看看二徒弟的画，他画了什么？

39

改进语文课堂

（出示句子：他画了许许多多骆驼的头。）

生：于是，他画了许许多多骆驼的头。

生：纸只有这么大，要画出最多的骆驼，该怎么办呢？

师："该怎么办呢？"这是二徒弟在问自己，但是他没有回答自己。你们来说说看二徒弟该怎么办？

师：再来看看二徒弟当时他是怎么想的？谁来读一读。

师："怎么办？"实际上是他自己在问自己。

生：自言自语。

师：对，自言自语。该怎么办呢？他没有说下去。你们帮他说说看。怎么办呢？

生：于是他想到画许许多多骆驼头。

师：他为什么要画许许多多骆驼头？

生：他想别人肯定画很小很小的骆驼，我要是再画很小很小的骆驼可能和他们画得一样多，甚至会少。如果我画骆驼的头，就能画得比他们多。

师：比起大徒弟来，他又进了一步，他是用骆驼的头，来代替骆驼，这样他就能画出许许多多的骆驼来。

（师板书：头　许许多多）

师：二徒弟的想法好不好？

生：好。

师：哪个词能说明二徒弟的想法比大徒弟的好？

生：于是他画了许许多多骆驼的头。

师：画完之后……

生：果然比大徒弟的多。

师：哪个词？

生：果然。

师：果然。

师：一开始二徒弟想……

生：纸只有这么大，要画出最多的骆驼，该怎么办呢？

师：于是他……

生：画了许许多多骆驼的头。

师：他画的……

生：果然比大徒弟的多。

第一章 阅读教学：构建整体设计的行动框架

师：所想的和结果一致就是……
生：果然。
师：大徒弟和二徒弟都是绞尽脑汁将骆驼画得越多越好，可是画师对他们的画还是……
生：不满意。
师：画师对谁的画表示称赞呢？
生：小徒弟的画。
师：那么，小徒弟又是怎么画的呢？
（出示句子：小徒弟只画了几条弯弯曲曲的线，表示连绵不断的山峰，一只骆驼从山中走出来，另一只骆驼只露出脑袋和半截脖子。）
生：小徒弟只画了几条弯弯曲曲的线，表示连绵不断的山峰，一只骆驼从山中走出来，另一只骆驼只露出脑袋和半截脖子。
师：我们来看看小徒弟的画好不好？
师：你们看到了什么？
生：我们看到了连绵不断的山峰。
师：小徒弟是怎样来表现这山峰的？
师：怎样画，你能比画一下吗？
（生用手势表示画了一条弯弯曲曲的线）
师：你这是表示一座山峰，小徒弟画了几条，怎样表示呢？
（生又画了几条弯弯曲曲的线）
师：隆起的就像是山峰，凹下去的就是山谷，这样弯弯曲曲连续不断，就像是连绵不断的山峰。寥寥数笔就勾画出这样一种意境。
师：你还看到了什么？
生：两只骆驼。
师：两只怎样的骆驼？
生：一只骆驼走出山路，还有一只骆驼露出头和半截脖子。
师："截"字刚才我们写过了，在这里是什么意思？
生：割断。
师：把它割断？
生：量词，表示段的意思。
师：（配上手势）半截脖子就是露出一段脖子。
师：我们只看到……

41

改进语文课堂

生：一个脑袋和半截脖子。
师：身体到哪里去了？
生：被山峰给遮挡了。
师：虽然我们只看到了脑袋和半截脖子，但我们知道这也是一只……
生：骆驼。
师：图上看到了几只骆驼？文章当中怎么来写这两只骆驼的？
生：(师引读)一只骆驼从山中走出来，另一只骆驼只露出脑袋和半截脖子。
师：奇怪吗？
生：奇怪。
师：有什么疑问吗？
生：画师要比谁画的骆驼最多，他却只画了两只骆驼。
师：是呀，要比谁画得多，他却只画了两只？
生：他只画了两只骆驼，画师为什么要称赞他？
生：他为什么还要画这么多山峰，不能把山峰去掉画更多的骆驼吗？
师：就是呀，这个山峰为什么要去画它？
生：另一只骆驼为什么不是一整个的，而是只露出脑袋和半截脖子？
师：对呀，这只骆驼他为什么要这样画？
师：不仅你们感到奇怪，大徒弟和二徒弟也都感到很奇怪。我们来读读看，奇怪的语气。
生齐读：小徒弟只画了几条弯弯曲曲的线，表示连绵不断的山峰，一只骆驼从山中走出来，另一只骆驼只露出脑袋和半截脖子。
师：但是这样的画却受到了画师的称赞，同意吗？
生：我不同意，小徒弟画中的骆驼没有大徒弟和二徒弟的多。
师：那你认为谁画得最多？
生：我认为是二徒弟画得最多。
生：我也认为二徒弟画得最多。如果小徒弟画了两只骆驼，山里面没有骆驼了，那他就是画得最少的。
师：可能就是最少的骆驼了。
生：我觉得是小徒弟画得最多。许多骆驼在山峰里你可能看不见呀？
师：骆驼被山峰挡住了，看不见呀，也有道理。
生：我觉得二徒弟画得最多，因为小徒弟画了许多山峰，把骆驼的位置

第一章 阅读教学：构建整体设计的行动框架

占掉了。你还认为是最多吗？
　　师：你还是认为二徒弟画得多，是吗？
　　生：我也认为二徒弟画得最多。因为是比谁画得多，而不说遮掉的最多，遮掉的就不算了。看不见了。
　　师：看不见了不能算，你是这个意思吗？
　　师：画师既然称赞小徒弟的画，一定是有他的道理的。看看画师是怎样说的？用波浪线画出画师说的话。再好好读一读。
　　师：谁没请过？好，×××，你来说。
　　生：你们看这幅画，画上虽然只有两只骆驼，但它们在连绵起伏的群山里走着，若隐若现，谁也说不清会从山谷里走出多少只骆驼，这不恰好表明有数不尽的骆驼吗？
　　（出示：你们看这幅画，画上虽然只有两只骆驼，但它们在连绵起伏的群山里走着，若隐若现，谁也说不清会从山谷里走出多少只骆驼，这不恰好表明有数不尽的骆驼吗？）
　　师：画师为什么要称赞小徒弟？
　　生：因为在连绵起伏的群山里走着，若隐若现。
　　师：什么若隐若现？
　　生：骆驼若隐若现，谁也说不清会从山谷里走出多少只骆驼。
　　（师板书：若隐若现）
　　师：若隐若现的若在字典上有三种解释，我们来看一下。在这里你认为可以选择哪一条解释条？
　　生：好像。
　　师：若隐若现是什么意思？
　　生：表示一会儿出现，一会儿消失。
　　师："隐"就是……
　　生：消失。
　　师：隐藏起来了。隐藏的是骆驼的哪个部分？
　　生：身体。
　　师：而出现的是它的……
　　生：脑袋和半截脖子。
　　师：好像隐藏起来了，又好像出现了，就像×××说的是隐隐约约。这隐隐约约的骆驼要告诉我们什么呢？让我们一起走进小徒弟画中。

改进语文课堂

师：现在你看到了什么？
生：连绵不断的山峰。
生：两只骆驼，一只骆驼全部露出来了，另一只骆驼只露出半截脖子。
师：听到什么了？
生：骆驼走出来了。
生：骆驼走路的声音。
师：骆驼走路是没有声音的。
生：是骆驼脖子上挂的铃铛的声音。
师：骆驼脖子上挂的铃铛，我们称为驼铃。
师：听着驼铃声，你看到了什么？
生：我看到骆驼一只只走出来。
生：我看到有许多的骆驼从山谷里走出来。
师：许多有多少？
生：数不清。
生：数不胜数。
师：数得清吗？
生：数不清。
师：数得尽吗？
生：数不尽。
师：因为这连绵不断的山峰中藏了许许多多的骆驼。怎么能够数得清呢？正像画师说的……
生：谁也说不清会从山谷里走出多少只骆驼，这不恰好表明有数不尽的骆驼吗？
师：这不恰好表明……
生：有数不尽的骆驼吗？
师：恰好就是……
生：正好。
师：这不正好……
生：表明有数不尽的骆驼吗？
师：也就是说，这骆驼是……
生：数不尽的。
师：这里用了一个问号，这是一句……

第一章 阅读教学：构建整体设计的行动框架

生：反问句。

师：使语气更加的肯定，肯定地读一读。

生：谁也说不清会从山谷里走出多少只骆驼，这不恰好表明有数不尽的骆驼吗？

师：这若隐若现的骆驼让我们浮想联翩。将我们带入了这连绵起伏的山峰中，带入了一个数不尽的骆驼世界。

师：现在你们明白了吗？画师为什么要称赞小徒弟？

生：明白了。

师：谁画得多？

生：小徒弟。

师：（问前面说二徒弟画得多的学生）你是这样认为的吗？你呢？让我们来做一回画师，好好地称赞一下小徒弟。

生：你们看这幅画，画上虽然只有两只骆驼，但它们在连绵起伏的群山里走着，若隐若现，谁也说不清会从山谷里走出多少只骆驼，这不恰好表明有数不尽的骆驼吗？

师：你们明白了，大徒弟二徒弟明白了吗？

生：明白了。

师：哪个词语看出来的？

生：恍然大悟。

师：什么叫"恍然大悟"？

生：忽然醒悟。

师：一下子……

生：明白了。

师：他们明白了什么？你可以是大徒弟，也可以是二徒弟，能不能联系课文用"虽然……但是……"说说。

生：虽然小徒弟的画上只有两只骆驼，但是有可能是一队骆驼群，会从山谷里走出许多骆驼，所以我明白过来了。

师：你明白了这若隐若现的骆驼向我们展示了一个无穷无尽的骆驼群。

生：虽然我们这次的比赛输了，但是我一定会努力的。我相信下一次比赛我一定会赢过你的。

师：我也相信，下次你动过脑筋，想到别人没想到的东西，一定会赢过小徒弟的。有志气。

45

改进语文课堂

生：虽然小徒弟在纸上画了几条连绵不断的山峰，但是在山峰里面有许多许多的骆驼。我现在明白了。

师：我现在明白了，虽然我画了……

生：密密麻麻的骆驼，但是小徒弟的画中画了几条连绵不断的山峰，会有更多的骆驼在里面走。

师：你明白了，纸即使再大，画的骆驼再多也是有……

生：数量的。

师：也是可以数得清的。而小徒弟的画却画得非常巧妙。只画了两只骆驼。怎么样的骆驼？

生：若隐若现的骆驼。

师：却让我们看到了……

生：许许多多的骆驼。

师：数不清……

生：数不胜数的骆驼。

师：还记得一开始我们提出的问题吗？现在你们明白了吗？

生：明白了。

师：为了画最多的骆驼，大徒弟和二徒弟都想到了将骆驼画……

生：小。

师：于是，大徒弟在纸上画满了……

生：密密麻麻的骆驼。

师：二徒弟画了……

生：许许多多骆驼的头。

师：来代替骆驼，可是他们没有想到，一张纸，即使画得再小再多，也是数得清的。而小徒弟却想到了别人没有想到的，他只画两只……

生：若隐若现的骆驼。

师：却让我们感觉到有……

生：许许多多的骆驼。

师：他想到别人没想到的，是最符合画师要求的。

师：小徒弟为什么能想到别人没有想到的？

生：因为他很聪明。

师：仅仅聪明就够了吗？

生：因为他机灵。

第一章 阅读教学：构建整体设计的行动框架

师：光机灵也不够。

生：因为他善于思考。

生：爱动脑筋。

师：所以能想到别人没想到的。

师：我也来做回画师，考考大家，这里有句诗句，谁来读读？

(出示句子：踏花归来马蹄香)

生：踏花归来马蹄香。

师：一齐读。

生：踏花归来马蹄香。

师：踏花归来就像我们到野外去郊游。请你以这句诗句画一幅画，你会怎么画？讨论讨论。

(生小组讨论)

生：画许多花，然后骆驼在走。

师：这里没有骆驼，是……

生：马在走。

师：地上全是鲜花，马在上面走。

生：画一个花园，里面有许多鲜花和蝴蝶，马走过时，花瓣都粘在马蹄上。

师：意境很美。其实这道题目是以前皇帝考画师的，我们来听听这个故事。

(播放故事录音)

师：主考官表扬了谁？

生：画了几只蝴蝶绕着马蹄翻飞的画师受到了考官的表扬。

师：为什么？

生：因为花香能吸引蝴蝶，连蝴蝶蜜蜂都被吸引过来，说明花香是很香的。

师：所以蝴蝶都围着马蹄翻飞。证明马蹄很香。正好符合这句诗句的意思。

生：踏花归来马蹄香。

师：这位考生和小徒弟一样，都善于思考，他能够别出心裁，所以他能够想到……

生：别人没有想到的。

47

改进语文课堂

师：是呀，所以在生活中，要有所创意，就要……
生：想到被人没有想到的。
师：这节课就上到这里。下课。同学们再见。
生：老师再见。

三、第三次课实录

想别人没想到的

上海实验小学　陆　蕾

师：课前我们先来做个小游戏，请大家看，看到这样一个图形，你会想到什么？
生：苹果。
生：地球。
生：锅。
师：锅？
生：锅子的面。
师：哦。你想的和别人不一样。
生：盘子。
生：星球。
生：碗的口。
生：有点像星球旁边的卫星。
生：像西瓜。
生：呼啦圈。
师：哦，可以扭动一下。
师：你们的想象力真的是非常丰富。我想只要你们多思善思，一定会想到许多别人想不到的。
师：今天我们来学习30课。
生：《想别人没想到的》。
师：读了课题你有什么问题吗？
生：为什么他没有想到？
生：想别人没有想到的究竟是什么事？
生：谁想到了别人没有想到的？

第一章 阅读教学：构建整体设计的行动框架

师：带着这些问题我们一起来学课文。请同学们把书翻到第102页，轻声读读课文，读准字音，读通句子，开始。

(生轻声读课文，师巡视指导)

分节读课文。注意读准字音。

师：这里的生字你们都认识了吗？"开火车"读一读。

生：大家跟我读，召，召集。

生：召集。

生：俩。

生：俩。

生：截，半截。

生：半截。

生：幅。

生：幅。

生：若隐若现。

生：若隐若现。

生：恰好。

生：恰好。

师：再请一个小朋友，读正确。

生：大家跟我读，召，召集。

生：召集。

生：俩。

生：俩。

生：截，半截。

生：半截。

生：幅。

生：幅。

生：若隐若现。

生：若隐若现。

生：恰好。

生：恰好。

师：你读得很正确。

师：课文中，"俩"字确实很难读。你来读一读。

49

改进语文课堂

生：俩。
师：读"俩"字时嘴巴要张得特别大。
生：俩。
师：你来读。
生：俩。
师：你来读。
生：俩。
师：一齐读。
生：俩。
师：从字形上我们可以看出"俩"就是表示……
生：两个人。
师：这个"截"字笔画特别多，跟我一起写一写，举起你们的小手。
师：先写十，接着写长长的……
生：横。
师：下面是一个……
生："隹"（zhì）。
师：这个字不读 zhì，而读 zhuī。
生：zhuī。
师：注意它是几横？
生：四横。
师：最后写斜勾，撇，点。
师："截"这个字的部首就是……
生："戈"字旁。
师：在手心里写一个。
师：这个字是作为一个……
生：单位。
师：不是单位，是一个量词。我们可以说一幅……
生：一幅画。
生：一幅图画。
师：一幅布匹，一幅呢绒，所以"幅"字的部首是……
生："巾"字旁。
师：这个字读……

50

第一章 阅读教学：构建整体设计的行动框架

生：召集。
师：请你再来读一读。
生：召集。
师：这回读正确了。放到句子中读读。
生：一天，画师把三个徒弟召集在一起，要考考他们。
师：召的第四声读得非常正确。一起读一读。
生：一天，画师把三个徒弟召集在一起，要考考他们。
师："召集"什么意思？
生：聚集在一起。
师：画师把他们聚在一起到底要考他们什么？考的结果是什么呢？带着这些问题我们来读读课文。每人读一个小节，"开火车"读。

（生"开火车"分节读课文。评议）

师：画师出了一道什么考题？
生：画师要考他们画骆驼，看谁画的骆驼最多。
师：画师的考题是让他们画骆驼。

（师板书：骆驼）

师：骆驼的驼是轻声，一齐读。
生：骆驼。
师：不仅要考他们画骆驼，还要比一比谁画得……
生：最多。
师：为了公平起见，纸也是……
生：一样大小的。
师：看看书上是怎么写的。
生：同样大小的纸。
师：谁来把这段话读一读。

（出示句子：他给每个徒弟一张同样大小的纸，让他们画骆驼，看谁画的骆驼最多。）

生：他给每个徒弟一张同样大小的纸，让他们画骆驼，看谁画的骆驼最多。
师：一起来读读这段话。
生：他给每个徒弟一张同样大小的纸，让他们画骆驼，看谁画的骆驼最多。

51

改进语文课堂

师：徒弟们想了一会儿便拿起笔画了起来，不一会儿就画完了。画师看了三个徒弟的画后有什么反应？
生：画师对大徒弟和二徒弟的画没有露出满意的神情，画师看了小徒弟的画禁不住点头称赞。
师：你用自己的话来说了，课文中是怎么写的，谁来读一读？
生：画师看了看他俩的画，没有露出满意的神情，当他拿起小徒弟的画时，禁不住点头称赞。
（出示句子：画师看了他俩的画，没有露出满意的神情，当他拿起小徒弟的画时，禁不住点头称赞。）
师：这个词怎么读？
生：他俩。
师：刚才我们说俩是表示两个人。他俩就是……
生：他们两个人。
师：指的是……
生：大徒弟和二徒弟。
师：画师看了大徒弟和二徒弟的画……
生：没有露出满意的神情。
师：也就是对他们的画……
生：不满意。
（师板书：不满意）
师：而对小徒弟的画却……
生：点头称赞。
（师板书：称赞）
师：画师有两种截然不同的神态，我请男同学读画师对大徒弟和二徒弟的态度，女同学读画师对小徒弟的态度。
生（男）：画师看了看他俩的画，没有露出满意的神情。
生（女）：当他拿起小徒弟的画时，禁不住点头称赞。
师：有什么疑问吗？
生：画师为什么对小徒弟的画点头称赞呢？
生：为什么画师对大徒弟和二徒弟的画不满意？
生：画师为什么看了大徒弟和二徒弟的画，没有露出满意的神情，而当他拿起小徒弟的画时，却禁不住点头称赞呢？

第一章　阅读教学：构建整体设计的行动框架

师：要解决这个问题，先要了解三个徒弟……
生：各画了什么？
师：拿起你们的笔，用直线画出三个徒弟是怎样画的句子。
（生画句子，师巡视）
师：大徒弟是怎么画的？
生：大徒弟用细笔密密麻麻地在纸上画满了很小很小的骆驼。
（出示句子：大徒弟用细笔密密麻麻地在纸上画满了很小很小的骆驼。）
师：二徒弟呢？
生：于是他画了许许多多骆驼的头。
（出示句子：他画了许许多多骆驼的头。）
师：三徒弟呢？
生：小徒弟只画了几条弯弯曲曲的线，表示连绵不断的山峰，一只骆驼从山中走出来，另一只骆驼只露出了脑袋和半截脖子。
（出示句子：小徒弟只画了几条弯弯曲曲的线，表示连绵不断的山峰，一只骆驼从山中走出来，另一只骆驼只露出脑袋和半截脖子。）
师：三个徒弟这样画一定有他们的道理。他们在作画之前一定经过了一番……
生：思考。
师：我们来看看他们是怎么想的？先来看看大徒弟的画。
（出示句子：大徒弟用细笔密密麻麻地在纸上画满了很小很小的骆驼。）
生：大徒弟用细笔密密麻麻地在纸上画满了很小很小的骆驼。
师：如果你是大徒弟，作画之前你会怎么想？
生：在同样大小的纸上要画最多的骆驼，一定要画得很小很小。
师：你想到了，要把骆驼画得多就一定要画得小。你很会联系课文中的词语来展开你丰富的想象。还会想到什么？
生：如果要在同样大小的纸上画骆驼，一定要密密麻麻画得非常小，否则就只能画两三头。
师：要画很小很小，我听到刚才你提到一个词。
生：密密麻麻。
师：为什么要密密麻麻？
生：因为他们要比谁画得最多。所以要画密密麻麻的骆驼，否则就画得最少了。

53

师：密密麻麻也就是骆驼和骆驼之间是……

生：没有空隙的。

师：对，一只挨着……

生：一只。

师：这样才能画更多的骆驼。

生：要画很小很小的骆驼，而且是密密麻麻的，一定要用细笔，这样才能看得清。

师：只有用细笔才能画出很小很小的骆驼。这样骆驼才能画得……

生：清楚。

师：而且多。我看到你们的表情了，都觉得自己画得怎么样？

生：很多。

师：能不能读出多来？让我感觉到你画得很多，行吗？

生：大徒弟用细笔密密麻麻地在纸上画满了很小很小的骆驼。

师：我看到纸上全是小骆驼。你来读。

生：大徒弟用细笔密密麻麻地在纸上画满了很小很小的骆驼。

师：啊呀，骆驼真是多呀，整张纸上全是骆驼。学他的样子一起来读读。

生：大徒弟用细笔密密麻麻地在纸上画满了很小很小的骆驼。

师：我眼前全是很小很小的骆驼，密密麻麻地铺满了整张纸，难怪你们画完之后是那么的……

生：得意。

师：自以为自己画得……

生：最多。

师：谁来得意地读一读这段话。

生：画完以后，他很得意，以为自己画得最多。

师：我们一起得意地读读。

生：画完以后，他很得意，以为自己画得最多。

师：是不是画得最多？

生：不是。

师：谁画得比他还要多？

生：二徒弟。

师：二徒弟画了什么？

第一章　阅读教学：构建整体设计的行动框架

生：他画了许许多多骆驼的头。

（出示句子：他画了许许多多骆驼的头。）

师：画之前他是这样想的……

（出示句子：二徒弟想：纸只有这么大，要画出最多的骆驼，该怎么办呢？）

生：二徒弟想：纸只有这么大，要画出最多的骆驼，该怎么办呢？

师："该怎么办呢"后面画了一个……

生：问号。

师：该怎么办呢？实际上这是二徒弟在问自己，后面的话没有写，如果你是二徒弟，你会怎么想怎么说？

生：如果画了很多骆驼，骆驼整个身体占的地方就太多了，所以还是画头吧！

师：你想到了用骆驼的头，来代替骆驼，这样你就能画许许多多的骆驼了。你想到了用部分来代替整体。他的想法好不好？

生：不好。

生：蛮好的。

师：不好？

生：蛮好的。因为他这样画就能使骆驼画得更多。

生：我觉得不好，因为如果他画骆驼的头，别人就不知道这是骆驼了。

师：你看到骆驼头，你知道这是骆驼吗？

生：知道。

师：我们看到这只骆驼头，就知道这是一只骆驼。他的想法好不好？

生：好。

师：课文中用哪个词能说明二徒弟的想法比大徒弟的好？

生：果然。

师：二徒弟一开始是这样想的……

生：纸只有这么大，要画出最多的骆驼，该怎么办呢？

师：于是他画了……

生：许许多多骆驼的头。

师：他画得……

生：果然比大徒弟的多。

师：想法和结果是一样的就是……

55

改进语文课堂

生：果然。

师：按理说大徒弟和二徒弟都是绞尽脑汁，骆驼已经画得很多很多了，画师为什么还对他们的画不满意呢？他满意的是……

生：小徒弟的画。

师：我们一起来看看小徒弟究竟画了什么？

（出示句子：小徒弟只画了几条弯弯曲曲的线，表示连绵不断的山峰，一只骆驼从山中走出来，另一只骆驼只露出脑袋和半截脖子。）

生：小徒弟只画了几条弯弯曲曲的线，表示连绵不断的山峰，一只骆驼从山中走出来，另一只骆驼只露出脑袋和半截脖子。

师：小徒弟的画中有什么？

生：有连绵不断的山峰。

师：他是怎样来表现这山峰的。

生：他是用几条弯弯曲曲的线……

师：来表示的。你能来画一画吗？

（生在黑板上画了一条比较平的曲线）

师：这个隆起的是什么？

生：是山峰。

师：凹下去的是……

生：土地。

师：不是土地，是……

生：山谷。

师：你这个山好像比较低。而且你只画了一条，小徒弟画了几条？你来试试。

（另一生在黑板上画了几条平行的波浪线）

师：你画了几条弯弯曲曲的线，这个线不一定是平行的，还可以交错。（师再示范画几条）这弯弯曲曲的线就好像是……

生：连绵不断的山峰。

师：课文中还有一个词也是形容一座山接着一座山……

生：连绵起伏。

师：连绵起伏同样表示这个意思，一起把两个词读一读。

生：连绵不断，连绵起伏。

师：画上除了这几条弯弯曲曲的线，还有什么？

第一章 阅读教学：构建整体设计的行动框架

生：一只骆驼走出山路，另一只骆驼只露出脑袋和半截脖子。

师：几只骆驼？

生：两只骆驼。

师：有疑问吗？

生：只画了两只骆驼，为什么说他画的骆驼多呢？而且另一只骆驼只画了一个脑袋和半截脖子。

师：我知道你有疑问，一只骆驼只露出脑袋和半截脖子。"截"在这里是……

生：量词。

师：半截就表示……

生：一段。

师：只有这两只骆驼，为什么呢？还有什么问题？

生：大徒弟和二徒弟画的骆驼肯定是比两只骆驼多，为什么小徒弟画得最多呢？

师：对呀，只有两只为什么是最多的？

生：既然比谁的骆驼多，为什么要画几条弯弯曲曲的线来占位置呢？

师：对呀，这线在这里起到什么作用呢？

生：为什么一只骆驼从山中走出来，另一只骆驼只露出脑袋和半截脖子？

师：两只骆驼为什么要这样来画呢？画上还有没有其他东西？

生：没有了。

师：课文中哪个词告诉我们没有其他东西了。

生：只画了。

师：你来读读。

生：小徒弟只画了几条弯弯曲曲的线表示连绵不断的山峰，一只骆驼从山中走出来，另一只骆驼只露出脑袋和半截脖子。

师：你们感到很奇怪，大徒弟和二徒弟也都感到很奇怪。带着你们的疑惑一起读读这段话。

生齐读：小徒弟只画了几条弯弯曲曲的线，表示连绵不断的山峰，一只骆驼从山中走出来，另一只骆驼只露出脑袋和半截脖子。

师：这样的画得到了画师的称赞和肯定，画师是怎么说的？

生：你们看这幅画，画上虽然只有两只骆驼，但它们在连绵起伏的群山

57

改进语文课堂

里走着,若隐若现,谁也说不清会从山谷里走出多少只骆驼,这不恰好表明有数不尽的骆驼吗?

（出示句子：你们看这幅画,画上虽然只有两只骆驼,但它们在连绵起伏的群山里走着,若隐若现,谁也说不清会从山谷里走出多少只骆驼,这不恰好表明有数不尽的骆驼吗?）

师：读了这段话你们明白了吗?

生：明白了。

生：不明白。

师：有的明白了,有的还不明白。我们一起来好好读读这段话。你们看这幅画,画上虽然……

生：只有两只骆驼……

师：但……

生：它们在连绵起伏的群山里走着,若隐若现,谁也说不清会从山谷里走出多少只骆驼,这不恰好表明有数不尽的骆驼吗?

师：虽然只有两只,但画师告诉我们他看到了……

生：数不尽的骆驼。

师：看看这个词语,一起读。

生：若隐若现。

生：要想了解这个词语的意思,想看看若是什么意思。三个意思中你选择哪一个?

生：3。

师：读一下它的意思。

生：好像。

师：若隐若现是什么意思?

生：好像隐藏又好像出现。

(师板书：若隐若现)

师：小徒弟的画中哪只骆驼是若隐若现的?

生：小徒弟的画中第二只骆驼是若隐若现的。

师：你看到了什么?

生：我看到了第二只骆驼的脑袋和半截脖子。

师：没有看到的是什么?

生：身体和腿。

第一章 阅读教学：构建整体设计的行动框架

师：还有没有什么东西是被隐藏起来的？
生：还有另外一段脖子。
生：还有尾巴。
师：就是把骆驼其他部分给隐藏起来了。
师：（举起手中的语文书）看到我手中的书吗？
师：（用一张纸遮去半本书）我用一张纸将书遮去了……
生：一半。
师：你认识这个字是什么吗？
生：是骆驼的骆。
师：但是这个字只露出"马"字旁的一部分和"各"字的一部分，你就认出它是骆了。这后面还有没有字？
生：有。
师：为什么看不见？
生：被遮掉了。
师：被什么遮掉了？
生：被纸遮掉了。
师：其实后面还有很多很多的字。在我们生活中也有这样的例子吧？出去旅游过吗？
生：旅游过。
师：如果到山区去旅游，乘坐汽车在盘山公路上行驶，车子开着开着你会觉得前面的路没有了，是不是真的没有了呢？
生：有的。因为它被山给遮住了。因为它是这样子一圈一圈盘上去的，这当中有座山，看上去好像没有路了，其实是有路的。
师：其实顺着山势转过去，路就在你的眼前。我们的视线是被……
生：山遮掉的。
师：其实这个路可能在这群山中要绵延数十里，甚至……
生：数千里！
师：那么回到小徒弟的画中，这里隐藏了什么？
生：隐藏了一些骆驼都被山给挡住了。
师：是这么回事吗？
生：是。
师：这样吧，闭上眼睛，让我们一起到小徒弟的画中去看一看。现在小

59

改进语文课堂

徒弟们拿起你们手中的画笔，我们画上几条弯弯曲曲的线，这是什么呀？

生：连绵不断的山峰。

师：还有一个词语可以形容的。

生：连绵起伏的山峰。

师：山峰一座接着一座，一眼都望不到头。（播放配乐录音：由远及近的驼铃声）

师：听，幽幽的山谷中传来了驼铃声，近了，越来越近了，看到了什么？

生：骆驼。

生：看到骆驼向我们走来。

生：我看到骆驼一只只走出来。

师：你看到了什么？

生：我看到了好多好多骆驼。

师：你呢？

生：我看到了数不尽的骆驼。

生：我看见了许许多多的骆驼在山谷里走着。

生：我看到一大群骆驼向我们走来。

师：骆驼一只一只向你走过来。数数看，一只，两只……

生：三只，四只……

师：可能有十只，可能有……

生：一百只。

师：可能有……

生：一千只。

师：数得清吗？

生：数不清。

师：数得尽吗？

生：数不尽。

师：睁开眼睛，谁来读一读。

生：谁也说不清会从山谷里走出多少只骆驼，这不恰好表明有数不尽的骆驼吗？

师：一起读一读。

生：谁也说不清会从山谷里走出多少只骆驼，这不恰好表明有数不尽的

第一章 阅读教学：构建整体设计的行动框架

骆驼吗？

师：恰好在这里表示什么？换一个词。

生：正好。

师：这句话的意思是……

生：这恰好表明有数不尽的骆驼。

师：他用了一个反问句加强了语气。再来读一读。

生：谁也说不清会从山谷里走出多少只骆驼，这不恰好表明有数不尽的骆驼吗？

师：难怪画师要称赞小徒弟呢，现在你们明白了吗？

生：明白了。

师：谁画得多？

生：小徒弟。

师：一起把这段话好好读一读。

生：你们看这幅画，画上虽然只有两只骆驼，但它们在连绵起伏的群山里走着，若隐若现，谁也说不清会从山谷里走出多少只骆驼，这不恰好表明有数不尽的骆驼吗？

师：你们明白了，大徒弟二徒弟明白了吗？

生：明白了。

师：哪个词语看出来？

生：恍然大悟。

师：什么意思？谁没请到过，把手举得高一点。

生：一下子明白过来。

师：他们明白了什么？你能不能联系三个徒弟的话和画师说的话用上"虽然……但是……"说说看，同桌之间先说说看。

师：谁明白了？

生：两个徒弟。

师：大徒弟和二徒弟，你是谁？

生：我是大徒弟，虽然我用细笔密密麻麻地在纸上画了很小很小的骆驼，但是再多的骆驼也是数得尽的。

师：画得再多，在一张纸上也是有数得尽的时候。

生：我选的是小徒弟。

师：你是谁？谁恍然大悟？

61

改进语文课堂

生：大徒弟和二徒弟。

师：那么你是谁？

生：小徒弟。

师：大徒弟和二徒弟恍然大悟，你是其中的一个人。没想好没关系，慢慢来。你是谁？

生：我是二徒弟。虽然我画了许许多多骆驼头，但是还是没有小徒弟画得多。

师：为什么呢？

生：因为小徒弟画了连绵起伏的山，谁也数不清隐藏在里面的骆驼有多少只。

师：你呢？

生：我是大徒弟，虽然我用细笔在纸上画了密密麻麻的小骆驼，但是小徒弟的画中有连绵起伏的山峰，谁也数不清山谷中会走出多少只骆驼。

师：这样把话说清楚。虽然我画了密密麻麻很小很小的骆驼，但是我的骆驼是……

生：数得清的。

师：虽然小徒弟……

生：只画了两只骆驼。

师：但是……

生：他的山谷中有数不尽的骆驼。

师：给我们留下了想象的空间。

生：虽然小徒弟只画了两只骆驼和连绵起伏的山峰，但是谁也数不尽会从山谷中走出几只骆驼。

师：看来画师的话是非常有道理的。课文学到这里，我想问问大家，课文中有几个人物？

生：三个。

生：四个。

师：大徒弟。

生：二徒弟、小徒弟。

师：和……

生：画师。

师：有人把画师给漏了。四个人物中你最喜欢哪一个？

62

生：我最喜欢小徒弟，因为他画这幅画是动脑筋画的，而不是像二徒弟和大徒弟那样没有动脑筋去画。

师：他们也很动脑筋的。

生：但是他们画的……

师：但是小徒弟最聪明，想的……

生：和别人的想法不一样。

生：我最喜欢画师，因为画师让大徒弟和二徒弟懂得小徒弟的这幅画到底好在哪里。

师：正是因为有这样的师傅，才教出了这样的徒弟，能够……

生：想到别人没想到的。

师：这节课就上到这里。下课。同学们再见。

生：老师再见。

第四节 同行教学评价

在"研读文本"中提升教学价值
——听陆蕾老师执教《想别人没想到的》有感

上海市实验小学 黄 芳

电化教室内，在一种平等、宽容、信任的课堂氛围中，学生们在陆老师的带领下，思考、朗读、讨论，注意力集中、思维活跃。整堂课，我惊喜地看到了学生们始终兴趣盎然地学语言、用语言。

在观摩这节课和解读这个文本的过程中，我一直在想，《想别人没想到的》这篇课文故事性强，文字表面浅显，但内涵却很丰富。像这样的课文，应该如何整合目标、突出重点、运用有效策略训练学生听说读写的能力呢？陆老师的这节课给了我一些启发。

一、研读文本，找准文章的训练点

陆老师在说课时谈到，自己在备课的过程中，只要一有空，就抱着课文朗读、品味、思考。在这样的细读中，读出了好几处教学的着眼点。文本越

改进语文课堂

读越厚。我们常说："教给学生半杯水，自己得有一桶水。"我想只有这样"厚"的积累，教师才有可能在教学中从学生的实际出发，删繁就简，找到适合学生发展的教学点。

课文中三个徒弟的做法各不相同，具有很强的对比性。根据课文的这个特点，陆老师在这里下足了工夫。课堂上，学生在初读课文后了解了课文大意。从画师的考题入手，当学生弄明白了画师的出题要求之后，陆老师紧接着就引导学生找出三个徒弟如何完成画作的有关语句。最后出示三幅骆驼图，要求学生根据课文的语言文字判断其中哪一幅是大徒弟画的。当学生一致认为第三幅是大徒弟画的，陆老师趁热打铁，要求学生结合课文相关内容说说判断的理由。学生一会儿看图，一会儿读课文，顿时像发现新大陆一般，跃跃欲试。有的说："因为大徒弟在纸上画了很小很小的骆驼，所以第三幅是大徒弟画的。"陆老师适时进行词语"很小"和"很小很小"的比较，学生们很快明白了叠词的妙处。有的说："画纸上的骆驼密密麻麻，有很多，所以这幅图是大徒弟画的。"还有的说："因为要画很多骆驼，所以大徒弟用了很细的笔。"陆老师在表扬学生善于读书之后，鼓励学生："哪个小朋友有本事，能将这幅图读给大家听？"学生有滋有味地读着句子，不知不觉就能看着图叙述内容了。这为后面复述故事训练打好了扎实的基础。

在这个教学过程中，陆老师依托文本内容找准了语言训练点，在品语言中练表达。

二、研读文本，深入浅出突破难点

课文以画师说的话结尾，并点明文章的中心。画师最后说的这段话要让学生反复读，并理解意思。我觉得陆老师在备课过程中，深刻地体会到了，当学生对文本的解读有困难的时候，教师就要在自己充分解读文本的基础上，结合学生的认知水平把文本介绍给学生。在实际教学中，陆老师带领学生细读画师说的话时，借助了媒体。学生看着图，在驼铃声声的音乐中，听着老师自编的简洁清晰的旁白（笔者注：这段旁白是补充说明画师最后说的这段话），很快将文本内容与图画勾连在一起，对小徒弟的巧妙构思有了感性的认识，真切地感受到小徒弟成功的秘诀就在于他能想别人没想到的。

我想，只有像陆老师那样深入地研读文本，才能提升课堂教学价值。学生听说读写的能力才能逐步提高。

第一章　阅读教学：构建整体设计的行动框架

情景交融　活化课堂
——评《想别人没想到的》
上海市实验小学　金　羿

《想别人没想到的》是九年义务教育课本三年级第一学期第30课，我校陆蕾老师根据不同的学生情况，三次执教这篇课文，真正做到了"情景交融　活化课堂"。

一、渲染情境

《全日制义务教育语文课程标准（实验稿）》指出，语文课堂丰富的人文内涵对学生精神领域的影响是深广的，语文教学应注重学生的情感体验。陆老师的课堂上，始终不忘带动学生的情感，非常注重渲染情境，以情促情。

课前游戏环节，陆老师出示了一个圆，问学生："看到这样的图形让你想到了什么？"问题一出，一下子激起了学生的浓厚兴趣，学生的答案千奇百怪，陆老师顺势揭示课题《想别人没有想到的》。

在理解描写小徒弟的画的句子时，陆老师大胆在黑板上画了寥寥几笔简笔画，连绵起伏的群山跃然眼前，学生立刻被吸引住了。接着陆老师引导学生看着画面，听着悦耳的驼铃，想象骆驼群前赴后继通过山路十八弯的情景，这一环节的设计不但轻而易举地突破了教学的难点，而且陆老师声情并茂的演讲，对学生的表达训练是一个很好的示范。

二、活化课堂

"活"，是本堂课的又一大亮点。爱因斯坦说过："一切创造性劳动都是从创造性的想象开始的。"在整个教学过程中，我们都能感受到陆老师把阅读教学看成了学生、教师、文本之间对话的过程，引领学生走进文本，充分发掘学生的想象力，教师教得轻松，学生学得轻松。

课文情节生动有趣，语言浅显，陆老师以"想别人没想到的事"为线索，放手让学生自己去读，自己去找出三个徒弟如何画骆驼的语句，读读议议谁的办法好，为什么师傅称赞小徒弟画得好？学生们通过交流、讨论，都说小徒弟画得好，并且找到画得好的原因。"原来小徒弟只画了条弯弯曲曲的线，表示连绵起伏的山峰，一只骆驼从山中走出来，另一只骆驼只露出脑

改进语文课堂

袋和半截脖子。"画师解释说："你们看这幅画，画上虽然只有两只骆驼，但它们在连绵起伏的群山里走着，若隐若现，谁也说不清会从山谷里走出多少只骆驼，这不恰好表明有数不尽的骆驼吗？"从而引出"这是想别人没想到的"——这就是创新。而后陆老师又出示了一个关于创新的事例——"踏花归来马蹄香"，让学生进一步地理解创新的含义。

本课的板书设计也很有新意，不仅能体现出课文的主要内容，而且经过三次研讨的不断提炼，使板书更加简明扼要，更加活，是对学生概括能力训练的一次示范。

三、读中生情

本堂课还是一堂充满语文味的课堂，是扎扎实实的语文课堂。陆老师十分强调结合语境理解词语。教学中，她让学生自己读全文，根据学生反馈，及时理解了"若隐若现"、"恍然大悟"、"连绵起伏"、"连绵不断"等词语的意思。

整个课堂教学教师紧紧抓住文章的重点句子——"大徒弟用细笔密密麻麻地在纸上画满了很小很小的骆驼。""他画了许许多多骆驼的头。""小徒弟只画了几条弯弯曲曲的线，表示连绵不断的山峰，一只骆驼从山中走出来，另一只骆驼只露出脑袋和半截脖子。"通过比较阅读，体会小徒弟想到了别人没有想到的，他确实高人一筹。然后，陆老师采用不同的方式指导学生朗读，让学生体验人物不同的心理活动，让课堂书声琅琅、高潮迭起。

学生在各种形式的读中一次又一次的接触文本，在与文本的一次次对话中体验文字的情感、作者的情感，在朗读中滋育了自己的情感，让他们读得入情。

总之，陆老师的课亮点十分突出，课堂有起有伏，在提高学生综合素养的同时，又回归朗读，读得有层次、有感悟、有深情，情景交融的阅读教学，活化了课堂，学生乐于接受。

第二章 写作教学：着眼过程指导的实施原则

第一节 课例研究报告

阅读和写作就好像鸟的双翼，缺一不可。但在实际教学中，语文课的大部分时间还是让位给阅读教学（这与我们文选型的教材编写体系有关），写作教学基本上还是阅读教学的拓展、延伸与补充，尚没有形成有序的内容体系，更不要说形成科学有效的教学方式、方法了。诚如上海市松江区教师进修学院诸灵康老师所言，困扰目前写作教学的有三大问题：缺乏科学的教学序列——作文应该教什么？缺乏翔实的教学内容——作文用什么来教？缺乏有效的教学过程——作文应该怎样教？这三个问题可谓击中写作教学的要害了。

也正是基于这样一种探索的梦想，诸老师带领他的研究团队，启动了初中作文全程指导的研究与实践，在探索训练序列、编写作文学本、构建课堂结构上不懈努力着。本课例的研究，因与诸老师的团队有着共同的研究取向和价值认同，故采取合作研究的方式，请诸老师的弟子金晓燕老师一起完成了一个写作课例的研究。选择的教材是《作文全程指导学本》七年级第一学期第三课《拓宽视野 关注社会》。

一、第一次课试教

在第一次课试教的过程中，相比一般的写作课教学，执教的亮点还是相当多的。主要表现在以下几个方面。

1. 以学本的形式编写上课教材，使作文教学进入了有序状态，具有开

改进语文课堂

创意义。

2. 根据学本目标来定教学目标，并在课的起始阶段，通过揭示课题，抓住关键词理解学习目标来导入，做到了教师明明白白地教，学生明明白白地学。本节课的学习目标定位在关注社会中"和谐"的人和事；体验人物心情和文中倾注的感情。

3. 教学全过程自始至终关注对学生写作过程、认知过程的指导。围绕学习目标，将实例导入、名作赏析、他山之石、交流构思、片段仿写、篇章训练等环节依次展开，环环相扣。每个环节都紧扣学习目标，并引导学生不断深化对学习目标的理解与应用。

观察发现

1. 在课一开始，教师引导学生揭示课题时提出了这样一个问题"如今我们作为七年级的学生，去关注社会中的什么方面比较好呢？"这个问题过于开放，每个人都会有不同的回答，很难聚焦到本节课所要学习的主题上。而教师又没有让学生来讲，而是自问自答何谓"和谐"。这样的回答也存在问题，首先是生硬、牵强，其次是语言太学术化，况且"和谐"含义也很难用一两句话就说清。

2. 在"方法例谈"环节，对于《生命常常是如此之美》这篇文章的教学过于烦琐与细致，重点不够突出。

问题诊断

1. 问题要指向清晰，并对其回答的可能性作出预测，这样才能判断出其是否是有意义的问题。同时，问题的答案也不能受限，要给学生思维的空间。这样学生才敢独立思考。

2. 同一篇文章在作文课上和在阅读课上，教法是不同的，这要根据教学目标来确定。在作文课上，要发挥示范的功能，因此，教学中要紧扣作文课的教学目标，点到即止，即使是分析，也要重点突出。而如果是在阅读课上，则可以洋洋洒洒，深入细致地展开。因此，要注意两者的区别，不能把作文课上成阅读课。

改进建议

1. 课题的揭示可单刀直入，简洁明了即可。

2. 写作指导课中出现的帮助领悟写作知识或指导写作方法的范文，不适合像阅读课文般地去教学，如《生命常常是如此之美》一文，从写作角

第二章　写作教学：着眼过程指导的实施原则

度去学习可圈可学的点有很多，但在这堂课中，应围绕学习目标，重抓一点，不可繁芜粗杂，样样都抓而重点不明。

二、第二次课试教

在第二次课上，执教教师基本上将第一次课上的不足进行了改进，并把教学重点放在唤醒学生的生活积淀，激发学生的真实体验，通过实例比较强化写作要点，总结写作方法上，达到了比较好的教学效果。

观察发现

1.《生命常常是如此之美》的教学中，对"美的细节"的感受就是寻找"材料中动情点"的过程，教学中应不厌其烦地展开、深化，而执教教师在此却点到即止，没有很好地将范文的功能与价值充分挖掘出来。

2."学生口头说身边美的人和事"与"学生写一写身边美的人和事"这两个教学环节的递进性不够，从学生说与写的思维角度来讲，也没有体现出层进性。

问题诊断

1. 对范文的作用与功能要时刻与教学目标对照起来思考，这样教学才能紧扣目标来展开并深化。

2. 写作的过程是思维的过程。因此，要把范文中作者的思维的过程展现出来，才能让学生真正懂得自己该如何思考。教学中还要由此及彼，由作者到自己，让学生在比较中成长。

改进建议

1. 在"感受美、寻找材料中的动情点"这个教学环节的基础上，还应该引导学生想一想"我平时怎样选材，找动情点，而作者如何选材，找动情点"，期望建立"这一篇文章中作者的选材策略"与"我平时选材方法"的关系，引起学生对自己选材历程的关注，从而在冲撞和摸索中让学生掌握选材、找动情点的写作策略。

2. 在感受"材料中的动情点"的过程中，可以引导学生罗列一下提纲，通过三个人三件事的美点（动情点）的罗列，使学生在实践中领悟"选好材"——"找好动情点"的选材基本策略。然后，在教师引导学生在罗列提纲的基础上，进入"片段仿写"阶段：确定要写的材料——列一列材料中的"感动点"——写一写片段，这样，引导学生对自己的写作活动进行思考与监控。

3. 课堂中提出的"动情点"只是一个片段或瞬间，如何形成作文，恰是学生比较需要的。因此，考虑到学生第一次接触"动情点"这个词，在明确目标环节，就点明"动情点"在本节课中的概念，并且明确目标——我们要学会因看到、想到什么而动情，从而再在选材的过程中发现更多的"动情点"。

三、第三次课试教

在第三次课上，我们看到经过对前两次课的不断反思与改进，本节课已渐进臻于完美的境界。本节课增加了"学会感受材料中的动情点"的学习目标，并将"感受动情点"作为整堂课的教学主线和关键。与前两次课相比，教学目标更加聚焦，切口更小，教学效果也更好。从这样一次次的调整，一次次的改进背后，我们清晰地看到执教教师从理念到实践的深深思考与转变，执教教师善于反思、勇于挑战自我、超越自我的精神也愈发令人钦佩。

观察发现

1. 对学生认知历程的引领，因有清晰的、具体的内涵解读和可操作的抓手，使知识转化为运用策略成为可能。执教者通过三个步骤，实现了这一目标。

第一步：演绎"动情点"。何谓"动情点"？简单地说，就是在生活的某一时刻打动了你的内心，牵动了你的情思的人、事、物。它可能是一个眼神，一个微笑，一根白发，一句话语；也可能是一排大雁，一座高山，一条小河，一间老屋，一朵鲜花；还可能是一件再寻常不过的小事，甚至是一个极微不足道的细节……总之，它能触动你的心灵，牵动你的情思，引发你的思考，启迪你的（写作）智慧，使你久久不能忘怀，甚至成为你刻骨铭心的记忆。

第二步：将"感受动情点"这一写作知识（要点）转化为学生可以模仿的写作策略。执教者引导学生用"美在……美在……美在……"的形式来描述，给学生以认知上的引领，并通过设置名作赏析，给学习者创造了赏析、探索的机会，内化对"动情点"的感受。

第三步：通过"片段仿写"环节，引导学习者在完成任务的过程中，把认知内化为自己的写作行为。

从学生"片段仿写"中的精彩表现来看，执教者在对学生写作认知历程的引导这一环节的教学是非常成功的。学生仿写示例如下："我是写一个大声唱国歌的小女孩。她美在那么活泼、可爱，阳光的笑脸感染着身边的人；美在当大家象征性地张动着嘴巴唱国歌的时候，她却大声地唱着，旁若无人地唱着；美在她看着国旗的那种专注的眼神；美在她的红扑扑的脸蛋与国旗同色。"

2.《那一幕我难以忘怀》的两个片段比较起来，从教学的角度而言，发挥的作用似乎与预期的教学目标关系不大。

首先，在教学中，对两个片段分析的落脚点并没有放在"动情点"上，而是从一般意义来谈哪个更倾注了感情？这与教学目标中有关"动情点"的教学要求出现了偏离。其次，两个片段一个侧重家庭，一个侧重社会，关注的视角和范围不同而已，很难作出选材上孰优孰劣的判断。更不能因为本节课学习的主题是"拓宽视野 关注社会"，就以此作为理由，而认为"关注社会的素材就比关注家庭的素材更胜一筹"。就像我们都熟知的脍炙人口的《背影》，并没有因为朱自清写的是家庭生活，而对其作品的价值有半点减损，恰恰相反，因每个人在生活中都有类似经历的情感共鸣，而使得作品经久不衰。

诊断分析

1. 写作教学要把引导学生的认知历程作为教学关注点，并用可操作的策略引导学生学以致用，有效地落实了教学目标。以往写作教学存在的主要问题就是教学过程重在告诉学生"结果"，而对如何形成"结果"的"过程"缺少教学关注和引导，这也是导致学生看得懂、写不来的主要原因。

2.《作文全程指导学本》中部分材料的选择尚未与本节课教学目标（或学习目标）紧密匹配，材料需要根据教学需要进行调换。

四、写作教学实施过程指导的实践原则

写作是一个过程，写作课教学也应该是构成写作过程的教学指导过程。环顾传统写作教学常聚焦于写作章法的教学，但学生写作能力与写作水平的提高却收效甚微的现状，写作教学要实现突变式跨越，需要实现教学转向，真正全方位关注学生写作过程中遇到的困难与需求，帮助学生建立与掌握个

性化写作的策略与方法的教学。

（一）写作教学要重视对学生写作"过程"的指导和设计

帮助学生建立个人的写作策略和方法；引导学生在写作过程中思考与内化已得的知识与技能，使他们成为一个有策略的、独立的写作者。过程设计要把握好这样几个原则。

1. 对学生"认知历程"进行指导。写作教学要由以往关注"结果"转到关注"历程（过程）"。教学过程的设计要积极引导学生一步步经历范文赏析、片段仿写等过程，在这一过程中尝试、探索、发现、自我纠正，逐步了解和掌握写作的方法和技巧。

2. 提示学生对自己写作活动进行监控。对于学生而言，他们还往往不能有意识地做到对自己的写作行为进行监控，因此，教学过程中，教师要适时给学生提供过程性的帮助，这种帮助主要是循序、系统地设计出学生在写作过程将会忽略或行进中将会出现的问题，这将会大大激发学习者对自己写作过程的内部觉察能力。

3. 提示学生在"过程"中与他人对话和互动。充分的对话，包括与教师、其他学生等，将促进学生深层思考、摆脱遇到的困境，也将有利于整个写作活动的展开和深入。

（二）写作教学要提供写作策略和相应的训练

写作教学的最终的目的是教会学生"学会写作"，这就需要掌握写作的基本策略和方法，写作策略的选择要遵循以下几个原则。

1. 要提供给学生在写作过程中真正可以用得着、学得会的策略。

2. 要充分告知学习者这些策略是什么，为什么要学这些策略，以及如何使用这些策略。

3. 选择适当材料来配合策略训练。要提供范例，指导学生使用学习这些写作策略。

4. 学习策略没有先后，可以从"需要"的任何策略开始。策略应该在学生实际写作中发展，而不是抽离现实的技能学习中产生出来。

（三）在阅读、写作和口语交际的综合实践活动中，实现写作成效

阅读、写作和口语交际本身就是一个你中有我、我中有你的综合体，写作教学不能孤立地讲写作，否则，写作成效将减损，要把握好如下原则。

1. 让学生承担有实际意义的任务。任务的设计要根据学生的学习兴趣，找出教学内容与学习生活经验和兴趣之间的最佳结合点，恰当地确定任务的内容和形式。

2. 创设参与语言实践的真实情境。应力图创立一个自然真实的语言情境，让学生不受任何约束地真正体会语言，理解语言并大胆地运用语言，达到脱口而出的效果。

3. 提供在具体的言语环境中开展语言实践的机会。不能为了设计活动而设计，要考虑到每一个活动能给学生写作带来哪些功效。

第二节　教学设计改进

一、第一次课教学设计

课题：《拓宽视野　关注社会》；《作文全程指导学本》七年级第一学期第三课

授课教师：华东师范大学松江实验中学　金晓燕

教学目标

知识与技能：引导学生学会关注社会中和谐的人和事，学会选材。

过程与方法：通过自主研读、比较探究等方法感受本课选材的策略。

情感、态度与价值观：善于用一颗善感的心去发现并关注社会中和谐的人和事。

教学重点

引导学生学会关注社会中和谐的人和事，学会选材。

教学难点

引导学生注重体验人物心情，行文中倾注情感。

改进语文课堂

教学过程

教学流程	教师活动预设	学生活动预设	设计意图
学本导入	1. 揭示课题 明确本课学习内容：关注生活、社会中"和谐"的人与事。 2. 理解目标 抓住关键词，记住学习点。	关注课题与目标，把握本课所学内容。	从"课题"到"学习目标"，继而开始本课的学习，是学生利用学本开始本课学习的基本方法，也是关键。
学本学习	1. 实例导入 围绕学习目标，比较两个片段。 2. 方法例谈 名作赏析：围绕学习目标，说说读文后的所得或体会。 他山之石：感受片段中的学习目标体现。 总结方法：师生共同领悟方法。 3. 片段仿写 仿"他山之石"写一段文字。 （机动，也可以"说"代替） 4. 范文引路 说说所学方法在范文中的体现。 5. 篇章训练 根据学习目标与课堂所学，完成《＿＿＿＿，我难以忘怀》。	比较片段有所感受。 赏析名作有所感悟。 总结方法有所领悟。 仿照"他山之石"能说会写。 利用范文再次巩固。 篇章训练，课后演练。	在学生已预习本学本的基础上，以学生的学习活动为基点，教师引领学生更好地利用学本，感受、感悟、领悟得更深刻些。 让学生在形成写作知识的过程中，能主动调动已有的阅读与生活经验，主动建构。 引导学生读读、说说、悟悟、写写。

二、第二次课教学设计

课题：《拓宽视野　关注社会》；《作文全程指导学本》七年级第一学期第三课

授课教师：华东师范大学松江实验中学　金晓燕

教学目标

知识与技能：引导学生学会关注社会中美好的人和事，学会选材。

过程与方法：通过自主研读、比较探究等方法感受本课选材的策略。

情感、态度与价值观：善于用一颗善感的心去发现并关注社会中和谐的人和事，行文中倾注情感。

教学重点
引导学生学会关注社会中和谐的人和事，学会选材。

教学难点
引导学生注重体验人物心情，行文中倾注情感。

教学过程

教学流程	教师活动预设	学生活动预设	设计意图
学本导入	一、揭示课题 明确本课学习内容：关注生活、社会中美好的人与事。 二、理解目标 抓住关键词，记住学习点。	关注课题与目标，把握本课所学内容。	引导学生明确本课学习目标。
学本学习	一、实例导入，感悟目标 围绕学习目标，比较两个片段。 二、方法例谈，领悟知识 1. 名作赏析：围绕学习目标，说说阅读后的所得或体会。 2. 他山之石：感受片段中的学习目标体现。 3. 总结方法：领悟方法，指导路径。 三、出示题目，交流构思 出示作文题《＿＿＿＿，我难以忘怀》，交流选材。 四、片段仿写，强化能力 仿"他山之石"写一段文字。重在从社会中选取难忘的一幕。 五、习作引路，自主作业 自学习作，完成作文《＿＿＿＿，我难以忘怀》。	比较片段有所感受。 赏析名作有所感悟。 总结方法有所领悟。 相互交流，唤醒生活积淀。 选取社会生活中的场景，仿照"他山之石"写作。 学习学生习作，进一步体悟写作要领，下节课完成作文。	在学生预习本学本的基础上，以学生的学习活动为基点，引领学生更好地感受领悟写作知识。 调动阅读与生活经验，主动建构写作知识。 明确任务，通过交流，唤醒生活积淀，把知识转化为能力。 通过片段仿写，强化能力要点。 提供习作范文，帮助知识建构。通过训练，巩固能力。

三、第三次课教学设计

课题：《拓宽视野　关注社会》；《作文全程指导学本》七年级第一学期第三课

授课教师：华东师范大学松江实验中学　金晓燕

教学目标

知识与技能：引导学生学会关注社会中美好的人和事，学会选材，学会感受材料中的动情点。

过程与方法：通过自主研读、比较探究等方法感受本课选材的策略。

情感、态度与价值观：善于用一颗善感的心去发现并关注社会中和谐的人和事，行文中倾注情感。

教学重点

引导学生学会关注社会中和谐的人和事，学会选材。

教学难点

引导学生注重体验人物心情，行文中倾注情感。

教学过程

教学流程	教师活动预设	学生活动预设	设计意图
学本导入	一、揭示课题 明确本课学习内容：关注生活、社会中美好的人与事，并且学会感受材料中的"动情点"。 二、理解目标 抓住关键词，记住学习点。	关注课题与目标，把握本课所学内容。	引导学生明确本课学习目标。
学本学习	一、实例导入，感悟目标 围绕学习目标，比较两个片段。 二、方法例谈，领悟知识 1. 名作赏析：围绕学习目标，说说阅读后的所得或体会。（选材、美点——动情点）	比较片段有所感受。 赏析名作有所感悟。	在学生预习本学本的基础上，以学生的学习活动为基点，引领学生更好地感受领悟写作知识。

76

续表

教学流程	教师活动预设	学生活动预设	设计意图
学本学习	2. 他山之石：感受片段中的学习目标体现。（机动，视学生情况而定） 3. 总结方法：领悟方法，指导路径。 三、出示题目，交流构思 出示作文题《_____，我难以忘怀》，交流选材，感受材料中的动情点。 四、片段仿写，强化能力 仿"他山之石"写一段文字。重在从社会中选取难忘的一幕，并且罗列出动情点。 五、习作引路，自主作业 自学习作，完成作文《_____，我难以忘怀》。	总结方法有所领悟。 相互交流，唤醒生活积淀。 选取社会生活中的场景，仿照"他山之石"写作。 学习学生习作，进一步体悟写作要领，下节课完成作文。	调动阅读与生活经验，主动建构写作知识。 明确任务，通过交流，唤醒生活积淀，把知识转化为能力。 通过片段仿写，强化能力要点。提供习作范文，帮助知识建构。通过训练，巩固能力。

第三节 课堂教学实录

一、第一次课实录

拓宽视野 关注社会

华东师范大学松江实验中学 金晓燕

课前准备：课前学生预习学本并做好相关鉴赏练习。（学本附后）

课开始前：教师在黑板上写好课题，写好学习目标。

（一）**学本导入**

1. 揭示课题

师：同学们，今天我们要用这个作文学本一起来感受一堂作文课。一起看课题，朗读课题。

改进语文课堂

生：（齐读课题）"拓宽视野 关注社会"。

师：生活和社会中可关注的东西太多了，回顾我们课文第三单元《唐诗精华》，杜甫、白居易更多关注的是封建社会中百姓的疾苦，而如今我们作为七年级的学生，去关注社会中的什么方面比较好呢？和谐！

2. 明确目标

师：请一起朗读学习目标。

生：（朗读学习目标）1. 善于关注社会中"和谐"的人和事；2. 善于体验人物心情，文中倾注感情。

师：请拿起你的笔，把学习目标中的关键词圈下来……你圈了哪些？

生：社会、和谐、体验、倾注感情……

师：今天我们课上所指的"社会"，是指家庭、学校以外的大社会。那你理解的"和谐的人和事"是指什么？

生：互相帮助的事情。

生：大家都友好相处。

生：美好的人和事；积极向上的人和事……

师："和谐"是指民主法治、公平正义、诚信友爱、充满活力、安定有序、人与自然和谐相处的社会（第一要素：人）。

师：（指板书）在找到了这样的人和事之后，还要善于体会人物的心情，并且在写作文时倾注自己的感情。这就是我们今天的学习目标。

（二）学本学习

1. 实例导入

（1）名作赏析

师：带着对学习目标的理解，在已经预习了学本的基础上，让我们进入学本第一环节的学习。两篇同题的片段《那一幕我难以忘怀》，围绕学习目标，说说哪个更好，为什么？

生：第二篇好。第二篇选了世博会期间老爷爷学英语的事情，比较新颖。

师：对，选材具有时代的典型性。

生：第一篇也挺好的，有细节描写，写到了人物的心理，很好。

生：第二篇好。第二篇关注的是社会中和谐的事情。

师：那第一篇呢？难道不和谐吗？

第二章　写作教学：着眼过程指导的实施原则

生：第一篇写爸爸妈妈对我考试不好后的态度，好像……

师：那我考试后，爸爸妈妈就该不闻不问吗？似乎也没有写到不和谐呀？

生：这是家庭里面经常发生的事情，也是和谐的，而且爸爸妈妈也没有给我"竹笋炒肉"，也是好的，就是材料不是很独特。

师：那两个片段中情感的倾注怎么样？

生：第一篇好，第一篇写得很真挚感人，写到了"我"难受的心情，还用环境描写来烘托。

生：第二篇也好，第二篇中的"他们的学习英语的那股韧劲也是令人为之折服的"，就写到了"我"的敬佩之情。

师：嗯，第一篇因为当事人是自己，而且情到浓时，情不自已，所以行文中完全倾注了情感；第二篇"我"是个旁观者，但"我"也倾注了情感在文中，除了刚才说的，还有吗？

生："他那认真严肃、一丝不苟的神情使我增添了敬畏之心"。

……

师小结：确实，在两位同学文笔相当的情况下，如果你能够把你的目光不仅仅局限在家庭内，而是延伸到家庭、学校以外，那么你的文章就可以更胜一筹。

（2）方法例谈

师：接下来，让我们进入"方法例谈"环节，先看乔叶的一篇《生命常常是如此之美》。喜欢这篇文章吗？喜欢的举手。

师：恭喜你们，你们是多情人。乔叶说：多情的人，有福了。

师：乔叶，是《读者》杂志的签约女作家，她在她的散文集《天使路过》自序中有这样一段话（幻灯片出示）："生活给了我缤纷的衣料，文字给了我绵绵的长线，我是一个拿针的人。……如果你是个多情的人，那么恭喜你，因为多情的人有福了。"

师：一起朗读！你从中体会到了什么？

生：作者所写东西都是从生活中来的，作者用文字，用线把它们缝起来，写成一篇篇文章。

师：是呀，在作者看来，写作就是这么简单呀。接下来，让我们带着对乔叶的写作感觉的这种感觉，在预习的基础上，围绕学习目标再来阅读这篇文章。

79

改进语文课堂

师：对照平时的选材情况，你有什么感悟？（学生没有反应）

师：可以想一想，文中写了哪些人，哪些事，他们又是怎样体现"和谐"的？

生：文中写到了一位车夫，他在雨天等我半小时，还不肯收我给他的双倍车费。

师：能不能找到具体的细节说一说。

生：车夫说"雨天不好叫车"，所以准备等我并且真的在雨中等了半个多小时，是个守信用的人。（板书：守信）

师：还有吗？

生：车夫不收我的双倍车钱，体现了他助人为乐的精神。（板书：助人为乐）

师：他是一个普通的劳动者（板书：普通的劳动者），有着美好的品行（板书：美好的品行）。是我们这个社会中和谐的人与事。所以作者在本段最后写到，他的白衣……

生：在雨雾中如一朵朦朦的云朵。

师：除了车夫，还写了哪些人，哪些事？

生：还写了一个邮递员。他虽然染着发，但是工作很勤勉。（板书：勤勉）

生：他每天三点多准时来到这里，还要响亮地喊一声："报纸到了。"

师：是公司的规定吗？

生：不是，是他为了让大家及时读到报纸，自己想喊的。

师：可以说，他是替人着想（板书：替人着想）。所以，作者在最后写到，他年轻的声音……

生：如同铜钟与翠竹合鸣的回响。

师：对，这句话可算是"美句点睛"了。除此外，作者还写到了一个人，且是安排在文章最先写的，是谁？她又让你感受到了怎样的美好情缘？

生：卖菜妇人。她每次在和我闲聊时，都会细细告诉我，今天哪几样菜……

师：为什么你马上找到了这个细节？这个细节给你怎样美好的感觉？

生：她有着絮絮的温语，给人很温暖的感觉。

师：对呀，作者在这里有着温暖的感受，她写道："我就会感到一波波……"

第二章 写作教学：着眼过程指导的实施原则

生：隐隐的暖流在心底盘旋。

师：那看看她说的这些内容，给你怎样的感觉啊？

生：她就像一个亲人，告诉作者一些生活、做菜的常识。

师：对呀，她还说"卤肉用了几个时辰……""西兰花是从哪个市场上买的"；等等，这可是她的生意经啊，平时不告诉别人的，对吧？她和我之间的关系怎么样啊？

生：非常好，就像亲人一样，没有戒备之心的。

师：我与一个普通劳动者，我们之间有着和谐的关系。（板书：和谐的关系）还有呢？

生：这个妇人的小菜种类繁多，而且价廉物美，说明她很为我们顾客考虑。

师：这么个妇人，和我们的关系如此亲昵，所以我不仅让孩子叫她"娘娘"，而且作者在文中写道，"那位妇人的笑容，如……"

生：深秋的土地，自然而醇厚。

师：这些普普通通的劳动者，卖菜妇人是我平时闲暇所见到的，车夫是我路上遇着的，邮递员是我社区里天天碰到的。（板书：闲暇偶得，路上拾得，社区所得）文中还写到了哪些人，虽然是一笔带过，却在我们脑海中留下了美好、和谐的画面的？

生（齐答，齐读）：满面尘灰的……修自行车师傅。

师（教师引读）：于是，作者蕴满感情地写道："只要看到他们，怎么样？"

生：一种无缘由的亲切感就会漾遍全身。

师：于是作者写道，"这些尘土一样卑微的人们，他们……"

生：他们的身影出没在我的视线里，他们的精神沉淀在我的心灵里。

师：他们常常让我感觉到……

生：他们常常让我感觉到这个平凡的世界其实……坚韧和美丽。

师：那么在你的视野里，还有这样的人或事吗？（学生思考，反应不大）

师：一个背影，一个眼神，一个淡淡的微笑，那么美好，甚至微小……却又落入了你的眼睛和心灵。

生：我们的邻居，有时候进楼梯大门时看到我背着书包，拿着东西不好开门，就帮我推开大门，有时候还会等一等我。

生：我们门口的保安，每次看到我们的车子进出门卫那里，总是要对着

改进语文课堂

我们敬个礼。他们总是能给我们温暖的感觉。

……

生：最近在放的"达人秀"里面的鸭脖子夫妇给我很大的感动……

师："达人秀"不同于其他的选秀节目，它有一股达人精神在里面，那些参加选秀的达人都是一些普通人，对吗？还有哪些人让你感动或让你感到美好？

生：刘伟。他有一股顽强的精神。他说过一句话："要么赶紧去死，要么精彩地活着。"让我觉得很受震撼。

师：是的，虽然他的话在我们看来有些极端，但是当我看到他弹琴，我就知道了对他来说，这句话一点没有夸张。

师：刚才大家说的是媒体里面看到的。媒体还包括网络、电台、报纸，等等。还有一些人，就接着我们刚才说的"达人秀"里面看到的来说，比如不服老、不认输、爱跳舞的"时尚七太"，比如要将中国元素融入街舞，让全世界知道中国也有街舞的"音皇帝"，等等，他们就有着非常积极的生活态度。（板书：积极生活态度）这样的人或事，你感受到过吗？

生：……

师：接下来看一组同学们拍的照片，或许，能帮你打开更宽的思路，助你撷取到生活中更缤纷的衣料。

师：（配乐朗诵，边放照片）一对对现代父母，双双陪同孩子去早教中心于娱乐中学习——一双外来务工的父母在劳作一天后，带孩子去逛街，他高高地把孩子托起，让孩子高高地半坐半立在父亲的肩上，多情的你能体会个中意味吗——一棵高大的枯死的大树，却成了两棵丝瓜藤的高楼，它们笑看世界——我最喜欢的就是这张照片了，你能感受到童真童趣、生命的活力吗？

师：今天我们注意关注了社会中、生活中和谐、美好的人和事，他们将成为我们笔下的写作材料。那么让我们回忆这节课上所学，看着板书，再结合我们的学习目标，说说你得到的启示。

生：我知道了我们要学会关注身边的普通人，劳动者，等等，不要老是把眼光放得很高。

师：对呀，身边常常出没的普通人，恰恰是我们看到和接触最多的人。

生：生活中有很多美好的人与事，我们可以在路上、小区、媒体中发现这些人和事。

师：对，还有其他途径。

生：……

2. 片段仿写

师：也许此时大家的心里也想起了一些人和事，拾起了一些美丽的片段，因为时间关系，我们就直接跳过"他山之石"这块内容，因为它写的也是一个积极工作与生活的残疾小伙子，咱们直接进入"片段仿写"部分，把你心中那个给你美丽、和谐感觉的人与事写下来。

生：（仿写）

3. 范文引路

师：刚才，只是一些细节或片段出现在了我们脑海中、心里或笔下。那么如何连缀成篇呢，这其中还有很多很多的技巧，我们也不可能在一节课中学尽。那么我们来看这篇范文，让它来给我们引路，先在课上感受一下它的选材以及在文中的情感倾注，回去大家再细看本篇范文中的其他写作技巧。

生1：这篇文章关注了社会中农民工艰辛的生活，这是我们平时容易忽略，甚至视而不见的，但是小作者的心很细，看到了别人看不到的东西。

生2：这篇作文中，小作者是倾注了自己的情感的。比如"……"这些句子都能够看出来。

……

4. 篇章训练

（1）布置作业

师：今天回家作业，完成一篇作文。

参考题：《_____，我难以忘怀》（可填写"那眼神"、"他的身影"、"那一幕"，等等）

要求：1. 写一篇 500 字左右的文章。

       2. 关注社会，发现生活中让你难以忘怀的人与事，对笔下人物能倾注情感。

（2）借乔叶书中几句话和大家共勉

师：幻灯片（一）

因为多情，在路过某棵树下时，如果听到有清脆的鸟鸣，我就会驻足听它唱歌。

因为多情，如果看到土径旁有不知名的野花淡淡芬芳，我也会俯身欣赏。

因为多情，有妇人推着婴儿车从我身边走过，我会使劲地嗅嗅空气里的奶香。

83

改进语文课堂

因为多情,每逢碰到热气腾腾的午餐车停在巷口,即使不吃什么,也会上去看看番茄炒鸡蛋那怡人的颜色。

……

如果你是一个多情的人,那么我衷心地为你喜悦。

因为多情的人,有福了。

幻灯片(二)

没有天堂,生活就是天堂。

有许多人在天堂睡着。

我知道:此时,我是一个醒了的天使。

附:《拓宽视野 关注社会》学本

学习目标

1. 善于关注社会中"和谐"的人和事。
2. 善于体验人物心情,文中倾注感情。

(一) **实例导入**

比较下面两个片段,哪个更好?说说理由。

第一篇 那一幕我难以忘怀(片段)

那是几年前的一个暑假,我感觉很难受,头好痛,也很晕。向来早出晚归的妈妈还没回来,十点、十一点、十二点……熬到凌晨一点,妈妈终于回来了,见我躺在床上有气无力的样子,她急得连包都没有放下,赶忙跑过来看我。一摸我的头,好烫呀!妈妈急忙把我送进了医院。量了量体温,呀!整整40度,忙给我挂了急诊……第二天,我见到妈妈,她的眼睛红红的,布满血丝,原来妈妈为了我,一夜没合眼,这时我的眼圈也红了,泪水充满了眼眶,但我努力不让自己哭出来。虽然我生病了,很不好受,但是我还是觉得很幸福,生活还是很美好,因为,有妈妈陪在我身边。

第二篇 那一幕我难以忘怀(片段)

来到社区活动中心门口,未见其人,先闻其声,只听见牙齿漏门缝的新式混合中英单词一个个儿从正儿八经、正襟危坐的老年人们嘴中活脱脱地蹦出,<u>而他们的学习英语的那股韧劲也是令人为之折服的,他们那不苟言笑,庄严肃穆的形象那般虔诚,那般敬畏</u>。其中最令我深感触动的便是那位赵大爷，赵大爷年纪不大，属于那班老年人中较为年轻的佼佼者，但他说起话来一溜一溜，挺逗人的，满口广东方言，一开金口便是一股广东汉子阳刚之气，长得却是慈眉善目。赵大爷喜欢学英语，然而他一开口的广东味英语总是令人忍俊不禁，但他那认真严肃、一丝不苟的神情使我增添了敬畏之心。

英语单词在他的口中、在我耳中似乎变了个样，<u>但我眼前又分明是一个个鹤发童颜、充满青春气息的年轻人形象。</u>"世界在你眼前，我们在你身边"，<u>我不禁被赵大爷他们为世博努力学英语的一幕所感动。</u>那一幕，我难以忘怀。

【比较并说说理由】

（二）**方法例谈**

1. 名作赏析

生命常常是如此之美（乔叶）

每天下午，接过孩子之后，我都要带着他在街上溜达一圈，这是我们俩都很喜欢的习惯。<u>闲走的时候，看着闲景，说着闲话，我就觉得这是上帝对我劳作一天的最好奖赏。</u>每次我们走到文华路口，<u>我就会停下来，和一个卖小菜的妇人聊上几句，这是我们散步的必有内容。</u>这个妇人脸色黑红，发辫粗长，衣着俗艳，但是十分干净。她的小菜种类繁多，且价廉物美，所以常常是供不应求，我常在她这里买菜，所以彼此都相熟。<u>因此每次路过，无论买不买菜，都要停下和她寒暄，客户多的时候，也帮她装装包，收收钱。</u>她会细细地告诉我，今天哪几样菜卖得好，卤肉用了几个时辰，西兰花是从哪个菜市上买的，海带丝和豆腐卷怎样才能切得纤纤如发，而香菇又得哪几样料配着才会又好吃又好看。<u>听着她絮絮的温语，我就会感到一波波隐隐的暖流在心底盘旋。</u>仿佛这样对我说话的，是我由来已久的一个亲人。而孩子每次远远地看见她，就会喊："娘娘！"——这种叫法，是我们地方上对年龄长于自己母亲的女人的昵称。

<u>那位妇人的笑容，如深秋的土地，自然而醇厚。</u>

85

改进语文课堂

　　一天夜里，我徒步去剧院看戏，散场时天落了小雨，便叫了一辆三轮车。那个车夫是个年近五十的白衣汉子，身材微胖。走到一半路程的时候，我忽然想起附近住着一位朋友，我已经很久没见到她了，很想上去聊聊。便让车夫停车，和他结账。

　　"还没到呢。"他提醒说，大约以为我是个外乡人吧。

　　"我临时想到这里看一位朋友。"我说。

　　"时间长么？我等你。"他说，"雨天不好叫车。"

　　"不用。"我说。其实雨天三轮车的生意往往比较好，我怎么能耽误他挣钱呢？

　　然而，半个小时后，我从朋友的住处出来，却发现他果真在等我。他的白衣在雨雾中如一盏朦朦的云朵。

　　那天，我要付给他双倍的车费，他却执意不肯："反正拉别人也是拉，你这是桩拿稳了的生意，还省得我四处跑呢。"他笑道。我看见雨珠落在他的头发上，如凝结成团的点点月光。

　　负责投送我所在的居民区邮件的邮递员是个很帅气的男孩子，看起来只有二十岁左右。染着头发，戴着项链，时髦得似乎让人不放心，其实他工作得很勤谨。每天下午三点多，他会准时来到这里，把邮件放在各家的邮箱里之后，再响亮地喊一声："报纸到了！"

　　"干嘛还要这么喊一声呢？是单位要求的么？"一次，我问。

　　他摇摇头，笑了："喊一声，要是家里有人就可以听到，就能最及时地读到报纸和信件了。"

　　后来，每次他喊过之后，只要我在家，我就会闻声而出，把邮件拿走。其实我并不是急于看，而是不想辜负他的这声喊。要知道，每家每户喊下去，他一天得喊上五六百声呢。

　　他年轻的声音，如同铜钟与翠竹合鸣的回响。

　　生活中还有许多这样的人，都能给我以这种难忘的感受。满面尘灰的清洁工，打着扇子赶蚊蝇的水果小贩，双手油腻腻的修自行车师傅……只要看到他们，一种无缘由的亲切感就会漾遍全身。我不知道他们的姓名和来历，但我真的不觉得他们与我毫不相干。他们的笑容让我愉快，他们的忧愁让我挂怀，他们的宁静让我沉默，他们的匆忙让我不安。我明白我的存在对他们是无足轻重的，但是他们对我的意义却截然不同。我知道我就生活在他们日复一日的操劳和奔波之间，生活在他们一行一行的泪水和汗水之间，生活在他们千丝万缕的悲伤和欢颜之间,生活在他们青石一样的足迹和海浪一样的呼吸之间。

这些尘土一样卑微的人们,他们的身影出没在我的视线里,他们的精神沉淀在我的心灵里。他们常常让我感觉到这个平凡的世界其实是那么可爱,这个散淡的世界其实是那么默契,而看起来如草芥一样的生命籽种,其实是那么坚韧和美丽。

我靠他们的滋养而活,他们却对自己的施与一无所知。他们因不知而越加质朴,我因所知而更觉幸福。

【结合学习目标进行赏析】

2. 他山之石

花事知多少(节选/有改动)

刚开始,我并未发现小伙子的异样。那天,起了风,菜市场外人很少。他蹲在地上,闷着头,一手缩在袖子里,一手捏着本书,看得入神。

难得见他车上有盆挺大的仙人球,装在一只颇有古气的青花瓷盆里,我想买。听到我要买花,他站了起来。搬动花盆时,这才发现,他的一只袖子空荡荡的少了一条手臂!瓷盆重,装满土足有几十斤。他用黄鱼车,载着仙人球,送上门。到家时,我招招手,请门卫帮忙把花盆搬上楼,谁知他竟挥挥手让门卫走。见我开了大门,他立马弯下腰,用一只手将花盆拦腰一钩,夹在臂弯里,便腾腾腾上楼了。我才到二楼,他已从三楼下来了。我诧异,随后便夸他好力气。他笑呵呵丢下一句话:这不算重!

到了夏天,他穿件汗衫,露出了手臂的伤残处,像一截短短的木杵伸出袖口。是烧伤?砸伤?电击伤?还是其他病因?见到他,我有时会想这个问题。但不管何种原因,这总是一个受过苦难的年轻人。现在,他明亮的眼睛里看不到一丝儿阴影。

【结合学习目标进行赏析】

（三）片段仿写

仿照"他山之石"，选取生活中表现和谐的人和事，写一段文字。

24×8＝192

【方法指导】

关注社会，关注社会中和谐的人和事，主要有以下要点：

- 关注人身上存在的美德（宽容、诚实、敬业、执著……）。
- 关注人和谐的生活态度（积极阳光、顽强向上……）。
- 路上拾得；社区所得；闲暇偶得；媒体看得……

关注社会，发现社会中和谐的人和事，关键是：

1. 要扩大视野，把视线投向社会，投向家庭、学校以外的社会中的人与事。
2. 要热爱生活，只有热爱生活，才能发现生活中和谐的景象。
3. 要做生活的有心人，睁大眼睛去发现周围美好的人与事，并及时记下来。
4. 要善于体验和思考，设身处地地感受普通人的处境和情怀。

（四）范文引路

那一幕，我难以忘怀（有改动）
市西初级中学　初三（5）　姜北辰

那是一群推车人——靠帮忙把沉重的三轮车推上桥面以获得微薄报酬的人。我每天骑车上学路过武宁路桥时都会看见他们，他们灰头土脸，饱经风霜，身上的衣服也和路面一样，被尘土染成了灰色，甚至头发里也夹杂着灰色，不知是一道道风干了的灰浆，还是一缕缕无奈的花发。

每当有装满货物的三轮车吃力地上桥时，他们就争先恐后地奔过来，抢着上前来推，由于桥面较陡，往往是三轮车夫费力地蹬着车，推车人前倾着身体用力地推，三轮车才能摇摇晃晃地蹬上桥中段那相对平坦的桥面，推车人往往会得到一元钱的报酬，他们无一例外地都会用手掂一掂，然后再放进破旧的衣服口袋，然后就小跑着冲下桥，寻找另外一个目标……

他们风雨无阻，烈日下，他们光着膀子，露出黑黝黝汗涔涔的脊背；寒风中，他们衣着单薄，两颊青紫泛红，双手不停地搓动着。在我眼中，他们是那样辛苦，但不知为什么，只要不在干活，他们都会大声地用方言交谈，时不时地传出爽朗的笑声，有时还仿佛孩子似的打闹一番，好像有无穷的乐趣。

有一天，一位上了年纪的推车人就在我身旁推着车，我一边骑车，一边看着他，他穿着一身破旧得几乎看不出颜色的迷彩服，汗水已经顺着他的额头流进他的衣领，破旧的运动鞋几乎要脱胶，发出吧唧吧唧的声音，因为推得慢，骑三轮车的人大声呵斥："用力点，用力点！"被堵在他身后的骑车的上班族也不耐烦地嚷道："快点快点！"他没有生气，只是更加卖力地推着车，最后几乎和我同时到达桥上。在他接过钱时，我听到桥上正在休息的他的老乡说道："歇会儿吧，别伤着身子！""不啦，儿子今年要考大学了，费钱呢……"

我松开刹车，让自行车飞快地滑下桥，心中充满感动。他们真的是这个社会中最平凡的人，平凡如同脚下灰色的大地。可是，他们是那样坚忍、那样乐观，他们似乎从不抱怨生活的艰辛，命运的不公，他们的梦想可能只是吃饱穿暖，只是孩子能读书，他们踏踏实实地赚取每一块钱，因辛苦付出而有所收获，才会使他们常常露出满足的笑吧！这种笑容是那样美丽。

清晨的阳光从楼宇间钻出来，照在灰色的苏州河上，波光粼粼；照在灰色的武宁路桥上，光影斑驳；照在那一个个灰色的身影上，熠熠生辉。那景、那桥、那身影，那一幕，我难以忘怀。

【赏析】

这是一篇关注社会底层、反映农民工艰辛生活和和谐精神世界的优秀佳作。最值得称道的是小作者对社会底层百姓关注的一颗善良仁慈的心。作文水平的高低首先取决于作者对生活认识水平的高低。本文的作者把视线聚焦

改进语文课堂

于一群靠帮忙把沉重的三轮车推上桥面以获得微薄报酬的农民工的生活,对他们寄予深深的关切和同情,对他们进行了细致的观察,并深入到他们的内心世界。这对于一个初中学生来说实属不易,反映出小作者不一般的认识力。

(五) 篇章训练

参考题:《＿＿＿＿＿＿＿,我难以忘怀》(可填写"那眼神"、"他的身影"、"那一幕"等等)

要求:1. 写一篇500字左右的文章。

2. 关注社会,发现生活中让你难以忘怀的人与事,对笔下人物能倾注情感。

二、第二次课实录

拓宽视野 关注社会
华东师范大学松江实验中学 金晓燕

课前准备:课前学生预习学本并做好相关鉴赏练习。(学本参见第一次课实录)

课开始前:教师在黑板上写好课题,写好学习目标。

(一) 学本导入

1. 揭示课题

师:今天我们要继续利用手中的这个作文学本一起来感受一堂作文课。首先我们一起朗读课题。

生:第三课,拓宽视野,关注社会。

师:"关注社会",其实我们从开始写作文到现在一直在关注社会,只是我们更多关注的是社会中的家庭、学校生活;而现在,我们已经初一了,如果你还仅仅是把目光局限在家庭、学校生活,也许就不够了。今天,我们要做的就是拓宽视野。

2. 明确目标

师:我们一起把今天的学习目标朗读一下。

生:(朗读学习目标1、目标2)

师:在我们的学本最前面也有这两个学习目标,让我们拿起笔来,在这

第二章　写作教学：着眼过程指导的实施原则

两个学习目标中找到你认为的关键词，圈下来……你圈了哪些？

生：美好、倾注感情、关注社会……

师：今天我们课上所指的"社会"，是指家庭、学校以外的大社会。

师：从写作的角度来说，我们要学会选材（教师在黑板上圈出这些关键词）。

（二）学本学习

1. 实例导入

师：带着对学习目标的理解，在已经预习了学本的基础上，让我们进入学本第一环节的学习。我们来看"实例导入"中的两篇同题片段《那一幕，我难以忘怀》，我们来比较一下这两个同龄人写的两个片段，围绕学习目标，说说看，你更倾向于哪一篇，为什么？

生：第二篇好。第二篇的选材新颖，而且把目光放在了大社会中，而第一篇的目光还是局限在家庭里面。

师：从小作者的视线是否宽广角度来看，你更喜欢第二篇？大家同意吗？第二篇写了什么内容呀？

生：赵大爷学英语。

师：为什么学英语？

生：为了迎接世博会。

师：世博年里话世博，从选材的角度来说，具有典型性。第二篇的小作者更胜一筹。那第一篇如何呢？

生：第一篇小作者还是把目光局限在家庭生活中。

师：对呀，家庭生活虽然是社会生活中最具生命力的一块内容，总有写不完的东西，但是从写作选材的"视野宽阔"角度来说，第一篇就做得不够了。不过第一篇也有它的优势，是什么呀？

生：我觉得第一篇倾注了感情。比如说第三段中"可是，这无声的语言，炙热的……"这里运用了环境描写的手法，突出了作者伤心的心情。

师：第一篇倾注感情，也有相关句子为证；那么第二篇在倾注感情方面如何呢？

生：我觉得第二篇的小作者也是在文中倾注了感情的，比如"他们的学习英语的那股韧劲也是令人为之折服的"，就写到了我的敬佩之情；还有最后第二句"我不禁为……所感动"这句写出了作者为他们所感动的感情。

师：对，第二篇中也是倾注了作者感情的。而×××同学（前一位）

91

改进语文课堂

之所以觉得第一篇感情很丰富，是因为什么呀？根据你们的切身写作体会，谁来说说？

生：因为第一篇写的是发生在自己身上的事情，所以感情更加强烈。

师：对呀，第一篇当事人是自己，感同身受，情到浓时，情不自已，所以在字里行间完全倾注了情感。而第二篇写的是自己眼中的别人，也许关于情感表达的句子没有第一篇多，但小作者也是注意了倾注情感的。

师小结：通过刚才两个片段的比较，我们应该有一个感觉，在两位同学文笔相当的情况下，如果你能够把你的目光不仅仅局限在家庭内，而是延伸到家庭、学校以外，那么你的文章就可以更胜一筹。

2. 方法例谈

名作赏析

师：带着这种感受，我们来看"方法例谈"环节，先看乔叶的一篇《生命常常是如此之美》。这篇文章大家都还喜欢吗？

生：喜欢。

师：我相信我们的同学都是有情人。乔叶说，如果你是个多情的人，那么恭喜你，你有福了。和大家分享这句话，一起朗读。（幻灯片出示）："生活给了我缤纷的衣料，文字给了我绵绵的长线，我是一个拿针的人。……如果你是个多情的人，那么恭喜你，因为多情的人有福了。"

师：什么意思呀？

生：她把生活中的材料当做衣料，把文字当成长长的线，把手中的笔当成针，把布料用线缝起来，就成了一篇篇文章。

师：嗯，原来写作就是这么容易的一件事呀。

师：带着对乔叶的写作感觉的这种感觉，在预习的基础上，围绕学习目标再来阅读这篇文章。乔叶在文中写了哪些人，哪些事，分别让你感到了哪些美？（板书：_____人，_____事，美在_____）然后再对照自己平时的选材情况，你得到什么启发？

生：用比喻写到了老人的笑容亲切自然；写出了车夫心地善良、为他人着想；写出了邮递员声音清脆，给人清新。这些让作者明白了生活中的美好，也让我们明白了世界上的生命是那么美好和坚韧。

师：×××同学高度概括地说了作者写的三个人三件事，谁能在她的基础上，具体来说一说呢？

生：车夫的执著，让我感动，也感到那很美。

第二章 写作教学：着眼过程指导的实施原则

师：哪里具体看出了执著？

生：我告诉他不用等了，但是他还是坚持在门外等候。

师：美在他，我告诉他不用等待了，但是他还是在楼下等待半小时的执著。这是作者感动的地方，也是写本段的"动情点"。

生：我也特别喜欢那个车夫，他是一个很讲诚信的人，特别是他说"时间长吗？我等你"，他说了这句话，结果他在雨里等了半个多小时，后来他说"你这桩是稳拿的生意，还省得我四处跑呢"，他说这句话其实是一个借口，其实是怕作者叫不到车而淋雨。

师：章同学说到了"诚信"，包括高同学所说的"执著"，都是人"美好的品行"。（板书）这是作者为之感动的"动情点"。除车夫以外呢？

生：我喜欢邮递员。他每天送到报纸后都会喊一声，如果一直这样喊下去一天要喊五六百声，不容易在他每天都坚持。

师：（板书）坚持。

生：我也喜欢邮递员。是他在这个平凡的工作中给予我们关怀与帮助，他这种执意要喊一声的行为，让人感动。

师：邮递员美在他在报纸到了的时候总是要喊一声，美在他虽然染着发看上去让人很不放心，其实他工作非常勤勉。（板书：勤勉）

生：我觉得卖菜的妇人十分亲切，其实作者和卖菜妇人只是没有亲戚关系的人，但是她们又非常的好，很亲切。

师：嗯，有着"和谐的关系"（板书）。卖菜的那些人，你们看到过吗？那么你们有关注过他们的生活吗？他们的某些东西，是否曾经感动过你，而成为你笔下的材料和材料中的动情点呢？

生：我看到过那些人的手，他们的手是非常老的，皮都皱起来了。

生：很多时候，那些卖菜小贩在人们找不开钱的时候，就说，不用找了。

师：对呀，如果你能够首先发现这样的人，再通过你的观察从这些人身上发现让你感动的东西，那么你就在选材的过程中找到了动情点。

师：那么作家乔叶在文中除了写到这三个人以外，还写到了哪些人，一笔带过的呢？（学生开始纷纷回答）我们一起来读一读。

师：引读——生活中还有许多这样的人，都能给我以这种难忘的感受，他们是……

生：满面尘灰的清洁工，打着扇子赶蚊蝇的水果小贩，双手油腻腻的修

改进语文课堂

自行车师傅。

师：他们分别美在哪里呢？清洁工美在他……

生：虽然满面尘土，但是他坚持打扫、不离职守。

师：水果小贩美在……

生：一直在用扇子赶蚊蝇，为了水果的新鲜。

师：对，美在他小本经营，但他努力经营。修自行车师傅呢？

生：美在他虽然双手油腻腻的，但是他让很多人出行得到了方便。这就是我们找到的人和事，我们找到的材料中的动情点。

师：那么在你的视线中，有没有这样的人和事你觉得它很美，或者感动了你，让你找到了写作中的动情点呢？（学生沉默）

师：比如说，那个卖菜的妇人，作者是在路上发现的（板书：路上拾得）；比如说那个邮递员，是在社区里面看见的（板书：社区所得）；比如说你们逛街时、闲暇中是不是也会偶然看到些什么（板书：闲暇偶得）；又或者在媒体中看到的一些（板书：媒体看得）。前阵子我们电视媒体中热议的话题——"中国达人秀"，你看到些什么呢？通过这些途径所得的美好内容，都可以是你们今天笔下的内容。

生：小区有阵子有盗贼，小区的保安用了几个晚上守着，终于抓到了盗贼。

生：我和妈妈买蔬菜时，因为我们买的是鱼，那个卖菜的看到我们买了鱼，她就在我们的塑料袋里又加了几根小葱，她是在提示我们，这个鱼烧好后用葱来搭配着会更香更好吃。她是为了我们生活更好。（很多学生笑）

师：有些同学笑了。因为你们可能会想，这个卖菜小贩给我们顺带几根葱，其实是为了做好下次生意，希望我们下次还来她这买菜。但是张同学却不同，他从另一个视角去挖掘了她美好的一面，在鱼里加点香料，给生活添点美味。

生：小区保安常常在深夜巡逻。

师：对，这些都是我们应该关注的普通人、劳动者（板书）。

生：我觉得刚出生的小孩就很可爱，非常纯洁。

师：孩子，特别是婴儿，本身他还不能做什么事，但是他自身的存在，生命的活力，就是他的美好，也是我们可以写进作文的。

生：我们前阵子在"达人秀"里看到的刘伟，我觉得他很让我感动，他虽然没有双手，但是他却用脚来弹钢琴，用脚来做我们用手才能做的

94

事情。

师：她说的这个材料的动情点在于"刘伟完成着我们常人都无法完成的事情"。

生：我经常在小区里看到有老人带着他们的孙子、孙女出来玩，在锻炼器具上锻炼身体，他们常常边看着孩子们玩边笑着，我觉得这也是美好的景象。他们觉得自己的儿女，自己的下一辈过得很好，自己也就过得很好了。相比较有些老人，他们自己也有很好的子孙，但是他们却不像有些老人一样，总是板着脸或者愁眉苦脸的。

师：也就是他们有着怎样的心态？这种心态也是美的？

生：知足常乐。

师：对，知足常乐的，非常积极向上的美好心态（板书）。

生：建筑工人常常会在他们建筑工地处放一块牌子：此处危险。有些工人还会在施工结束后把自己弄出来的材料、灰等扫掉。

师：美好的细节，美好的内容。

生：交通协管员每天都站在马路上帮助警察指挥交通，为我们的出行安全保驾护航，这也是我心中感到美好的东西。

师：最近上海街头经常可以看到的风景线：威武的警察、带着袖章的志愿者，还有非常勤恳的协管员。

3. 交流构思

师：还有很多同学想说，那么我们翻到"学本"第三页。现在，我们出示一道作文题：《_____，我难以忘怀》，如果让你写，你会写什么？

师：（在学生们思考片刻后）我们"开火车"讲一讲。

生：有一次，我和妈妈晚归，发现没有带楼下大门的钥匙，于是我们敲门，这时，二楼的一个老爷爷就下来为我们开门。后来我注意观察，我发现老爷爷经常为没有带钥匙的邻居开门。

生：今天早上我上学路上，发现自行车链子掉了，我就停下来修，这时人来人往，但是并没有人停下来帮我。后来有个老奶奶过来帮我扶住了自行车，并且跟我说"别急，慢慢修慢慢修"，就这样，在她的帮助下我就把链子弄上去了。

师：美与感动，就在给你自行车的一搭手。

生：每当我爸爸开车出小区门或进小区门，那里的保安都会对我们微笑，其实我们都不认识，但是那让我们感到很美好。

改进语文课堂

师：不相识人给你的微笑。

生：公交车上我挤不过去买票，这时一些人就会侧过身去让我通过，这让我感动。

师：陌生人的一侧身，感动点：人与人之间的谦让。

生：在公交车上看到有一个人从车站追刚刚启动的公交车，后来司机就停车让他上来了。

4. 片段仿写

师：接下来我们进入"片段仿写"。写一写让你难忘的是什么人，什么事，你的感动点能否也写出来。

（学生写作）

（片段交流）

生：我写的是《那个人，我难以忘怀》。每天清晨我上学时，都会遇到一位面容和蔼的清洁工阿婆，她一遇到我就会眼睛眯成一条线，笑眯眯地说："小妹妹，这么早就去上学啊，辛不辛苦啊。"她的话语让我觉得她并不是一个陌生人，而是我的一位亲人。后来我就没再见到她，直到有一天在另一个小区的偶遇，我才知道她已经换一个小区工作了，但是她的身影，她的话语，她那灿烂的笑容至今让我难以忘怀。

师：沈同学写清洁工不像我们平时写清洁工，平时我们写他们常常把落眼点放在他们的勤劳上，但是她的动情点却是"和蔼、热情"。你是否也有这样的感觉，本来一早出去就要开始一天繁忙的学习，但是如果有人跟你和蔼地打声招呼，你就会觉得整个一天心情都比较好。

生：我写的是《那一句话，我难以忘怀》。有一次我去超市买东西，到付钱的时候才发现钱不够，便支支吾吾地对营业员说把一件东西退掉，这样钱就够了。但是那个营业员说"拿走吧，就一块钱的事儿"。我觉得营业员的平易近人、为他人着想的品质令我感动。

生：有一次我正想穿过马路，但是一辆公共汽车也正好要拐弯，车和我都有些犹豫，这时我看见高高的车里，司机向我挥挥手，示意我先过去吧。我对着司机笑了笑。那时，我听到跟在公共汽车后面的汽车在按喇叭，但是司机还是那么镇定。司机对孩子的关爱让我感动。

师：是一种关爱，也是一种谦让。有很多次，我也有碰到两车相会的时候，往往对面的司机对我挥挥手，让我先过去。

生：世博园区的志愿者……

第二章 写作教学：着眼过程指导的实施原则

5. 总结方法

师：回顾今天的学习，它告诉我们要发现生活中美好的人和事，要关注"什么人"，他们的"什么美"，其实就是你选材、写作中的"动情点"，还要知道我们从"什么途径"去关注这些人和事。（板书）

师：那么让我们一起来看学本第三页的"方法指导"，一起朗读。

生：要扩大视野……

师：上周五老师给大家布置了一个作业，让大家去试着发现生活中、社会中美好的景象，用照片的形式把它记录下来，现在，让我们一起来感受一下，也许对大家拓宽视野，打开思路有一定的帮助。

师：（放幻灯片配乐朗诵）一位普通的劳动者，他在繁杂的都市中专注地读一本书，即使他阅读的并不是什么有价值的著作，但是那份专注已经足够，他是否落入你的眼中；一位老奶奶正在为她的老伴整理衣襟，一句牵手不容易，风风雨雨几十载，多少的温馨已经演变成了这些平凡的举动，他们的背后，灯光绚烂；一双外来务工的父母在劳作一天后，带孩子去逛街，他高高地把孩子托起，让孩子高高地半坐半立在父亲的肩上，孩子是他们最大的期盼，多情的你能体会个中意味吗；这些在阳光下笑得如菊花一样的老奶奶们，一直有事做，永远不闲着，是她们最朴实的幸福想法；还有这张照片，我最喜欢的就是这张照片了，你能感受到童真童趣、生命的活力吗？

师：你会发现，原来生活中有很多很多缤纷的衣料。

师：最后，还是用乔叶的文字和大家共勉，师生配合读：

幻灯片（一）

因为多情，在路过某棵树下时，如果听到有清脆的鸟鸣，我就会驻足听它唱歌。

因为多情，如果看到土径旁有不知名的野花淡淡芬芳，我也会俯身欣赏。

因为多情，有妇人推着婴儿车从我身边走过，我会使劲地嗅嗅空气里的奶香。

因为多情，每逢碰到热气腾腾的午餐车停在巷口，即使不吃什么，也会上去看看番茄炒鸡蛋那怡人的颜色。

……

如果你是一个多情的人，那么我衷心地为你喜悦。

因为多情的人，有福了。

改进语文课堂

幻灯片（二）

没有天堂，生活就是天堂。

有许多人在天堂睡着。

我知道：此时，我是一个醒了的天使。

幻灯片（三）

视线所到之处，常常都是星星一样闪亮的碎片。于是就用针一样的心，把这些碎片一点一点缝成可心的衣裙。——乔叶

6. 篇章训练

师：最后我们看学本的最后一页，《＿＿＿＿＿＿，我难以忘怀》，请大家回去在自学了学本上所提供的范文以后，完成这篇作文。老师期待着你们能够通过这堂课的学习与交流，找到自己生活中美丽的碎片，并且缝成一件可心的衣裙。

三、第三次课实录

拓宽视野　关注社会

华东师范大学松江实验中学　金晓燕

课前准备： 课前学生预习学本并做好相关鉴赏练习。

课开始前： 教师在黑板上写好课题，写好学习目标。

（一）学本导入

1. 揭示课题

师：今天我们要继续利用手中的这个作文学本一起来感受一堂作文课。首先我们一起把课题朗读一下。

生：第三课，拓宽视野，关注社会。

师："关注社会"，其实我们从开始写作文到现在一直在关注社会，只是我们更多关注的是社会中的家庭、学校生活；而现在，我们已经初一了，如果还仅仅是把目光局限在家庭、学校生活，也许就不够了。今天，我们要做的就是拓宽视野。

2. 明确目标

师：我们一起把今天的学习目标朗读一下。

生：（朗读学习目标1、目标2）

第二章　写作教学：着眼过程指导的实施原则

师：在我们的学本最前面也有这两个学习目标，让我们拿起笔来，在这两个学习目标中找到你认为的关键词，圈下来……你圈了哪些？

生：美好、倾注感情、关注社会、感受动情点……

师：何谓"动情点"？简单地说，就是在生活的某一时刻打动了你的内心，牵动了你的情思的人、事、物。它可能是一个眼神，一个微笑，一根白发，一句话语；也可能是一排大雁，一座高山，一条小河，一间老屋，一朵鲜花；还可能是一件再寻常不过的小事，甚至是一个极微不足道的细节……总之，它能触动你的心灵，牵动你的情思，引发你的思考，启迪你的（写作）智慧，使你久久不能忘怀，甚至成为你刻骨铭心的记忆。

师：今天我们课上所指的"社会"，是指家庭、学校以外的大社会。

师：从写作的角度来说，我们要学会因看到想到什么而动情，从而再在选材的过程中发现更多的"动情点"。（教师在黑板上圈出这些关键词）

（二）学本学习

1. 实例导入

师：带着对学习目标的理解，在已经预习了学本的基础上，让我们进入学本第一环节的学习。我们来看"实例导入"中的两篇同题片段《那一幕，我难以忘怀》，我们来比较一下这两个同龄人写的两个片段，围绕学习目标，说说看，你更倾向于哪一篇，为什么？

生：第二篇好。第二篇的选材新颖，而且把目光放在了大社会中，而第一篇的目光还是局限在家庭里面。

师：从小作者的视线是否宽广角度来看，你更喜欢第二篇？大家同意吗？第二篇写了什么内容呀？

生：赵大爷学英语。

师：为什么学英语？

生：为了迎接世博会。

师：世博年里话世博，从选材的角度来说，具有典型性。第二篇的小作者更胜一筹。那第一篇如何呢？

生：第一篇小作者还是把目光局限在家庭生活中。

师：对呀，家庭生活虽然是社会生活中最具生命力的一块内容，总有写不完的东西，但是从写作选材的"视野宽阔"角度来说，第一篇就做得不够了。不过第一篇也有它的优势，是什么呀？

生：我觉得第一篇倾注了感情。比如说第三段中"可是，这无声的语

99

改进语文课堂

言，炙热的……"这里运用了环境描写的手法，突出了作者伤心的心情。

师：第一篇倾注了感情，也有相关句子为证；那么第二篇在倾注感情方面如何呢？

生：我觉得第二篇的小作者也是在文中倾注了感情的，比如"他们的学习英语的那股韧劲也是令人为之折服的"，就写到了我的敬佩之情；还有最后第二句"我不禁为……所感动"这句写出了作者为他们所感动的感情。

师：对，第二篇中也是倾注了作者感情的。而×××同学（前一位）之所以觉得第一篇感情很丰富，是因为什么呀？根据你们的切身写作体会，谁来说说？

生：因为第一篇写的是发生在自己身上的事情，所以感情更加强烈。

师：对呀，第一篇当事人是自己，感同身受，情到浓时，情不自己，所以在字里行间完全倾注了情感。而第二篇写的是自己眼中的别人，也许关于情感表达的句子没有第一篇多，但小作者也是注意了倾注情感的。

师小结：通过刚才两个片段的比较，我们应该有一个感觉，在两位同学文笔相当的情况下，如果你能够把你的目光不仅仅局限在家庭内，而是延伸到家庭、学校以外，那么你的文章就可以更胜一筹。

2. 方法例谈

名作赏析

师：带着这种感受，我们来看"方法例谈"环节，先看乔叶的一篇《生命常常是如此之美》。这篇文章大家都还喜欢吗？

生：喜欢。

师：我相信我们的同学都是有情人。乔叶说，如果你是个多情的人，那么恭喜你，你有福了。和大家分享这句话，一起朗读。（幻灯片出示）："生活给了我缤纷的衣料，文字给了我绵绵的长线，我是一个拿针的人。……如果你是个多情的人，那么恭喜你，因为多情的人有福了。"

师：什么意思呀？

生：她把生活中的材料当做衣料，把文字当成长长的线，把手中的笔当成针，把布料用线缝起来，就成了一篇篇文章。

师：嗯，原来写作就是这么容易的一件事呀。

师：带着对乔叶的写作感觉的这种感觉，在预习的基础上，围绕学习目标再来阅读这篇文章。乔叶在文中写了哪些人，哪些事，分别让你感到了哪些美？（板书：＿＿＿人，＿＿＿事，美在＿＿＿；美在＿＿＿；美在

第二章　写作教学：着眼过程指导的实施原则

_____；美在_____)

板书形式：

卖菜妇人 { 美在_____ / 美在_____ / 美在_____ }

生：车夫的执著，让我感动，也感到那很美。

师：哪里具体看出了执著？

生：我告诉他不用等了，但是他还是坚持在门外等候。

师：美在他，我告诉他不用等待了，但是他还是在楼下等待半小时的执著（板书）。这是作者感动的地方，也是写本段的"动情点"。

生：我也特别喜欢那个车夫，他是一个很讲诚信的人，特别是他说"时间长吗？我等你"，他说了这句话，结果他在雨里等了半个多小时，后来他说"你这桩是稳拿的生意，还省得我四处跑呢"，他说这句话其实是一个借口，他说这句话是怕作者叫不到车而淋雨。

师：美在他用一个借口让我安心的善良（板书）。这些都是作者想写下这个人物的最初的"动情点"。乔叶是个多情人，有情选材呀。就车夫这个人，这件事，还美在哪里呢？作者在为情所动后，又在具体的写作中挖掘了哪些其他的"动情点"呢？

生：美在他我要给他双倍的车钱，但是他执意不肯收下（板书）。

生：美在他的白衣在雨雾中如一盏朦朦的云朵（板书）。

生：美在我看见雨珠落在他的头发上，如凝结成团的点点月光（板书）。

师：这两句属于"点睛之笔"呀，作者抓住了车夫在雨中的"白衣"和"雨珠"，不仅使文章有别样的韵致，而且句子还耐人寻味，真可谓是"美句点睛"（板书）。

生：我喜欢邮递员。他每天送到报纸后都会喊一声，如果一直这样喊下去一天要喊五六百声，不容易在他每天都坚持。

师：好，关于邮递员的美，也就是作者材料中的"动情点"，我们也用"美在……"的句子，优美地说一说好吗？

生：邮递员的美，美在他每天送到报纸后都会喊一声，贵在他每天五六百声不断地坚持着。（板书：坚持喊一声）

生：还美在他虽然看上去时髦得让人不放心，其实他工作很勤勉。从下

101

改进语文课堂

面他一天喊五六百声可以看出来的。(板书：工作勤勉)

生：他还美在，喊一声不是单位要求的，其实他可以不喊的，但是他还是这么做了。

师：哦，他美在不仅非常敬业，而且非常替别人着想。(板书：替别人着想)

生：作者还写到，他年轻的声音，如同铜钟与翠竹合鸣的回响。

师：这句话老师板书的话写在哪里比较合适？

生：美句点睛那里。(师板书)

师：那接下来，我们一起来说一说卖菜的妇人吧。按作者描写的顺序说说看，她美在……

生：美在她衣着俗艳，但是十分干净；美在她的小菜种类繁多，且价廉物美；美在她会细细地告诉我今天哪几样菜……；美在"那位妇人的笑容，如深秋的土地，自然而醇厚"。(师边引读边简单板书，最后一句写在"美句点睛"的地方)

师：由这三个人物三件小事看出，作者先是因为动情而准备写他们，而在写作之前或过程中，又在不断地发现材料中的"动情点"。

师：那么作家乔叶在文中除了写到这三个人以外，还写到了哪些人是一笔带过的呢？(学生开始纷纷回答)我们一起来读一读。

师：引读——生活中还有许多这样的人，都能给我以这种难忘的感受，他们是……

生：满面尘灰的清洁工，打着扇子赶蚊蝇的水果小贩，双手油腻腻的修自行车师傅。

师：这样的人在我们的生活中普通得不能再普通了，如果你要把这些普通人当做写作素材，你会在这些材料里发现怎样的动情点呢？老师先从自己的角度来说说清洁工——咱们配合着读。

师：引读——生活中还有许多这样的人，都能给我以这种难忘的感受，他们是……

生：满面尘灰的清洁工。

师：美在他们虽然满面尘灰但是坚持做好每一个细节，美在他们朴素的蓝色，美在扫帚沙沙的节奏，美在他们对你特地跑过来把垃圾扔进垃圾车的温暖一笑，美在落叶在他们身前身后飞舞的绚美。

师：那么在你的视线中，有没有这样的人和事你觉得它很美，或者感动

第二章 写作教学：着眼过程指导的实施原则

了你，让你想写写呢？（学生沉默）

师：比如说，那个卖菜的妇人，作者是在路上发现的（板书：路上拾得）；比如说那个邮递员，是在社区里面看见的（板书：社区所得）；比如说你们逛街时、闲暇中是不是也会偶然看到些什么（板书：闲暇偶得）；又或者在媒体中看到的一些（板书：媒体看得）。前阵子我们电视媒体中热议的话题——"中国达人秀"，你看到些什么呢？这些途径所得的美好内容，都可以是你们今天笔下的内容。

生：小区有阵子有盗贼，小区的保安用了几个晚上守着，终于抓到了盗贼。

生：我和妈妈买蔬菜时，因为我们买的是鱼，那个卖菜的看到我们买了鱼，她就在我们的塑料袋里又加了几根小葱，她是在提示我们，这个鱼烧好后用葱来搭配着会更香更好吃。她是为了我们生活更好。（很多学生笑）

师：有些同学笑了。因为你们可能会想，这个卖菜小贩给我们顺带几根葱，其实是为了做好下次生意，希望我们下次还来她这买菜。但是张同学却不同，他从另一个视角去挖掘了她美好的一面，在鱼里加点香料，给生活添点美味。

生：小区保安常常在深夜巡逻。

师：对，这些都是我们应该关注的普通人、劳动者（板书）。

生：我觉得刚出生的小孩就很可爱，非常纯洁。

师：孩子，特别是婴儿，本身他还不能做什么事，但是他自身的存在，生命的活力，就是他的美好，也是我们可以写进作文的。

生：我们前阵子在"达人秀"里看到的刘伟，我觉得他很让我感动，他虽然没有双手，但是他却用脚来弹钢琴，用脚来做我们用手才能做的事情。

师：她说的这个材料的动情点在于"刘伟完成着我们常人都无法完成的事情"。

生：我经常在小区里看到有老人带着他们的孙子、孙女出来玩，在锻炼器具上锻炼身体，他们常常边看着孩子们玩边笑着，我觉得这也是美好的景象。他们觉得自己的儿女，自己的下一辈过得很好，自己也就过得很好了。相比较有些老人，他们自己也有很好的子孙，但是他们却不像有些老人一样，总是板着脸或者愁眉苦脸的。

师：也就是他们有着怎样的心态？这种心态也是美的？

改进语文课堂

生：知足常乐。

师：对，知足常乐的，非常积极向上的美好心态（板书）。

生：建筑工人常常会在他们建筑工地处放一块牌子：此处危险。有些工人还会在施工结束后把自己弄出来的材料、灰等扫掉。

师：美好的细节，美好的内容。

生：交通协管员每天都站在马路上帮助警察指挥交通，为我们的出行安全保驾护航，这也是我心中感到美好的东西。

师：最近上海街头经常可以看到的风景线：威武的警察、带着袖章的志愿者，还有非常勤恳的协管员。

3. 交流构思

师：还有很多同学想说，那么我们翻到学本第三页。现在，我们出示一道作文题：

《＿＿＿＿＿＿＿＿，我难以忘怀》，如果让你写，你会写什么？首先请你动情选材（我们刚才也交流了材料），但是因动情和多情而选定了材料，那还不够，还要善于在写作之前，找到材料中更多的动情点，并且描写好这些美，即动情点。（边说边板书）

师：（在学生们思考片刻后）接下来，请拿起你的笔，按照我们刚才的思路，结合板书，完成：（1）动情选材；（2）再找动情点；（3）列下提纲。

（教师巡视的过程中，提醒：如果有同学一下子真发现不了自己身边的美的人和事，那么乔叶所提点我们的"双手油腻腻的修自行车师傅"、"打着扇子赶蚊蝇的水果小贩"你们看到过吗？他们的哪些细节令你感动呢？试着写写）

4. 片段仿写

（1）学生写作

（2）片段交流

生：我写的是《那个人，我难以忘怀》。我是写一个大声唱国歌的小女孩。她美在那么活泼、可爱，阳光的笑脸感染着身边的人；美在当大家象征性地张动着嘴巴唱国歌的时候，她却大声地唱着，旁若无人地唱着；美在她看着国旗的那种专注的眼神；美在她的红扑扑的脸蛋与国旗同色。

生：我写的是《那位阿姨，我难以忘怀》。我写我们小区的一位清洁工。她美在不仅工作很勤勉，而且每次看到我上学，都要问候我"累不累呀，当心点"之类的；美在她说话的时候总是微笑着，给人很和谐、温和

第二章 写作教学：着眼过程指导的实施原则

的感觉；美在当她不在我们小区工作的时候，我还挺想她的，觉得心里有点空；美在她的问候总是能给人一天的好心情。

师：对呀，平时我们写他们常常把落眼点放在他们的勤劳上，但是她的动情点却是"和蔼、热情"。你是否也有这样的感觉，本来一早出去就要开始一天繁忙的学习，但是如果有人跟你和蔼地打声招呼，你就会觉得整个一天都心情比较好。我们在选材以及在材料中找动情点的时候，就要关注这样细小的内容。

……

（3）总结方法

师：回顾今天的学习，它告诉我们要发现生活中美好的人和事，就要拓宽视野，关注社会，要善于发现打动你的内容，要动情，多情，在一刹那的动情的基础上选好材料，还要善于在材料中再探寻"动情点"，列好提纲，这样，一刹那的感动，才会更丰富，更动人。那么，如何发现这些散落在生活中的缤纷衣料呢，即我们通过"什么途径"去关注这些人和事。（板书）

师：那么让我们一起来看"学本"第三页的"方法指导"，一起朗读。

生：要扩大视野……

师：上周五老师给大家布置了一个作业，让大家去试着发现生活中、社会中美好的景象，用照片的形式把它记录下来，现在，让我们一起来感受一下，也许对大家拓宽视野，打开思路有一定的帮助。

师：（放幻灯片配乐朗诵）一位普通的劳动者，他在繁杂的都市中专注地读一本书，即使他阅读的并不是什么有价值的著作，但是那份专注已经足够，他是否落入你的眼中；一位老奶奶正在为他的老伴整理衣襟，一句牵手不容易，风风雨雨几十载，多少的温馨已经演变成了这些平凡的举动，他们的背后，灯光绚烂；一双外来务工的父母在劳作一天后，带孩子去逛街，他高高地把孩子托起，让孩子高高地半坐半立在父亲的肩上，孩子是他们最大的期盼，多情的你能体会个中意味吗；这些在阳光下笑得如菊花一样的老奶奶们，一直有事做，永远不闲着，是他们最朴实的幸福想法；还有这张照片，我最喜欢的就是这张照片了，你能感受到童真童趣、生命的活力吗？

师：你会发现，原来生活中有很多很多缤纷的衣料。

师：最后，还是用乔叶的文字和大家共勉，师生配合读。

改进语文课堂

幻灯片（一）

因为多情，在路过某棵树下时，如果听到有清脆的鸟鸣，我就会驻足听它唱歌。

因为多情，如果看到土径旁有不知名的野花淡淡芬芳，我也会俯身欣赏。

因为多情，有妇人推着婴儿车从我身边走过，我会使劲地嗅嗅空气里的奶香。

因为多情，每逢碰到热气腾腾的午餐车停在巷口，即使不吃什么，也会上去看看番茄炒鸡蛋那怡人的颜色。

……

如果你是一个多情的人，那么我衷心地为你喜悦。

因为多情的人，有福了。

幻灯片（二）

没有天堂，生活就是天堂。

有许多人在天堂睡着。

我知道：此时，我是一个醒了的天使。

幻灯片（三）

视线所到之处，常常都是星星一样闪亮的碎片。于是就用针一样的心，把这些碎片一点一点缝成可心的衣裙。——乔叶

5. 篇章训练

师：最后我们看学本的最后一页，《_____，我难以忘怀》，请大家回去在自学了学本上所提供的范文以后，完成这篇作文。注意，按照我们课上所用的"（1）动情选材；（2）再找动情点；（3）列下提纲"这样的方法，先做到心中有谱，然后再动笔写作。老师期待着你们能够通过这堂课的学习与交流，找到自己生活中美丽的碎片，并且缝成一件可心的衣裙。

板书

什么人	什么美	什么途径
普通人	美好的品行	路上拾得
劳动者	积极生活态度	闲暇偶得
弱势人群	和谐人际关系	媒体看得
……	……	社区所得……

$$\text{卖菜妇人}\begin{cases}\text{美在}_____\\ \text{美在}_____\\ \text{美在}_____\end{cases}\quad \text{美句点睛：}_____$$

第四节 同行教学评价

让学生学会关注生活

华东师范大学松江实验中学 苏红香

引导学生关注生活，在生活中体验美好的情感，用缤纷的语言表达内心真挚的情感，这是写作指导的美好愿景。金晓燕老师的这节课为实现这一愿景提供了一种方式。

这节课最大的特点是：学生的思维在课堂中非常活跃，学生的情感突破有限的空间，融入到无限的生活中。正好体现了教学目标：让学生学会关注生活，学会选材，学会从材料中找到"动情点"。从这一点看，教学目标落实得很到位，作文学本的价值功能也得以呈现。

金老师对学生的写作过程的每个环节都把握得非常好，也非常善于总结学生的学习规律，在课堂中，教师有三个关注点很明确。

其一，关注了学生的写作认知历程。在明确本节课的教学目标后，用作文实例进行导入，直观形象地认识什么样的材料才能打动读者，然后进入理性分析阶段，以名作《生命常常是如此之美》为例，具体谈谈选择写作材料的方法，引导学生寻找动情点。感知了这种写作方法后，教师又引导学生将目光发散到生活中，选取能感动自己的材料，感动了，再下笔写，才具有真情实感，这符合写作的认知历程。

其二，关注了学生写作过程中的自我反省活动。用两篇文章实例对比，让学生谈谈两篇文章选材的特点，其实就是促进学生在选材上有所调整，尽量抛却平庸的材料而选择新颖的材料，以赏析名作的取材方法为平台，这一教学环节其实就是让学生在模仿和借鉴中自觉对照和反省自己原先的取材方式，自觉地调整为向乔叶学习，寻找生活中的动情点，无形中提升了学生写作过程中的自我调控能力。

改进语文课堂

其三，关注了学生在写作过程中与他人的对话。学习了乔叶的取材方法之后，教师提问：生活中有哪些人感动了你？学生说出了很多种想法，感动点一下子多了起来。教师又问，如果让你写《＿＿＿＿＿＿＿》，我难以忘怀》，你会写些什么？学生又提供了很多答案。写作的素材如此丰富，在课堂中，教师始终关注学生与他人的对话与交流，真有"生活给了我缤纷的衣料"的感觉，学生学会选材的目标实现了。

正是这三个关注点在课堂中的呈现与落实，才使得教学内容不但是鲜活灵动的，而且是扎实有效的，教师和学生在这堂课中都有收获与成长，因而这样的教学活动能给人带来美感。

授之以鱼，不如授之以渔
——听金晓燕老师《拓宽视野 关注社会》作文指导课后感悟

华东师范大学松江实验中学　于长坤

在实际的教学中，无论做多少作文训练，给学生做多少作文指导，对学生的作文做多精细的批改，学生的审题技巧、拟题构思以及文笔表达总难有大的起色。直到现在，有些学生还是持"作文作文，就是'作'出来的文章"这样一种观念去写作。有时候，他们甚至捧一两部《中学生优秀作文选》，到上面去抄一篇上交完事。很明显，我们一直以来的作文教学思路没有从根本上切实提高学生的作文水平——针对这一现状，金老师的这堂课，从培养学生观察生活、体验生活的能力方面入手，提升学生的写作兴趣，使学生拓宽视野、关注社会。通过唤醒学生原有的生活积累，丰富学生体验，把学生引向阅读世界或日常生活的更广阔的空间，让他们自己去掘取生活的素材，感悟生活的真谛，自己去选取观察视角及表达的路径，化解写作难度，让学生在不知不觉中获得能力提升——真好！

写作文，最重要的就是要写出自己的真情实感。真情实感从哪里来呢？那就是现实生活。写作是生活的需要，是有话要说，有情要抒，有事要叙。而生活就是活生生的素材库，我们只有从生活实际出发，仔细观察现实生活，对生活进行思考，才能表达出自己内心的真实想法。因此，在作文教学中，一定要让学生充分认识和体验生活，培养他们的观察能力和领悟能力，让他们从中学会独立表达，写出发自内心的话语。金老师的课由"中国达人秀"入手，引导学生挖掘生活素材，调动学生的习作积极性，让学生回归生活，源头活水激涌而出，学生的思维撞击精彩不断，整堂课充满了师生

第二章 写作教学：着眼过程指导的实施原则

的激情，涌动着不竭的灵感，令听者感慨不已……

金老师在教学中引入了乔叶的《生命常常是如此之美》，以例文的形式让学生意识到：写作是"源于生活而又高于生活"的，要写出真情文首先就要动情。生活是写作的源泉，只有找到生活中的"动情点"，才能写好作文。我觉得，金老师这节课的真正意义不在于是否真的让学生在短短40分钟内就真的"动起情来"，更重要的是她提供了一种作文教学的理念，即教师若能用火一样的热情点燃学生的真情之火，学生也会用情来回应教师的情。金老师动情的指导就像一颗火种，不仅点燃学生心中语言创造的欲望和企盼，激活了学生的创作思维，更为践行带有真情的本色作文创作理论开辟了光明的道路。

综上可见，引导学生为生活而驻足留心、为生活而涌动真情是帮助他们写好作文的重要途径。授之以鱼，不如授之以渔。在教会学生获取知识的过程中，让他们思维能力得到提升的价值要远远高于获取知识和技巧本身。也许在金老师独具匠心的写作指导之后，写作之源就此将在学生心中流淌。

第三章　图画书教学：播撒语文综合实践活动的创新种子

第一节　课例研究报告

语文教学如何实现学生听说读写的整体发展，如何沟通书本知识与实践活动的紧密联系，长期以来，都是语文教师追求的目标。然而，课堂上的语文课本，学生早已提不起兴趣。滞后的选篇、枯燥的分析把学生对文字的美好情感一点点消磨掉了。语文教学真的没有出路了吗？并非如此。其实，在语文拓展课上，我们还是欣喜地发现了许多风景，图画书教学就是其一。图画书是"用图画与文字共同叙述一个完整的故事，是图文合奏，是透过图画与文字这两种媒介在两个不同的层面上交织、互动来讲述故事的一门艺术"（彭懿）。图画书教学填补、丰富了语文教学的空间，为学生带来的是文字与图画相融合的视觉盛宴，它不但有利于培养学生丰富的想象力，而且有利于孕育一颗颗美丽的心灵，语文教学如能利用两者的长处，将会为学生语文素养的形成奠定坚实的基础。

一、第一次课试教

在第一次课试教的过程中，执教教师把教学重点放在引导学生了解图画书常见的结构——放射式结构和旋复式结构上。通过引导学生欣赏《活了一百万次的猫》等作品来了解创作意图，发挥想象，丰富情节。课堂上学生的反应热烈而顺畅。

观察发现

学生对放射式结构和旋复式结构是很容易理解并模仿的，集体即兴创作很精彩，学生的想象力被充分调动起来。

问题诊断

内容明显过多，容易匆匆而过，能给学生静下心来去赏、去悟、去创造的时间很有限。《活了一百万次的猫》拟通过想象拓展内容、引导理解蕴涵的人生哲理，但其寓意有点深奥，是否适合六年级学生的认知能力是值得研究的。

改进建议

围绕教学目标，精选内容，把重点放在引导学生以"头脑风暴"的形式，仿照原文的语气、节奏和句型为故事创造更多的"可能"。

二、第二次课试教

在第一次课基础上，进行了适当的"仿说"练习，既训练了学生的口头表达能力、语言组织能力，更训练了学生的想象力、即兴发挥的能力。

观察发现

执教教师用两种图画书作品，引导学生欣赏两种图画书结构，在此基础上，进行故事创编，拓展教学空间。但从整个教学容量看，内容还是太多，《童话》《我是一个任性的孩子》这两首诗内容较长，朗读一遍就需要不短的时间，而它们在教学中所发挥的作用却不大。

问题诊断

对图画书《活了一百万次的猫》的深刻寓意的理解有些沉闷，原因在于学生没有足够的时间"融入"图画中去感悟，去体会。教学中，教师还是把目标定位在阅读、理解故事，而相对淡化了对图画的欣赏，导致学生"沉浸"不够。

改进建议

引导学生"沉浸"图文，"对话"图文，细细回味品赏图画的形象、色彩、线条、背景，为"说"和"写"奠定基础。图画书绝不是文字与图画的简单相加，图与文的相遇不应是一个偶然事件，而应是双方找寻的结果。在书本中如能实现文图之间的对话，学生就能在阅读中既体会其精神内涵，又享受审美愉悦。

改进语文课堂

三、第三次课试教

第三次课的教学，学生有了更多的时间进行口头表达，给人印象最深的则是学生所表现出的高涨的学习热情与浓厚的学习兴趣，几乎所有的学生都积极参与课堂上的每一个学习活动，享受着心灵的自由成长。

观察发现

割舍了诗歌《童话》《我是一个任性的孩子》，集中介绍了图画书两种结构，更聚焦目标。此外，对《活了一百万次的猫》的寓意，通过层层发问，引导学生思考，最重要的是，课堂上留给了学生更多的品读、理解和思考的时间。

诊断分析

在图画书的教学中，教师如何设计问题、组织讨论，如何帮助学生理解故事情节是非常重要的。图画书往往寓哲理于其中，教师要循循善诱，给学生时间、空间去"沉浸"，去融入故事，在故事中受到情绪的感染和精神的启发。

四、语文综合实践活动播撒种子，提升学生的语文素养

图画书是语文综合实践活动的媒介之一，因其形式新颖，颇受学生喜爱。这就给我们一个启示：说明语文综合实践学习活动的空间非常广阔，关键就在于我们是否找到了恰当的媒介，是否找到了恰当的教学内容和教学方式。因此，无论是图画书，还是其他的活动，只要能实现听说读写的全面发展，都应该是好的学习内容和形式。

图画书教学，作为语文综合实践活动之一，其提供给我们的启示是：（1）语文综合实践活动是跨学科的，不应局限于文学阅读。（2）学生的语文能力不是教师讲出来的，而是学生通过听说读写的活动，通过言语实践学会的。（3）语文综合实践活动强调学生主体的地位，强调发挥学生主体的作用。（4）语文实践活动是一个时空开阔的言语实践场，要融阅读、写作、口语交际于一体，要体现听说读写能力的应用与发展，使语文内部各个要素相互协调，互相为用。（5）语文综合实践活动要提供在具体的言语环境中开展言语实践的机会。言语实践活动的设计要与现实和日常生活、与实际的语言环境应该有一定的联系。

第三章　图画书教学：播撒语文综合实践活动的创新种子

第二节　教学设计改进

一、第一次课教学设计

课题：《幸福的种子》；六年级，语文图画书拓展课自编教材

授课教师：桃李园实验学校　过　芸

教学目标

1. 了解图画书基本结构模式：旋复式情节推进结构和放射式情节推进结构。
2. 了解两种结构的特点及作用，激发想象的兴趣。

教学重点、难点

限于学生阅读经历，可能在补充内容时思路会过于狭窄，想象不够丰富，必须经过多方启发方可。

教学过程

1. 了解旋复式结构。看《我的那份在哪里》。

从色彩到构图到语言到画面都美得让人晕眩，美得无与伦比。特别是"白雪在哪里？融化在阳光里；阳光在哪里？蕴藏在麦子里"美得顺理成章、浑然天成。请同学们也想一想——阳光在哪里？在火红的花瓣里；花瓣在哪里？在白玉的花瓶里；花瓶在哪里？在姑娘的桌子上；姑娘在哪里？在卖面包的小铺里……

这种结构，就像螺旋一样，一边转一边在上升，有一个方向。总是几乎完全一样的话（句子）连接画面，不断递进，一直到结果出现。

朗诵捷克斯洛伐克作家斯拉德克的小诗《童话》。

　　　白桦为什么颤抖，妈妈？
　　　——它在细听鸟儿说话。
　　　鸟儿说些什么，妈妈？
　　　——说仙女傍晚把它们好一顿吓。
　　　仙女怎么会把鸟儿吓呢？

113

改进语文课堂

——她追赶着白鸽在林中乱窜。
仙女为什么要追赶白鸽?
——她见白鸽差点儿淹死在水潭。
白鸽为什么会差点儿淹死呢?
——它想把掉到水里的星星啄上岸。
妈妈,它把水里的星星啄上来了吗?
——孩子啊,这个我可答不上来。
我只知道,等到仙女挨着白鸽的脸蛋时,
就像如今我在亲你一样,亲呀亲呀,亲个没完。

　　诗的结构也是旋复式的,其中的温情,让人无法自拔,因为它是人间最美的童心与母爱。反复朗诵,模仿结构内容写一首小诗。

第三章 图画书教学:播撒语文综合实践活动的创新种子

2. 了解放射式结构。它是先有了一个结果,以这个结果为中心点,围绕它从多个角度,不同方面来表现这个结果。如《活了一百万次的猫》:

有一只活了一百万次的猫,它死了一百万次,也活了一百万次。但猫一直不喜欢任何人。

有一次,猫是国王的猫,国王很喜欢猫,做了一个美丽的篮子,把猫放在里面。每次国王要打仗都把猫带在身边。不过猫很不快乐,有一次在打仗时,猫被箭射死了,国王抱着猫,哭得好伤心、好伤心,但是猫没有哭,猫不喜欢国王。

有一次,猫是渔夫的猫,渔夫很喜欢猫,每次渔夫出海捕鱼,都会带着猫,不过猫很不快乐,有一次在打鱼时,猫掉进海里,渔夫赶紧拿网子把猫捞起来,不过猫已经死了。渔夫抱着它哭得好伤心、好伤心,但是猫并没有哭,猫不喜欢渔夫。

115

改进语文课堂

有一次，猫是马戏团的猫。马戏团的魔术师喜欢表演一个魔术，就是把猫放在箱子里，把箱子和猫一起切开，然后再把箱子合起来，而猫又变回一只活蹦乱跳的猫，不过猫很不快乐。有一次魔术师在表演这个魔术时，不小心将猫真的切成了两半，猫死了。魔术师抱着切成了两半的猫，哭得好伤心、好伤心，不过猫并没有哭，猫不喜欢马戏团。

3. 语言练习。知道猫有一个"不得好死"的结果，围绕这个结果设想它还可能是谁的猫，和那个主人在一起，猫什么样，必须说出与主人身份相符的死因，并且与"他非常喜欢这只猫，每天带着它一起到×××去，不过猫很不快乐。有一次，×××带着猫做×××，结果不小心，猫死了。×××抱着成了××的猫，哭得好伤心、好伤心，不过猫并没有哭，猫不喜欢×××。"结果相同，句式相同，内容不同。（训练学生的想象能力，在想象的基础上能理解原文的结构，并较快地组织语言，比较顺畅地按原文的模式表达出来）

学生轮流说，有一次，猫是厨师的猫。厨师总是带着猫去买菜做饭，还总给它做鲜美的鱼，不过猫很不快乐。有一次厨师在抱着猫做炸鸡翅的时候，不小心把猫掉在了油锅里，猫死了，厨师抱着炸成肉饼的猫，哭得好伤心、好伤心，不过猫并没有哭，猫不喜欢厨师。

……

4. 一百万的可能性。让学生充分展开想象的翅膀去体会猫为什么不快乐，为什么不在乎死。用"因为_____，它不快乐。"加在每一次想象中。如它是厨师的猫时："因为厨师从不问问我喜欢什么，把我带来带去，一点自由都没有，所以我不快乐；死了也不在乎，反正我有一百万条命呢。"

第三章 图画书教学：播撒语文综合实践活动的创新种子

5. 理解本书寓意。

有一次，猫不是任何人的猫，猫是一只野猫，猫很快乐，每天猫有吃不完的鱼，每天都有母猫送鱼来给它吃。它的身旁总是围着一群美丽的母猫，不过猫并不喜欢它们。猫每次都是骄傲地说："我可是一只活过一百万次的猫喔！"

有一天，猫遇到了一只白猫，白猫看都不看猫一眼，猫很生气地走到白猫面前对白猫说："我可是一只活过一百万次的猫喔！"白猫只是轻轻地"哼！"了一声，就把头转开了。之后，猫每次遇到白猫，都会故意走到白猫面前说："我可是一只活过一百万次的猫喔！"而白猫每次也都只是轻轻地"哼！"了一声，就把头转开。

猫变得很不快乐，一天，猫又遇到白猫，刚开始，猫在白猫身边独自玩耍，后来渐渐地走到白猫身边，轻轻地问了一句话："我们在一起好吗？"而白猫也轻轻地点了点头"嗯！"了一声，猫好高兴、好高兴，它们每天都在一起，白猫生了好多小猫，猫很用心地照顾小猫们，小猫长大了，一个个离开了。

猫很骄傲，因为猫知道：小猫们是一只活过一百万次的猫的小孩儿！

白猫老了，猫很细心地照顾着白猫，每天猫都抱着白猫说故事给白猫听，直到睡着。

一天，白猫在猫的怀里一动也不动了，白猫死了。猫抱着白猫哭了，猫一直哭、一直哭、一直哭，直到有一天，猫不哭了，猫再也不动了，猫和白猫一起死了，猫也没有再活过来。

改进语文课堂

重点理解《活了一百万次的猫》蕴涵的寓意：学生看完全书，必然会是静默的，每一个学生都是能看懂的，把自己的体会说出来，教师进行再深一层次的剖析，认真阐述关于生与死、爱与奉献、有意义的人生与行尸走肉、有限与无限、自由与责任、爱与被爱、相爱和自恋、爱与代价（《海的女儿》）、充满幻觉的童年与平实真切的人生、丧失自我与把握主体之类的问题。（不可能阐述得如此深而广，必须在学生理解并表露的基础上再深入地挖掘）

二、第二次课教学设计

课题：《幸福的种子》；六年级，语文图画书拓展课自编教材
授课教师：桃李园实验学校　过　芸

教学目标

1. 了解图画书基本结构模式：旋复式情节推进结构和放射式情节推进结构。
2. 了解两种结构的特点及作用，激发想象的兴趣。

教学重点、难点

限于学生阅读经历，可能在补充内容时思路会过于狭窄，想象不够丰富，必须经过多方启发方可。

118

第三章 图画书教学：播撒语文综合实践活动的创新种子

教学过程

1. 了解放射式结构。

①看《点》。

②阅读《找死的兔子》：兔子千方百计找死，有多少种死法？瞧：用自己的语言想象兔子的设计与心态。

还可能有些什么呢？请大家补充。作者可是为它设想了500种以上哦，放射式结构就是先有了一个结果，兔子要死，然后围绕这个中心点从多角度多方面来表现这个结果。

119

改进语文课堂

2. 了解旋复式结构。

①看《我的那份在哪里》。(略，与第一次教学设计相同)

从色彩到构图到语言到画面都美得让人晕眩，美得无与伦比。特别是"白雪在哪里？融化在阳光里；阳光在哪里？蕴藏在麦子里"美得顺理成章、浑然天成。请同学们也想一想——阳光在哪里？在火红的花瓣里；花瓣在哪里？在白玉的花瓶里；花瓶在哪里？在姑娘的桌子上；姑娘在哪里？在卖面包的小铺里……

这种结构，就像螺旋一样，一边转一边在上升，有一个方向。总是几乎完全一样的话（句子）连接画面，不断递进，一直到结果出现。

②朗诵捷克斯洛伐克作家斯拉德克的小诗《童话》。

　　　　白桦为什么颤抖，妈妈？
　　　　——它在细听鸟儿说话。

第三章 图画书教学：播撒语文综合实践活动的创新种子

鸟儿说些什么，妈妈？
——说仙女傍晚把它们好一顿吓。
仙女怎么会把鸟儿吓呢？
——她追赶着白鸽在林中乱窜。
仙女为什么要追赶白鸽？
——她见白鸽差点儿淹死在水潭。
白鸽为什么会差点儿淹死呢？
——它想把掉到水里的星星啄上岸。
妈妈，它把水里的星星啄上来了吗？
——孩子啊，这个我可答不上来。
我只知道，等到仙女挨着白鸽的脸蛋时，
就像如今我在亲你一样，亲呀亲呀，亲个没完。

诗的结构也是旋复式的，其中的温情，让人无法自拔，因为它是人间最美的童心与母爱。反复朗诵，模仿结构内容写一首小诗。

3. 朗诵《我是一个任性的孩子》。

也许
我是被妈妈宠坏的孩子
我任性
我希望
每一个时刻
都像彩色蜡笔那样美丽

我希望
能在心爱的白纸上画画
画出笨拙的自由
画下一只永远不会
流泪的眼睛
一片天空
一片属于天空的羽毛和树叶
一个淡绿的夜晚和苹果

121

改进语文课堂

我想画下早晨
画下露水
所能看见的微笑
画下所有最年轻的
没有痛苦的爱情
画下想象中
我的爱人
她没有见过阴云
她的眼睛是晴空的颜色
她永远看着我
永远,看着
绝不会忽然掉过头去

我想画下遥远的风景
画下清晰的地平线和水波
画下许许多多快乐的小河
画下丘陵——
长满淡淡的茸毛
我让它们挨得很近
让它们相爱
让每一个默许
每一阵静静的春天激动
都成为一朵小花的生日

我还想画下未来
我没见过她,也不可能
但知道她很美
我画下她秋天的风衣
画下那些燃烧的烛火和枫叶
画下许多因为爱她
而熄灭的心

第三章　图画书教学：播撒语文综合实践活动的创新种子

画下婚礼
画下一个个早早醒来的节日——
上面贴着玻璃糖纸
和北方童话的插图

我是一个任性的孩子
我想涂去一切不幸
我想在大地上
画满窗子
让所有习惯黑暗的眼睛
都习惯光明

我想画下风
画下一架比一架更高大的山岭
画下东方民族的渴望
画下大海——
无边无际愉快的声音

最后，在纸角上
我还想画下自己
画下一只树熊
他坐在维多利亚深色的丛林里
坐在安安静静的树枝上
发愣
他没有家
没有一颗留在远处的心
他只有，许许多多
浆果一样的梦
和很大很大的眼睛

我在希望
在想

改进语文课堂

  但不知为什么
  我没有领到蜡笔
  没有得到一个彩色的时刻
  我只有我
  我的手指和创痛
  只有撕碎那一张张
  心爱的白纸
  让它们去寻找蝴蝶
  让它们从今天消失
  我是一个孩子
  一个被幻想妈妈宠坏的孩子
  我任性

  这是放射式的诗歌结构，反复吟诵，想想自己若是这个任性的孩子，你会想些什么、做些什么呢？把它写下来，就是诗啊！

  附：《我是一个任性的孩子》写作指导

  1. 反复吟诵顾城《我是一个任性的孩子》，体会作者丰富的想象，激发自己的想象。

  2. 抽出其中两至三段，如："画下丘陵——/长满淡淡的茸毛/我让它们挨得很近/让它们相爱"、"画下一只树熊/他坐在维多利亚深色的丛林里，坐在安安静静的树枝上/发愣/他没有家/没有一颗留在远处的心/他只有，许许多多/浆果一样的梦/和很大很大的眼睛……"领会想象的基本格式：干什么、为什么、怎么样。即：第一步，通过"如果"、"假如"、"假使"、"假若"等表示假设的词语离开现实进入想象世界，这个世界不受物质条件限制和时空限制，可以随心所欲地驰骋，便能出现光彩夺人、撞击心灵的意境；第二步，在假设的事物、形象上，展现可能出现的情形；第三步，表达你想象的意图。

  3. 以各种形象进行三层次的想象表达训练。如：我想成为一朵白云（是什么）/飘荡在广袤的大地上（怎么样）/看潮起潮落、风吹草低见牛羊……（为什么）

  4. 模仿《我是一个任性的孩子》，想象自己会画出什么，什么样，为什么。进行片段练习。写出至少三个完整的段落，都包括符合以上三个层次的内容。

5. 在每一段第一句加上"我是一个任性的孩子"，形成反复的段落模式，体会这样能使节奏明晰、舒缓，让人沉入想象的世界。

6. 为了表达自己强烈的感情，可以在句首用叹词，如"啊"、"哦"之类，以加强感叹的语气；也可以用表达感情的修饰词，如"多么"等。

三、第三次课教学设计

课题：《幸福的种子》；六年级，语文图画书拓展课自编教材

授课教师：桃李园实验学校　过　芸

教学目的

1. 了解图画书基本结构模式：旋复式情节推进结构和放射式情节推进结构。

2. 了解两种结构的特点及作用，激发想象的兴趣。

教学重点、难点

限于学生阅读经历，可能在补充内容时思路会过于狭窄，想象不够丰富，必须经过多方启发方可。

教学过程

1. 了解旋复式结构。看《我的那份在哪里》（同前）。

从色彩到构图到语言到画面都美得让人晕眩，美得无与伦比。特别是"白雪在哪里？融化在阳光里；阳光在哪里？蕴藏在麦子里"美得顺理成章、浑然天成。请同学们也想一想——阳光在哪里？在火红的花瓣里；花瓣在哪里？在白玉的花瓶里；花瓶在哪里？在姑娘的桌子上；姑娘在哪里？在卖面包的小铺里……

这种结构，就像螺旋一样，一边转一边在上升，有一个方向。总是几乎完全一样的话（句子）连接画面，不断递进，一直到结果出现。像接龙一样，能让你打开想象之门，让自己沉浸在无穷的幻想之中，尽情享受它给人的美妙感觉。

2. 了解放射式结构。看图画书《点》：它是先有了一个结果，以这个结果为中心点，围绕它从多个角度、不同方面来表现这个结果。

讲解时做发散思维训练。如将"点"分类，可分为大、小；色彩类、

改进语文课堂

虚实类……

如《活了一百万次的猫》:"有一只活了一百万次的猫,它死了一百万次,也活了一百万次。"(故事同前,略)

3. 语言练习。知道猫有一个"不得好死"的结果,围绕这个结果设想它还可能是谁的猫,和那个主人在一起,猫什么样,必须说出与主人身份相符的死因,并且与"他非常喜欢这只猫,每天带着它一起到×××去,不过猫很不快乐。有一次,×××带着猫做×××,结果不小心,猫死了。×

第三章 图画书教学：播撒语文综合实践活动的创新种子

××抱着成了××的猫，哭得好伤心、好伤心，不过猫并没有哭，猫不喜欢×××。"结果相同，句式相同，内容不同。（训练学生的想象能力，在想象的基础上能理解原文的结构，并较快地组织语言，比较顺畅地按原文的模式表达出来）

学生轮流说，有一次，猫是厨师的猫。厨师总是带着猫去买菜做饭，还总给它做鲜美的鱼，不过猫很不快乐。有一次厨师在抱着猫做炸鸡翅的时候不小心把猫掉在了油锅里，猫死了，厨师抱着炸成肉饼的猫，哭得好伤心、好伤心，不过猫并没有哭，猫不喜欢厨师。

……

4. 一百万的可能性。让学生充分展开想象的翅膀去体会猫为什么不快乐，为什么不在乎死。用"因为＿＿＿＿＿＿，它不快乐。"加在每一次想象中。如它是厨师的猫时："因为厨师从不问问我喜欢什么，把我带来带去，一点自由都没有，所以我不快乐；死了也不在乎，反正我有一百万条命呢。"

5. 理解本书寓意。有一次，猫不是任何人的猫，猫是一只野猫，猫很快乐，每天猫有吃不完的鱼，每天都有母猫送鱼来给它吃。它的身旁总是围着一群美丽的母猫，不过猫并不喜欢它们。猫每次都是骄傲地说："我可是一只活过一百万次的猫喔！"

第三节 课堂教学实录

一、第一次课实录

幸福的种子

桃李园实验学校 过 芸

师：还记得图画书阅读课的约法三章吗？
生：享受图画书，享受图画书阅读课。
师：对，我们没有卷子考试，但我们的心灵会因此丰富多彩的。先让大家看一本图画书，请同学来解说画面，准备好了吗？这叫《我的那份在哪里》，先放一遍，先不要说，看懂了我会先示范一页，请同学听清我是怎么

127

改进语文课堂

说的，要尽量按照我说的模仿，好吗？（幻灯片放出来，教室里一阵骚动"哇，太漂亮了。"）好看就静静地欣赏，你的任何不敬的声音和动作都是对这么美好的图画的亵渎噢。（欣赏过一遍，有学生举手了）我知道大家都看懂了，还是按老规矩轮流说吧。我先说第一句。

　　师：知更鸟打开盒子，呀，我的那份在哪里？在田鼠那里……
　　生：田鼠在哪里？在她的家里……

128

第三章　图画书教学：播撒语文综合实践活动的创新种子

生：她的家在哪里？

生：在森林里；森林在哪里？

生：覆盖了白雪……

师：这样说有点儿与前面不协调了，应该说……

生：掩藏在白雪下；白雪在哪里？

生：阳光融化了它……

师：慢，这样有点儿不协调了，可以说……

生：融化在阳光里；阳光在哪里？

……

师：大家连起来从头一起解说，不是念，黑板上没有；也不是背诵，刚才大家的发言也来不及记下来，而是集体即兴创作，脱口秀。

生：（齐声）……白雪在哪里？融化在阳光里；阳光在哪里？蕴藏在麦子里……我的那份在哪里？

师：知更鸟一直在找它的那一份，找到了森林，找到了白雪，找到了鲜花的田野，找到了金色的麦浪，找到了磨坊，找到了美不胜收的四季，这样一步一步地由重复的句型和情节、一个画面引出下一个画面的写法在图画书的创作中叫"旋复式结构"，能理解为什么这么称呼吗？

生："旋"，就是像螺丝一样一圈圈转着上升，"复"就是反复，这种结构就是反复着往前走的。

师：对，反复的是什么呢？

生：句子，什么在哪里什么在那里……都是一样的……

师：情节也一样，只是内容略有变化，对吗？这样就像我们小时候唱的童谣，有节奏有韵味，能让你的文章读起来很好听。我们来试着给它加一点儿，如阳光在哪里？在火红的玫瑰里……

生：玫瑰在哪里？

生：在花园里……

师：在"花园"前加个形容词吧，这样节奏更舒缓一些。

生：在美丽的花瓶里；花瓶在哪里？

生：在春天的花园里；春天在哪里？

师：就先按这个说……

生：春天在黄鹂鸟的歌声里；黄鹂鸟在哪里？

师：很好，把儿歌引进来了，这叫生活积累……

改进语文课堂

　　生：在高高的柳树下，柳树在哪里？
　　……
　　师：好了，大家的想象让我惊喜不已，旋复式的故事能让我们沉浸在想象的美好世界里，用丰富的想象牵出一个又一个画面，真是享受的课。我要让大家自己制作图画书了，不是用画笔，而是用你丰富的想象力，用文字写出来，诗是有字无形的画，画是有形无字的诗嘛。先看一首很美很美的一个叫斯拉德克的捷克斯洛伐克作家写的小诗《童话》。

　　　　白桦为什么颤抖，妈妈？
　　　　——它在细听鸟儿说话。
　　　　鸟儿说些什么，妈妈？
　　　　——说仙女傍晚把它们好一顿吓。
　　　　仙女怎么会把鸟儿吓呢？
　　　　——她追赶着白鸽在林中乱窜。
　　　　仙女为什么要追赶白鸽？
　　　　——她见白鸽差点儿淹死在水潭。
　　　　白鸽为什么会差点儿淹死呢？
　　　　——它想把掉到水里的星星啄上岸。
　　　　妈妈，它把水里的星星啄上来了吗？
　　　　——孩子啊，这个我可答不上来。
　　　　我只知道，等到仙女挨着白鸽的脸蛋时，
　　　　就像如今我在亲你一样，亲呀亲呀，亲个没完。

　　师：先一起朗诵一遍，再一遍，注意语调和轻重音，读出感情来。
　　师：这是什么式的？
　　生：一个一个牵出来，是旋复式的。
　　师：再请看一本《活了一百万次的猫》。我来解说，但我只放三页，其他的我就不给你们看了，需要你们靠想象帮作者往下讲故事，并且画出来，当然是用语言。我会做示范的，还是要听清我示范句子的关键点，如句型、语气、用词等。
　　……（解说内容略）
　　师：大家看出来了吗？这只猫都是怎么死的……
　　生：被箭射死、淹死、切成两半。
　　师：有眼力，都是不得好死的。所以我给它再加一种，因为它有一百万

第三章 图画书教学：播撒语文综合实践活动的创新种子

条命嘛，随便我想它是怎么死的。比如，有一次，猫是厨师的猫。厨师总是带着猫去买菜做饭，还总给它做鲜美的鱼，不过猫很不快乐。有一次，厨师在抱着猫做炸鸡翅的时候不小心把猫掉在了油锅里，猫死了，厨师抱着炸成肉饼的猫，哭得好伤心、好伤心，不过猫并没有哭，猫不喜欢厨师。

生：有一次，猫是一个铅球运动员的猫，运动员总是带着猫去比赛，有一次……

师：少了一句……

生：对，对，不过猫很不快乐。有一次，运动员在比赛……比赛……

师：铅球吧？

生：在铅球比赛时，不小心把猫砸死了……

师：应该是不小心砸到了猫，猫死了，像你那样说好像是专门要砸它似的……

生（笑）：猫死了，运动员抱着死猫……

生（接）：不对，应该是砸成了肉饼的猫，哭得好伤心、好伤心，不过猫并没有哭，猫不喜欢运动员。

师：很好，要按照知道猫有一个"不得好死"的结果，围绕这个结果多角度设想它还可能是谁的猫，和那个主人在一起，猫什么样，必须说出与

131

改进语文课堂

主人身份相符的死因,并且与"他非常喜欢这只猫,每天带着它一起到×××去,不过猫很不快乐。有一次,×××带着猫做×××,结果不小心,猫死了。×××抱着成了××的猫,哭得好伤心、好伤心,不过猫并没有哭,猫不喜欢×××。"结果相同,句式相同,内容不同。再来一个试试?

生:有一次,猫是探险家的猫。探险家总是带着他的猫到……

师:到山洞去探险……

生:不过猫很不快乐。有一次,探险家在钻一个冰洞时,不小心把猫掉进了冰缝里,等到救出来时,猫死了,探险家抱着冻成冰块的猫,哭得好伤心、好伤心,不过猫并没有哭,猫不喜欢探险家。

师:还有很多可能对吧?反正它有一百万次生命,随便你怎么想它好了。那么,这本图画书的结构和上一本有什么不同?

生:这个是知道它死了,从各方面设想它为什么死。

师:对了,这种结构都是有一个中心点的,就像我们说那个同学很皮,皮,就是中心点,那么,他怎么皮呢?他会干些什么来让人觉得他皮呢?就要从多个角度讲他皮的故事。放射就像手电筒,有一个中心点,每道光芒都是从这个中心点发出的,围绕这个中心点,进行多角度多方面的想象,就叫放射式结构了。现在明白两种图画书的结构特点了吧?请你把它完整地说出来。

生:旋复式结构就是用重复的句子和情节用一个画面引出下一个画面最后出现结果的结构形式;而放射式结构就是围绕一个结果用不同的情节来表现这个结果。(尝试多次最终表达清晰)

师:但是,后来猫怎么样了呢?我们继续看。(放幻灯片并讲解。讲解内容略)……

师:看完了,有什么感想?

生:它不是有一百万次生命吗?它为什么就不能再活过来呢?

生:因为它活到头了。

师:你是说它一百万次生命都用完了?作者这样说了吗?

第三章　图画书教学：播撒语文综合实践活动的创新种子

生：没有，也许……

师：如果真是一百万次生命的最后一次，没有那么巧正好是它与白猫幸福生活的这一次吧？

生：因为它最爱的白猫死了，它也不想活了。

师：爱就那么重要吗？让人连生命都不要？你哪里看到过？

生：有，电影《泰坦尼克号》里，为了让那个女的活下去，那个男的自己放手沉到了海里……

师：是啊，猫觉得不用活了，因为爱过了，再活一次的话没有白猫了多没有意思，就像和国王啊、渔夫啊生活在一起一样……

生：因为白猫是不可以活一百万次的……

师：一本图画书，让大家明白了爱有多么伟大，可以让人连生命都放弃，那么多次的活都比不上这一次，因为，那么多次的活着都是没有爱的。可是，他的主人不都是爱它的吗？带来带去，它死了，还哭得很伤心？

生：可是那样地爱它，它也很难受的，带来带去，又看不到它喜欢的人……

师：也就是说，它没有……

生：自由。

师：而成了野猫，它就有了自由，可以到处走，见识了很多猫，终于遇到了它的最爱。所以爱与自由使它情愿不要多活。你觉得猫的选择有意义吗？你愿意这样做吗？这是要思考一辈子的问题，不要你马上回答，好好思考吧。下课。

133

改进语文课堂

二、第二次课实录

幸福的种子

桃李园实验学校　过　芸

师：还记得图画书阅读课的约法三章吗？

生：享受图画书，享受图画书阅读课。

师：对，我们没有卷子考试，但我们的心灵会因此而丰富多彩。今天我们先看一本图画书，不要大家解说，我来念文字，但我有很多问题会问你的，必须认真观察思考才能过关的。（放幻灯片《点》并解说一遍。解说内容略）

师：你能给这些点分分类吗？

生：嗯，大点，小点……

师：很好，这是从什么角度分的？

生：大小。

师：好的，你连起来说：这些点从大小的角度分有大点、小点。下面的同学赶快想好还有什么角度，按我刚才说的句型完整地说出来。

第三章　图画书教学：播撒语文综合实践活动的创新种子

生：按色彩的角度分有黄色的点、红色的点、蓝色的点……

生：按色彩的角度分还有三原色的点和混色的紫色点……

师：天才！你很爱画画吧？你给大家扩展了思路了，功劳不小。那么如果不仅仅是画这个点，生活中还有哪些点？可以按什么角度分呢？如橡皮做的和木头做的……

生：这是按材质分的，可以是铁的，也可以是布的。

生：可以是挂在项链上的，也可以是钉在墙上的……这是按用途的角度分的。

师：对，我们可以从大小、色彩、声音、质地、用途等多角度去想象会有什么样的可能，这样我们的想象力就丰富得多了。这种结构叫做"放射式结构"，请你说说这是什么意思。

生：就是从多角度去想象一个东西。

师：对，就像我们说那个同学很皮，那么，他怎么皮呢？他会干些什么来让人觉得他皮呢？放射就像手电筒，有一个中心点，每道光芒都是从这个中心点发出的，就像"点"，点就是中心点，只要是点，无论大的小的红的紫的实的虚的……哪个是虚的点？

生：那个只画背景的点。

师：有眼力。围绕这个中心点，进行多角度多方面的想象，就是放射式结构了。下面我放一本图画书的开头，请同学们再从多角度多方面去想象它的可能性。（放幻灯片《找死的兔子》前几幅并解说。解说内容略）

改进语文课堂

生：它会在地铁站，等地铁开过时跳下去。
生：爬到高压线上……
……
生：老师，它干嘛非要找死啊？
师：对啊，活着多好，我们给兔子再想象如果活着多美好的画面，如在公园里野餐……
生：在大海上航行……
师：好，这是地点和行为角度的，还可以……和儿子一起看书，图画书……
生：这是和人物在一起，还可以在春天钓鱼，这是季节角度的……
……
师：很好，大家的想象力真的很丰富，下面我还要让大家看一本图画书，请同学来解说画面，准备好了吗？这叫《我的那份在哪里》，先放一遍，先不要说，我会先示范一页，请同学听清我是怎么说的，要完全按照我说的模仿，好吗？（幻灯片放出来，教室里一阵骚动"哇，太漂亮了。"）
师：好看就静静地欣赏，你的任何不敬的声音和动作都是对这么美好的图画的亵渎噢。（欣赏过一遍，有学生举手了）我知道大家都看懂了，还是按老规矩轮流说吧。我先说第一句：知更鸟打开盒子，呀，我的那份在哪里？在田鼠那里……
生：田鼠在哪里？在她的家里……
生：她的家在哪里？
生：在森林里；森林在哪里……
生：覆盖了白雪……
师：这样说有点儿与前面不协调了，应该说……
生：掩藏在白雪下；白雪在哪里？
生：阳光融化了它……
师：慢，也有点儿不协调了，可以说……
生：融化在阳光里；阳光在哪里？
……
师：大家连起来一起解说，不是念，黑板上没有；也不是背诵，刚才大家的发言也来不及记下来，而是集体即兴创作，脱口秀。
生：（齐声）……白雪在哪里？融化在阳光里；阳光在哪里？蕴藏在麦

第三章 图画书教学：播撒语文综合实践活动的创新种子

子里……我的那份在哪里？

师：知更鸟一直在找它的那一份，找到了森林，找到了白雪，找到了鲜花的田野，找到了金色的麦浪，找到了磨坊，找到了美不胜收的四季，这样一步一步地由一个画面引出下一个画面的写法在图画书的创作中叫"旋复式结构"，能理解为什么这么称呼吗？

生："旋"，就是像螺丝一样一圈圈转着上升，"复"就是反复，这种结构就是反复着往前走的。

师：对，反复的是什么呢？

生：句子，什么在哪里什么在那里……都是一样的……

师：内容有所不同，对吗？这样就像我们小时候唱的童谣，有节奏有韵味，能让你的文章读起来很好听。我们来试着给它加一点儿，如阳光在哪里？在火红的玫瑰里……

生：玫瑰在哪里？

生：在花园里……

师：在"花园"前加个形容词吧，这样节奏更舒缓一些。

生：在天使的花园里；天使在哪里？

生：在春天的花园里；春天在哪里？

师：就先按这个说……

生：春天在黄鹂鸟的歌声里；黄鹂鸟在哪里？

师：很好，把儿歌引进来了，这叫生活积累……

生：在高高的柳树下，柳树在哪里？

……

师：好了，大家的想象让我惊喜不已，旋复式的故事能让我们沉浸在想象的美好世界里，用丰富的想象牵出一个又一个画面，真是享受的课。最后，我要让大家自己制作图画书了，不是用画笔，而是用你丰富的想象力，用文字写出来，诗是有字无形的画，画是有形无字的诗嘛。先看一首很美很美的一个叫斯拉德克的捷克斯洛伐克作家写的小诗《童话》：

白桦为什么颤抖，妈妈？

——它在细听鸟儿说话。

鸟儿说些什么，妈妈？

——说仙女傍晚把它们好一顿吓。

仙女怎么会把鸟儿吓呢？

137

改进语文课堂

　　——她追赶着白鸽在林中乱窜。
　　仙女为什么要追赶白鸽？
　　——她见白鸽差点儿淹死在水潭。
　　白鸽为什么会差点儿淹死呢？
　　——它想把掉到水里的星星啄上岸。
　　妈妈，它把水里的星星啄上来了吗？
　　——孩子啊，这个我可答不上来。
　　我只知道，等到仙女挨着白鸽的脸蛋时，
　　就像如今我在亲你一样，亲呀亲呀，亲个没完。

师：先一起朗诵一遍，再一遍，注意语调和轻重音，读出感情来。
师：这是什么式的？
生：一个一个牵出来，是旋复式的。
师：接龙一样一个说一句试试？我先说：绿杨为什么笑了，妈妈？——它在细听风儿唱歌。原诗说"白桦"我就说绿杨，怎么样？你接……
生：风儿唱些什么，妈妈？——风儿说……
师：苹果树的花儿开了两只蜜蜂在争蜜呢……
生：蜜蜂为什么要争蜜呢？——它想给……
师：给受伤的小熊送去呢……
生：小熊为什么受伤了，妈妈？它想把月亮从水里捞出来呢……
……
师：很好很好，换个角色就又是一首诗了，大家都成了诗人了。
师：好，再读一首诗《我是一个任性的孩子》。这是我国一个名叫顾城的诗人写的：

　　也许我是被妈妈宠坏的孩子
　　我任性
　　我希望
　　每一个时刻
　　都像彩色蜡笔那样美丽

　　（后略，参见前文）

师：朗诵一遍，可以判断这是放射式的对吗？请同学们记下这两首诗，模仿任何一首，写出一首你的诗来。你可以完全照抄两首诗的首尾，下面就看你的想象了。多朗诵几遍，它会给你灵感的，我相信，每个同学都是一个

第三章 图画书教学：播撒语文综合实践活动的创新种子

天才诗人。今天我们通过观看图画书和朗诵诗歌、自己创作诗歌来真真切切地理解、实践了两种图画书的结构，相信大家都记得很牢了，对吗？

附：《我是一个任性的孩子》写作指导

1. 反复吟诵顾城《我是一个任性的孩子》，体会作者丰富的想象，激发自己的想象。

2. 抽出其中两至三段，如："画下丘陵——/长满淡淡的茸毛/我让它们挨得很近/让它们相爱"、"画下一只树熊/他坐在维多利亚深色的丛林里，坐在安安静静的树枝上/发愣/他没有家/没有一颗留在远处的心/他只有，许许多多/浆果一样的梦/和很大很大的眼睛……"领会想象的基本格式：干什么、为什么、怎么样。即：第一步，通过"如果"、"假如"、"假使"、"假若"等表假设的词语离开现实进入想象世界，这个世界不受物质条件限制和时空限制，可以随心所欲地驰骋，便能出现光彩夺人、撞击心灵的意境；第二步，在假设的事物、形象上，展现可能出现的情形；第三步，表达你想象的意图。

3. 以各种形象进行三个层次的想象表达训练。如：我想成为一朵白云（是什么）/飘荡在广袤的大地上（怎么样）/看潮起潮落、风吹草低见牛羊……（为什么）

4. 模仿《我是一个任性的孩子》，想象自己会画出什么，什么样，为什么。进行片段练习。写出至少三个完整的段落，都包括符合以上三个层次的内容。

5. 在每一段第一句加上"我是一个任性的孩子"，形成反复的段落模式，体会这样能使节奏明晰、舒缓，让人沉入想象的世界。

6. 为了表达自己强烈的感情，可以在句首用叹词，如"啊"、"哦"之类，用以加强感叹的语气；也可以用表达感情的修饰词，如"多么"等。

7. 指导效果：学生作品。

我是一个任性的孩子

黄雨捷

我是一个任性的孩子
——我想在大地上画满窗子
让所有习惯黑暗的眼睛都习惯光明

改进语文课堂

也许
我是被妈妈宠坏的孩子
我任性
我希望
每一时刻
都像彩色蜡笔那么美丽

我是一个任性的孩子
哦，我希望
能在心爱的纸上画画
画下一个教室
一个宽敞明亮的教室
一个能够让许多穷孩子学习的教室

我是一个任性的孩子
哦，我希望
画下一串糖葫芦
一串世界上最大，最甜的糖葫芦
可以让所有的孩子都吃不完的
糖葫芦

我是一个任性的孩子
哦，我希望
画下一片云
一片像房子的白云
这样鸟儿飞累了就能休息

我是一个任性的孩子
哦，我希望
画下一条小溪
一条清澈透明的小溪
使缺水的地方的人儿有水喝

第三章　图画书教学：播撒语文综合实践活动的创新种子

我是一个任性的孩子
哦，我希望
画下一条毛毛虫
一条可爱的毛毛虫
总有一天它会变成一只美丽的蝴蝶

我是一个任性的孩子
哦，我希望
画下一艘飞船
一艘巨大的宇宙飞船
能载着我与朋友到宇宙游玩

我是一个任性的孩子
哦，我希望
画下一个星球
一个美丽的星球
一个能够让人们居住的星球

我是一个任性的孩子

杜祎婕

我是一个任性的孩子
我希望
能在心爱的白纸上画画
画出一个无忧无虑的天堂
一个和蔼的上帝
一群长着洁白翅膀的人们
围坐在圆桌旁
舒心地微笑
品尝着人间没有的美味
还时不时地谈论着
尘世间的酸甜苦辣

改进语文课堂

画出一个美丽和谐的伊甸园
园子里的树上
结满了奇异的果子
果子长着含笑的眼睛和嘴巴
每天都乐此不疲地歌唱
掉下来的果子
还开起了PARTY
伴着树上的果子们的歌声
翩翩起舞

我是一个任性的孩子
我想在心爱的白纸上画画
画下一个哆啦A梦
一个能拿出神奇道具的哆啦A梦
随时随地为我排忧解难

画下一根绳子
一根名为友谊的绳子
把大家的心
像串珠一样地穿在一起

画下一个机器人
一个能干而又通情达理的机器人
帮没人照顾的老人和孩子们
打理家事
让他们也能得到
与我们一样多的幸福

画下一个舞台
一个为没有自信的人们建造的舞台
让人们在这个舞台上找回自信

第三章 图画书教学：播撒语文综合实践活动的创新种子

演砸了没关系
一样有热烈的掌声
献给你

三、第三次课实录

幸福的种子

桃李园实验学校　过　芸

师：还记得图画书阅读课的约法三章吗？

生：享受图画书，享受图画书阅读课。

师：对，我们没有卷子考试，但我们的心灵会因此丰富多彩的。先让大家看一本图画书，请同学来解说画面，准备好了吗？这叫《我的那份在哪里》，先放一遍，先不要说，看懂了我会先示范一页，请同学听清我是怎么说的，要完全按照我说的模仿，好吗？

（幻灯片放出来，教室里一阵骚动"哇，太漂亮了。"）

师：好看就静静地欣赏，你的任何不敬的声音和动作都是对这么美好的图画的亵渎噢。（欣赏过一遍，有学生举手了）我知道大家都看懂了，还是按老规矩轮流说吧。我先说第一句：知更鸟打开盒子，呀，我的那份在哪里？在田鼠那里……

生：田鼠在哪里？在她的家里……

生：她的家在哪里？

生：在森林里；森林在哪里……

生：覆盖了白雪……

师：这样说有点儿与前面不协调了，应该说……

生：掩藏在白雪下；白雪在哪里？

生：阳光融化了它……

师：慢，也有点儿不协调了，可以说……

生：融化在阳光里；阳光在哪里？

……

师：大家连起来从头一起解说，不是念，黑板上没有；也不是背诵，刚才大家的发言也来不及记下来，而是集体即兴创作，脱口秀。

众生：（齐声）……白雪在哪里？融化在阳光里；阳光在哪里？蕴藏在

143

改进语文课堂

麦子里……我的那份在哪里？

师：知更鸟一直在找它的那一份，找到了森林，找到了白雪，找到了鲜花的田野，找到了金色的麦浪，找到了磨坊，找到了美不胜收的四季，这样一步一步地由一个画面引出下一个画面的写法在图画书的创作中叫"旋复式结构"，能理解为什么这么称呼吗？

生："旋"，就是像螺丝一样一圈圈转着上升，"复"就是反复，这种结构就是反复着往前走的。

师：对，反复的是什么呢？

生：句子，什么在哪里什么在那里……都是一样的……

师：内容有所不同，对吗？这样就像我们小时候唱的童谣，有节奏有韵味，能让你的文章读起来很好听。我们来试着给它加一点儿，如阳光在哪里？在火红的玫瑰里……

生：玫瑰在哪里？

生：在花园里……

师：在"花园"前加个形容词吧，这样节奏更舒缓一些。

生：在天使的花园里；天使在哪里？

生：在春天的花园里；春天在哪里？

师：就先按这个说……

生：春天在黄鹂鸟的歌声里；黄鹂鸟在哪里？

师：很好，把儿歌引进来了，这叫生活积累……

生：在高高的柳树下，柳树在哪里？

……

师：好了，大家的想象让我惊喜不已，旋复式的故事能让我们沉浸在想象的美好世界里，用丰富的想象牵出一个又一个画面，真是享受的课。看一本图画书，不要大家解说，我来念文字，但我有很多问题会问你，必须认真观察思考才能过关的。（放幻灯片《点》并解说一遍。解说内容略）问："你能给这些点分分类吗？"

生：嗯，大点，小点……

师：很好，这是从什么角度分的？

生：大小。

师：好的，你连起来说：这些点从大小的角度分有大点、小点。下面的同学赶快想好还有什么角度，按我刚才说的句型完整地说出来。

第三章 图画书教学：播撒语文综合实践活动的创新种子

生：按色彩的角度分有黄色的点、红色的点、蓝色的点……

师：爱画画的同学想想黄色、红色、蓝色与紫色的区别……

生：这是三原色的点和混色的点……

师：天才！你很爱画画吧？你给大家扩展了思路了，功劳不小。那么如果不仅仅是画这个点，生活中还有哪些点？可以按什么角度分呢？如橡皮做的和木头做的……

生：这是按材质分的，可以是铁的，也可以是布的。

生：可以是挂在项链上的，也可以是钉在墙上的……这是按用途的角度分的。

师：对，我们可以从大小、色彩、声音、质地、用途等多角度去想象会有什么样的可能，这样我们的想象力就丰富得多了。这种结构叫做"放射式结构"，请你说说这是什么意思。

生：就是从多角度去想象一个东西。

师：对，就像我们说那个同学很皮，那么，他怎么皮呢？他会干些什么来让人觉得他皮呢？放射就像手电筒，有一个中心点，每道光芒都是从这个中心点发出的，就像"点"，点就是中心点，只要是点，无论大的小的红的紫的实的虚的……哪个是虚的点？

生：那个只画背景的点。

师：有眼力。它让我们知道，有些东西在相对的情况下是会改变的。如这个讲台，是长方形的，它什么时候会成为一个点？

生：……

师：当它着火时，它是火点啊！我们学校在什么情况下是个点？

生：在地图上……

师：好了，好了，我们回到《点》上，它先给我们一个结果：画点，围绕这个中心点，进行多角度多方面的想象去再现这个点，就是放射式结构了。再请看一本《活了一百万次的猫》。

师：我来解说，但我只放三页，其他的我就不给你们看了，需要你们靠想象帮作者往下讲故事，并且画出来，当然是用语言。我会做示范的，还是要听清我示范句子的关键点，如句型、语气、用词等。（解说内容略）

师：大家看出来了吗？这只猫的死……

生：被箭射死、淹死、切成两半，都是不得好死的。

师：有眼力，所以我给它再加一种，因为它有一百万条命嘛，随便我想

145

改进语文课堂

它会怎么死的。比如，有一次，猫是厨师的猫。厨师总是带着猫去买菜做饭，还总给它做鲜美的鱼，不过猫很不快乐。有一次，厨师在抱着猫做炸鸡翅的时候不小心把猫掉在了油锅里，猫死了，厨师抱着炸成肉饼的猫，哭得好伤心、好伤心，不过猫并没有哭，猫不喜欢厨师。

生：有一次，猫是一个铅球运动员的猫，运动员总是带着猫去比赛，有一次……

师：少了一句……

生：对，对，不过猫很不快乐。有一次，运动员在比赛……比赛……

师：铅球吧？

生：在铅球比赛时，不小心把猫砸死了……

师：应该是不小心砸到了猫，猫死了，像你那样说好像是专门要砸它似的……

生（笑）：猫死了，运动员抱着死猫……

生（接）：不对，应该是砸成了肉饼的猫，哭得好伤心、好伤心，不过猫并没有哭，猫不喜欢运动员。

师：很好，要按照知道猫有一个"不得好死"的结果，围绕这个结果多角度去设想它还可能是谁的猫，和那个主人在一起，猫什么样，必须说出与主人身份相符的死因，并且与"他非常喜欢这只猫，每天带着它一起到×××去，不过猫很不快乐。有一次，×××带着猫做×××，结果不小心，猫死了。×××抱着成了××的猫，哭得好伤心、好伤心，不过猫并没有哭，猫不喜欢×××。"结果相同，句式相同，内容不同。

……

师：可是，猫为什么不快乐也不在乎死呢？它的主人对它都挺好呀，给它好吃的，到哪儿都带着它……

生：可是他们都不和它说话……

师：你是说，猫很孤独？

生：猫不能自己玩，想上哪儿就去哪儿？

师：这叫没有……

生：自由！他们养着它，觉得就是自己的玩具了……

师：所以它不在乎死，是因为这样的生活没劲，它不爱他们，对吗？

生：对，不喜欢，再说它有一百万条命呢，死一次有什么，重来一次就是了。

第三章 图画书教学：播撒语文综合实践活动的创新种子

师：明白了它为什么不快乐、不在乎死，请大家用"因为_____，它不快乐。"每人说一句，加在每一次想象中。如它是厨师的猫时："因为厨师从不问问我喜欢什么，把我带来带去，一点儿自由都没有，所以我不快乐；死了也不在乎，反正我有一百万条命呢。"

生：因为运动员从不知道我最怕发令枪了，总让我在赛场上担惊受怕，所以我不快乐……

师：它可有点儿不珍惜。请看下面半本图画书，还是我来解说。（解说内容略）……还没到一百万次结束的时候，猫为什么再也没活过来？

生（沉默良久）：它有了最爱的人了，它最爱的人死了，它也不想活了，一百万条命也不要了。

师（试探地）：心甘情愿的？

生（坚决地）：心甘情愿的。

师：可是以前的国王、渔夫……也爱它呀……

生：可是它不爱他们呀，这次是猫真的爱那只白猫呀。

师：爱与被爱，区别就这么大。真感人。还有什么原因？

生：因为它不是谁的猫，它是自由的，不用谁来养活，它快乐了，就可以安心地死了。

师：真是"生命诚可贵，爱情价更高……"

生："若为自由故，两者皆可抛。"

师：可是那么爱自由的它，却再也没有离开白猫离开过家呀，它不要自由了吗？

生：它在为这个家负责任，要养活小猫，还要陪伴白猫，这是它的责任。

师：可是我觉得，它真心地爱了别人就会永远死去，不爱，就有一百万次生命，那还不如不付出爱，多活几次，"好死不如赖活着"嘛。

生（严肃起来）：可是每次都"不得好死"啊，那多痛苦啊。

师：对，还有，你能记得他都是谁的猫了吗？是谁的好像都无所谓，反正总是不得好死的……

生：是的，每一次都差不多，那还有什么意义。

师：对啊，有意义的生命就有限，无意义的生命就无限，你怎样选择？

生：多活几次吧，毕竟也有享受的时候。

生：我不这么想，有意义的生命多么快乐，有一次就足够了；没意义的

改进语文课堂

生命总是不快乐，有多少次又有什么意思？

师：它的快乐在哪里呢？它做了些什么？

生：有家庭，有孩子，看着孩子长大，也成为一只只神气的猫，做了那么多的事。

师：说得太好了。这本书感人，是因为这只猫的选择啊。从这只猫身上，我们明白了只有真正爱别人，生命才有意义；只有负起责任，家庭的、事业的责任，生命才有分量；拥有了厚重的生命，短暂的生命也会有无限的意义，一直会感动所有知道它的人；而从不爱别人、不负责任的人，即使生命再长，也是没有意义的。爱与被爱、自由与责任、有限与无限的问题可是深奥的哲学问题，一本图画书让大家成了了不起的哲学家了，恭喜大家。

第四节　同行教学评价

让孩子拥有一双慧眼，一颗慧心

桃李园实验学校　戴　臻　须立新

　　过老师的图画书阅读课是我校参加全国规划课题"提升语言学科教学有效性课程群建设研究"中重要的一门课程。图画书是她自己最大最有心得的爱好。有感于现在绝大多数的家长和教师对早期教育理解为背唐诗、学英语、练钢琴、提前开始学习读、写、算，提前开始正式教育导致孩子们在人格、情感、心志、精神层面缺乏感受力，对美、对爱、对善，缺乏热爱，我深刻体会到作为一个语文教师在教育中的作用，那就是培养学生良好、持久的阅读兴趣和能力，让学生的身体、情感、智力、人格、精神全面健康成长。过老师以自己热爱的图画书，在初中低年级做着难能可贵的对失误的早期教育进行弥补的工作。这是一项充满爱心、富于热忱的工作，致力于培养孩子拥有一双慧眼，有一颗慧心。

　　本课通过四个教学环节，图文并茂、生动活泼、循序渐进地讲解了图画书的两种基本结构，并进行了充满热情和想象力的语言训练，锻炼、培养学生的观察发现、理解想象、体会感悟和口头表达的能力。整堂课教学内容丰富多彩，教学环节逐层递进，而给人印象最深的则是学生所表现出的高涨的

第三章 图画书教学:播撒语文综合实践活动的创新种子

学习热情与浓厚的学习兴趣,几乎所有的学生都积极参与课堂上的每一个学习活动。学生独具慧眼,善于发现;联想翩然,想象奇特;虽然难免有的理解有点偏颇,联想有些牵强,表达上不够通畅,但他们全都投入课堂,乐在其中,不惮于说出自己的看法与想法。就这一点来说,这是一堂焕发着学习热情,充满着活力的课。

张天翼先生对一部好的儿童文学作品作的定义是:有趣,有益。对一部好的图画书的阅读,过程应该是有趣的,结果也应该是有益的。

这是一节有趣的课。学生在感受视觉趣味的同时,在教师巧妙而自然的引导下,进行了层层深入的想象练习,随心所欲,异想天开,妙趣横生,尽情享受着心灵的自由和学习的快乐;在全班大声说出想象的画面时,那种昂扬的激情、快乐的氛围真是语文课堂最美的风景。

这是一节有益的课。在学习过程中,经过各种比较,学生逐渐懂得并掌握了观察的仔细,想象的合理,表达的流畅,培养了好的学习习惯,学习思维也更为开放和严谨,甚至对人生有了自己的思考和感悟,快乐的同时有了实实在在的收获。

第四章 信息技术与语文教学：
架设整合的互动平台

第一节 课例研究报告

电子交互白板目前在欧美和世界其他地区的教育教学改革中方兴未艾。黑板正在变"白"正逐步成为各国课程改革的重要组成部分之一。而能即时反馈课堂教学效果的"按按按"互动反馈技术，在课堂领域的应用也尚不多见。从未来的发展趋势，二者的有机整合而言，将对语文课堂教学产生无法估量的作用。

交互白板，集书写、记忆、储存、打印控制、演示等功能于一体，因其具有的互动性和功能上的特点，使教师不再被电脑困在一米距离之内，能轻松与学生交流，学生也不用只听教师讲，更能亲身参与其中，兴趣盎然。

"按按按"是一个互动反馈系统。通过这个系统，每个学生都可以用手中的遥控器来选择自己的答案。系统通过接受器和平台软件即时地记录、统计和分析参与结果，并将其显示出来。这种技术的应用不仅让教师即时了解哪些学生答对了，哪些学生答错了，还可以精确地统计出回答的正确率，为教师实施有效教学提供了依据。"按按按"互动反馈技术的应用，能让教师即时得到教学反馈信息，了解每个学生的学习状态和表现，为教学的调整提供依据。

本课例研究选择的课题是：九年义务教育课本四年级第十五课《带刺的朋友》，通过引入功能强大、使用方便的交互白板和具有即时反馈功能的"按按按"技术，尝试探索信息技术与语文课堂教学的有机整合。

第四章　信息技术与语文教学：架设整合的互动平台

一、第一次课试教

在第一次课试教的过程中，执教教师共设计了四个环节：激趣导入，揭示课题—整体感知，理清脉络—读读议议，体验感悟—课外拓展，开阔视野。这些环节环环相扣，并通过电子白板技术的"圈画、遮幕、拖曳、聚光灯"等功能，有效地抓住学生的注意力，课堂节奏明显加快，学生积极地参与到教学当中，取得了较好的教学效果。

例如，在"读读议议，体验感悟"环节，教师充分发挥白板对语言文字的书写勾画功能，出示了体现刺猬偷枣之高明的句子，并根据学生回答，圈画关键词语。这吸引了学生的注意力，加深了学生对重点词语的理解。在圈画词语过程中，还不失时机地引导学生体会每一个词语所包含的情感。

观察发现

1. 白板的使用打破了以往普通媒体课件要事先编好颜色做成无数张幻灯片和各种链接才能完成的复杂制作，教师只要把重点段落作为资源事先储存在白板中，随时可以根据学生的学习需要拖曳出来，随着学生对任意一个或几个重点词语的理解用各种颜色在白板上勾画出来，其可视化功能，大大增加了教学的视觉效果。

2. 教师面向学生站在白板前操作，不再远离学生躲在设备后进行操作。这一变化使教师从远离集体又回到学生集体当中。加强了集体共同参与的学习过程，教师、学生在无意识中达成了更多的情感上的交流沟通，学生的学习兴趣也随之提高。

问题诊断

在"拓展"环节，教师请学生介绍惟妙惟肖的伪装术，来深化对文章的理解。遗憾的是，教师没有利用白板技术。这一内容，如能使用白板，预先准备相关图片或视频在课堂上呈现出来，会非常符合小学生的年龄特征，将给学生感性的认识，有助于学生对刺猬"装死"的理解。

改进建议

电子白板为课堂提供了多样的内容表征方式，什么时候运用技术，什么时候运用何种技术功能，能达到何种成效？这些是在教学设计中需要思考的。

改进语文课堂

二、第二次课改进

在第二次课上，执教者在引导学生整体理解"刺猬偷枣"一段时，执教教师不但运用白板的"圈画"功能，又增加了白板"遮幕"功能的运用。即，将课文内容遮盖住，极大地激发了学生的探究欲和想象力，同时也训练了学生结合语境恰当表达的能力。学生的回答异彩纷呈，取得了比较好的教学效果。

观察发现

在学习"刺猬击退大黑狗"一段情节时，以"大黑狗初次看到刺猬会怎么想？被袭击后又会怎么想？"这两个问题为切入口引导学生展开想象，利用了白板的遮幕功能隐藏部分内容："突然，身边传来'汪汪'的叫声，那是我家的大黑狗。此时，大黑狗看到这些小东西，心想：_____。可小小的刺猬却毫不示弱。刺猬可真鬼，心想：_____。"

这将课文的知识与学生的想象相结合，不仅抓住语言文字来理解文章内容，更使学生在想象中走近文本，融入文本。学生回答如下：

生1：大黑狗看到这些小东西，心想：<u>哼，这么小的东西肯定是我的手下败将</u>。可小小的刺猬却毫不示弱，刺猬可真鬼，心想：<u>哼，你还没尝到我背上刺的厉害呢，我可以把你的嘴扎破</u>！

生2：大黑狗看到这些小东西，心想：<u>这些小东西是我的食物</u>。可小小的刺猬却毫不示弱，刺猬可真鬼，心想：<u>嘿嘿，我背上的刺坚硬无比，你敢过来咬我，我就把你的嘴扎出血来</u>。

生3：大黑狗看到这些小东西，心想：<u>咦，这是什么东西？以前没见过，大概可以成为我的食物吧</u>。可小小的刺猬却毫不示弱，刺猬可真鬼，心想：<u>我才不是什么东西呢，我是"刺"猬，可以把你的嘴巴扎破</u>！

问题诊断

电子白板的诸多功能，积极地提高了课堂效率，促进整个教学过程的进行。学生学习的积极性和主动性也被充分调动起来，让整个学习过程变得轻松自如。但我们也发现，电子白板并没有使教学方式发生根本的改变。师生之间、生生之间的互动还没有得以很好地展现。

改进建议

在教学设计中可思考如何增加师生、生生之间的互动以促进多角度、多

第四章 信息技术与语文教学：架设整合的互动平台

层面的交流，建议增加互动反馈技术——"按按按"，与白板技术有机组合使用，促进学生的深层次参与与互动。

三、第三次课改进

在第三次课上，执教教师除了使用电子白板，还增加了互动反馈技术——"按按按"的运用，将学生思维过程线显性化，使教学效果得到即时反馈，促进了师生互动。同时，教师根据学生回答情况，为后续教学找到依据，并在此基础上，深入引导学生探究原因，加深对文章的理解。

观察发现

整节课共使用了三次"按按按"，分别是在刺猬偷枣、刺猬击退大黑狗和揭示课题含义三个部分。阶段性地检测了学生学习的成效。

示例如下：

完成"按按按"第三道选择题：我把刺猬当做自己的好朋友，是因为：
A. 小刺猬真聪明，能利用刺为自己找食物。
B. 小刺猬真勇敢，能利用尖刺保护自己。
C. 小刺猬聪明又勇敢，我真佩服它知难而上的勇气。
（学生分别按手中的遥控器，白板上显示选择 A、B、C 答案的学生人数分别为：7、8、26）。

从这个反馈中可以了解到整堂课上下来，学生的掌握程度还是比较好的，能较全面地理解和分析问题。教师也能及时了解到本节课教学目标的达成度，便于后续教学做适当的补救和调整。

诊断分析

1. "按按按"技术的使用，首先，改变了学生的学。一方面，激发了学生在课堂上的主动性和积极性；另一方面，可以实现全体学生的参与，学生无须实名表达，无须顾及其他同学的看法及感受，可以毫无顾忌地表达自己的真实想法。其次，在学生按下按钮之后，也改变着我们教师的教。教师不再是通过眼神和表情等外在因素来"毛估"自己课堂教学的有效性，也无须"以偏概全"地通过个别学生回答问题来推定全班学生的情况。技术所带来的课堂效果的即时性评价与反馈，为及时调控课堂教学提供了真实、客观的数据支撑，从而有效调控教学。

2. "按按按"目前在解决课堂"单位时空"教学中教学目标的达成方

153

改进语文课堂

面的确迈出了有效的一步。但就本节课的应用而言，还有值得推敲之处。例如，对第二处问题的设置，从教学角度来看，运用"按按按"技术的用意并不大。示例如下：

"当我们看到小刺猬斗败了凶猛的大黑狗，我又想：
A. 小刺猬真有意思！
B. 小刺猬真勇敢！
C. 小刺猬的本事太大了！"
（学生分别按手中的遥控器，白板上显示选择 A、B、C 答案的学生人数分别为：12、17、20）

上面的问题是一个开放性的问题，答案是不唯一的。无论选择哪个，能够说出理由就都有道理。即使不使用"按按按"技术，对教学也不会有影响。因此，这实际上就提出了一个问题：教学中，是不是使用技术越多越好？何时使用技术能发挥最大的效果？这些是教师在使用技术时，值得进一步思考的。

四、信息技术与语文课堂教学整合的应用要点与策略

电子白板和"按按按"等信息技术的使用，产生了很多创新的教学组织和知识呈现方式。从技术供给的视角看，技术只是提供了增加课堂互动的可能性，能否利用还在于使用者的认知。因此，对于教师而言，其课堂教学设计要有意识地具体思考和研究：（1）如何通过技术激发学生的学习兴趣？（2）如何挖掘技术的功能，使其更好地为教学服务？（3）如何在教学中充分发挥技术的"交互"功能？（4）如何利用技术捕捉课堂教学中的生成资源？（5）在教学中，技术还存在哪些不足之处？

1. 信息技术与语文课堂教学整合的应用要点

（1）电子白板、"按按按"，这些都是技术，学与教的最终效果并非取决于技术的高低，关键是合理的教学设计、适当的教学方法、有效的组织、内容与资源的合理安排、师生的互动，以及各种技术功能的巧妙结合。

（2）教师要有意识地将各种技术融入自己的教学设计理念中，并能够将已有资源和自主设计的白板资源、互动反馈技术整合进自己的课堂教学中，这是技术使用的较高层次。

2. 信息技术与语文课堂教学整合的应用策略

（1）促进学生主动学习：让学生主动参与白板互动，将主动权"下放"

给学生，教师由"点击"转为"点拨"，让白板成为师生、生生互动的桥梁。

（2）创设合适的情境。对学生而言，丰富的视觉刺激会使他们保持较高的兴奋度。利用标注、书写和各种人机交互操作以及一些特殊功能（如拉幕、探照灯、遮幕显示），引起学生视觉期望，并使注意力保持在较高的水平。

（3）整合多种技术，发挥技术的多种功能。例如，充分发挥资源库，图声并茂，互动交流，增加学生参与的气氛。

（4）多种教学策略要有机结合。例如，与情境创设相结合，与课堂教学评价相结合，与合作学习相结合，与探究学习相结合等。

教学过程是个多要素相互作用动态多变的过程，信息技术环境下，教学过程更是呈现出了多样的变化和不确定性。本课例从电子白板的单独使用，到与互动反馈技术的组合应用，旨在探索技术与教学之间如何更好地整合，如何使教学更为高效。这还只是研究的开始，后面的探索之路还很长，正如著名的媒体技术专家克拉克所说："是教学设计而不是用来传递教学的媒体，决定了学习者的学习"。因此，当我们对技术的使用，跨越了最初的功能与技巧应用后；我们应着力改变教师的课程设计和教学模式。

第二节 教学设计改进

一、第一次教学设计

课题：《带刺的朋友》；九年义务教育课本四年级第十五课

授课教师：上海市洛川学校 葛祎婷

教学目标

1. 能在阅读过程中独立识记本课生字。
2. 能借助近义词理解词语的意思，并积累。
3. 能正确、流利地朗读课文，口头概括"刺猬击退大黑狗"的事例。
4. 体会作者对刺猬的喜爱之情。

改进语文课堂

教学重点、难点
体会作者对刺猬的喜爱之情。

应用技术
白板圈画、遮幕、拖曳、聚光灯。

教材分析
《带刺的朋友》是九年义务教育课本四年级第一学期第三单元的一篇课文。

本文作者通过记叙刺猬偷枣的本领高明和用刺击退大黑狗进攻这两件事，从字里行间表达了对刺猬的喜爱之情。

课文第一小节从"挂满、一颗颗、无数"可以看出枣子丰收了，从"飘香、玛瑙"可以看出枣子无论是香味还是颜色都非常诱人。第二至第九小节写刺猬偷枣，着重写了它的动作，而且条理清楚，用词准确，尤其是第七小节，把刺猬的机灵、敏捷写得淋漓尽致，充分表现了刺猬本事高明。第十至第十五小节写刺猬用刺击退大黑狗，只写了它们把身子紧紧缩成一团，但通过对大黑狗的描写，突出了刺猬本事大。

课文通过记叙亲眼目睹的刺猬的表现，准确生动地展现了它的聪明、伶俐，从字里行间可以感受到作者的内心情感。

学情分析
学生通过三年的学习，已掌握了学习生字的方法，因此在教学中，只要抓住难读的字、词进行正音即可。学生对于词语的理解，已掌握一些方法，如查词典、找近义词、拆字法等。

"学习归纳课文的主要内容"是本单元的训练点。对于四年级的学生而言，概括事情的主要内容是一件比较困难的事，学生往往不是漏了内容，就是说得太啰唆。因此在教学中既要做到分步实施，又要注重给学生一些方法，帮助学生逐步学会归纳。"归纳课文中记叙的刺猬击退大黑狗事例"，通过读课文，学生都能比较容易地弄清事例。归纳时，教师给出"什么干什么"的句式，帮助学生简要概括。

第四章 信息技术与语文教学：架设整合的互动平台

教学过程

教学环节	教师活动预设	学生活动预设	技术运用说明
一、激趣导入，揭示课题	1. 秋天来了，一派丰收的景象，瞧，枣子也成熟了——出示课文第一小节。 2. 体会，枣子长得又多又好。 3. 引来了一位"带刺的朋友"。（板书课题）	1. 自读课文第一小节。 2. 齐读课题。	出示课文和课题。
二、整体感知，理清脉络	1. 听课文录音，思考：课文写了刺猬的哪两件事？用简要的话概括地说。 2. 交流，指导：概括地说时，可以用"什么干什么"的句式讲。 板书：偷枣儿、斗大黑狗	学生听课文录音，理清层次。	
三、读读议议，体验感悟	（一）学习"偷枣儿"，感受钦佩之情 1. 自读第二至第九小节，边读边画描写刺猬的句子。说说，在我心目中这是一只怎样的刺猬。 2. 是啊，它是一只高明的刺猬。（板书：高明） 3. 观看视频。	1. 自读课文，交流这是一只怎样的刺猬。 2. 小组讨论。 3. 学生交流。 （1）正缓慢地往树上爬，仍旧爬向老杈，又爬向伸出的枝丫。（"爬"：看出刺猬的警惕性强，小心翼翼，在为摇枣做准备。枝丫说明刺猬已经爬到很外面） （2）兴许是在用力摇晃吧，树枝哗哗作响，红枣"噼里啪啦"地落了一地。（"摇"：看出刺猬用力，它希望摇到更多的枣） （3）它匆匆地忙碌着，把散落的红枣逐个地归到一起，又"扑噜"一下，就地打了一个滚。（"归"：看出刺猬的灵活，就地一滚）	白板出示有关句子进行圈画。

157

续表

教学环节	教师活动预设	学生活动预设	技术运用说明
	4. 请你再读描写刺猬的句子，看看从哪些地方感受到它的高明？（学生交流） 5. 教师小结：这缓慢地一爬，用力地一摇，迅速地一归，轻盈地一滚，飞快地一驮，一跑，把刺猬觅食的高明、自然、轻车熟路描绘得活灵活现。同学们，这精彩的一幕深深地吸引住了我们的目光，你尽量用上这些动作的词语，用自己的话，把这精彩的一幕描绘出来，在说的时候，可以加以动作，把它的高明展示出来。 6. 那时的我静静地躲在墙角根处，看着偷枣的刺猬，我不仅没有去打扰它，反而——（学生齐读，为什么暗暗敬佩它，到底我敬佩它什么?） （二）学习"斗大黑狗"，体会喜爱之情 1. 第二天晚上，刺猬一家子出来散步了。看着这可爱的一家，你是怎么样的心情？	（4）它驮着满背的红枣，向着墙角的水沟眼儿，飞快地跑去了。（"驮"、"跑"，把它的灵活表现得栩栩如生） 4. 感情朗读。（指名读、齐读） 5. 尽量用上这些动作的词语，用自己的话，把这精彩的一幕描绘出来。（指名说） 6. 学生齐读第九小节，我到底敬佩它什么？ 1. 齐读第十一小节。 是啊，这是讨人喜欢的一家：齐读（啊，刺猬一家子出来散步了!） 是啊，当你看到他们是那么的兴奋：齐读（啊，刺猬一家子出来散步了!） 是啊，这一家是我带刺的朋友：齐读（啊，刺猬一家子出来散步了!）	

第四章 信息技术与语文教学：架设整合的互动平台

续表

教学环节	教师活动预设	学生活动预设	技术运用说明
	2. 可这温馨的场面被大黑狗破坏了，读第十至第十五小节，完成表格。 3. 再读第十至第十五小节，联系上下文，展开合理想象，说说故事。 大黑狗已经向那几只刺猬扑去。 刺猬可真鬼，一个个把身子紧紧地缩成一团，如同长着六个"仙人球"似的。 大老黑很快掉过头去，"呜呜"地哀叫着溜走了，好像在说： 板书：缩成一团 4. 小组讨论，集体交流。 5. 师：刺猬用刺击退了大老黑，我高兴得直拍手，（读第十五小节），所以说，刺是刺猬的…… 板书：护身法宝 6. 作者通过仔细地观察，生动地记叙了两件事，写出了自己对刺猬的喜爱之情。	2. 完成表格，交流。 3. 想象说话。	白板出示有关内容。
四、课外拓展，开拓视野	1. 作者通过写两件事，写出了自己对刺猬的喜爱之情，把它们称为……（齐读课题）他是一个有心人，注意观察，还与动物交上了朋友，与这群刺猬结下了深厚的友情。 2. 在日常生活中，你还知道哪些动物有自己独特的本事？	1. 齐读课题。 2. 信息发布会——动物的趣闻。	出示信息发布会标题。

二、第二次教学设计

课题：《带刺的朋友》；九年义务教育课本四年级第十五课

授课教师：上海市洛川学校　薛　闻

159

改进语文课堂

教材分析

《带刺的朋友》是九年义务教育课本四年级第一学期第三单元的一篇课文。

本文作者通过记叙刺猬偷枣的本事高明和用刺击退大黑狗进攻这两件事,从字里行间表达了对刺猬的喜爱之情。

课文第一小节从"挂满、一颗颗、无数"可以看出枣子丰收了,从"飘香、玛瑙"可以看出枣子无论是香味还是颜色都非常诱人。第二至第九小节写刺猬偷枣,着重写了它的动作,而且条理清楚,用词准确,尤其是第七小节,把刺猬的机灵、敏捷写得淋漓尽致,充分表现了刺猬本事高明。第十至第十五小节写刺猬用刺击退大黑狗,只写了它们把身子紧紧缩成一团,但通过对大黑狗的描写,突出了刺猬本事大。

课文通过记叙亲眼目睹的刺猬的表现,准确生动地展现了它的聪明、伶俐,从字里行间可以感受到作者的内心情感。

学情分析

生字的学习对四年级的学生来说已不是难点,因此在教学中,只要抓住难读的字进行正音即可,如"兴许"的"兴"在这里读第一声。对于词语的理解,学生已掌握一些方法,如查词典、找近义词、拆字法等。

"学习归纳课文的主要内容"是本单元的训练点。对于刚从三年级升入四年级的学生而言,概括事情的主要内容是一件比较困难的事,在平时的教学中发现学生往往不是漏了成分,就是说得太啰唆。因此在教学中既要做到分步实施,又要注重给学生一些方法,帮助学生逐步学会归纳。"归纳课文中记叙的刺猬击退大黑狗事例",通过读课文,学生都能比较容易地弄清事例。归纳时,教师给出"什么干什么"的句式,帮助学生简要概括。

教学目标

1. 能正确、流利地朗读课文。
2. 能在教师的指导下口头概括课文中记叙的"刺猬击退大黑狗"的事例。
3. 通过圈画词句,体会作者对刺猬的喜爱之情。

教学重难点

1. 通过圈画词句,体会作者对刺猬的喜爱之情。
2. 口头概括课文中记叙的"刺猬击退大黑狗"的事例。

第四章　信息技术与语文教学：架设整合的互动平台

应用技术

白板圈画、遮幕、拖曳。

教学过程

教学环节	教师活动预设	学生活动预设	技术运用说明
一、导入课文	1. 让我们一起走进课文中宁静、和谐的月夜，秋天——我刚走进后院的枣树旁边，看见了——（引读课文） 2. 它就是我的"带刺的朋友"。（板书课题） 3. 通过预习，你能用"谁干什么"的句式说说课文写了哪两件事吗？ 教师板书：偷枣、斗大黑狗	1. 引读课文。 2. 齐读课题。 3. 学生交流：刺猬偷枣、刺猬斗大黑狗。	白板出示课题和课文第一、二小节。
二、学习第二至第九小节：刺猬偷枣	过渡：现在，就让我们随作者一起走进这美丽的夜晚，走近小刺猬。 1. 打开课本，听课文第二至第九小节录音，想一想这是一只怎样的刺猬。 2. 是啊，它是一只高明的刺猬。（板书：高明） 3. 你从哪些地方感受到它的高明？轻声读课文第二至第九小节，画出描写刺猬的句子，圈出有关词语。	1. 学生交流：聪明的、机灵的、可爱的、本事高明的…… 2. 读课文、画句子、圈词语。 3. 交流： （1）正缓慢地往树上爬，仍旧爬向老杈，又爬向伸出的枝丫。（"缓慢地爬"：刺猬的警惕性强，小心翼翼） （2）兴许是在用力摇晃吧，树枝哗哗作响，红枣"噼里啪啦"地落了一地。（"用力摇"：刺猬知道只有用力摇，才能摇下更多的枣） （3）它匆匆地忙碌着，把散落的红枣逐个地归到一起，又"扑噜"一下，就地打了一个滚。	结合交流，白板拖曳出示有关句子，圈画。

161

续表

教学环节	教师活动预设	学生活动预设	技术运用说明
		（"归"：刺猬很聪明，为节省时间，把散落的枣子聚拢起来） （4）它驮着满背的红枣，向着墙角的水沟眼儿，飞快地跑去了。（"飞快地跑"，刺猬很机灵。"向着墙角的水沟眼儿"，想得很周全）	白板出示有关句子。
	4. 结合交流指导朗读： （1）这一切都在悄悄地进行着，该怎么读呢？指名读，齐读。 （2）你读得真好，能读一读？还有谁能再使点劲"用力摇晃"？大家一起来帮小刺猬使劲，让枣子落得更多些吧！师：这真是一只聪明的刺猬！ （3）（4）多聪明多机灵，身手多敏捷的刺猬，偷枣的本领真高明！让我们把这两句连起来读一读。小组赛读，让我们听听，哪组刺猬的本领更高明。 5. 小结：从你们的朗读中，老师也感觉到这只可爱的小家伙的确十分聪明、机灵。作者抓住一系列的动作词把刺猬觅食的高明体现出来了（揭示板书动作词：爬、摇、归、滚、驮、跑）。 6. 这一连串可爱、聪明的举动都没有逃脱我的眼睛，难怪我暗暗钦佩（引读）……（出示第九节） 7. 看来，刺猬的聪明和机灵深深打动了你们，让你们也和我一样不由自主地喜欢上了这个家伙。师生配合读第二至第九节。	4. 出示第九小节。学生有感情地齐读"刺猬这小东西，偷枣儿的本事真高明啊！" 5. 师生配合读第二至第九节。	

第四章 信息技术与语文教学：架设整合的互动平台

教学环节	教师活动预设	学生活动预设	技术运用说明
三、学习第十至第十五小节：刺猬击退大黑狗	过渡：第二天晚上，刺猬一家子出来散步了。 1. 看着这可爱的一家，你是怎么样的心情？ 2. 再读课文第十至第十五小节，联系上下文，展开合理想象，说说故事。 　　突然，身边传来"汪汪"的叫声，那是我家的大黑狗。此时，大黑狗看到这些小东西，心想：＿＿＿＿＿。可小小的刺猬却毫不示弱。刺猬可真鬼，心想： 3. 由此可见，面对凶猛的大黑狗，它镇定、从容、胜券在握。此时你能给"鬼"字换个词语吗？ 4. 小刺猬击退了大黑狗，我高兴得直拍手，说……（引读）。刺猬的本领大在哪里？ 板书：护身法宝 5. 根据填空概括"刺猬击退大黑狗"的事例。出示：大黑狗（干什么），刺猬（怎么做，结果如何）。	1. 学生交流：高兴、喜出望外……齐读第十一小节。 2. 轻声自由读第十至第十五小节，小组讨论，完成填空。 3. 交流：机灵、聪明、精明…… 4. 学生读有关句子。（用刺觅食、用刺护身） 5. 口头概括。	白板出示有关句子。（遮幕）
四、总结，扩展	1. 刺猬聪明机灵，虽然它既偷了我家的枣，又伤了我家的狗，但仍然使我钦佩它的本领，不由自主地喜爱上了它（板书：喜爱、钦佩）。难怪作者要把它称为——带刺的朋友。 2. 在日常生活中，你还知道哪些动物有自己独特的本事？	1. 齐读课题。 2. 信息发布会——动物的趣闻。	出示信息发布会标题。

163

改进语文课堂

板书设计

```
15. 带刺的朋友 ┌ 偷枣儿  爬 摇 归 滚 扎 驮 跑   （本事高明）
    喜爱、钦佩 └ 击退大黑狗  缩成一团         （护身法宝）
```

三、第三次教学设计

课题：《带刺的朋友》；九年义务教育课本四年级第十五课

授课教师：上海市洛川学校　薛　闻

教学目标

1. 能正确、流利地朗读课文。
2. 能在教师的指导下口头概括课文中记叙的"刺猬击退大黑狗"的事例。
3. 通过圈画词句，体会作者对刺猬的喜爱之情。

教学重点难点

1. 通过圈画词句，体会作者对刺猬的喜爱之情。
2. 口头概括课文中记叙的"刺猬击退大黑狗"的事例。

应用技术

白板圈画、遮幕、拖曳、"按按按"遥控器选择答案。

教材分析

《带刺的朋友》是九年义务教育课本四年级第一学期第三单元的一篇课文。本文作者通过记叙刺猬偷枣的本事高明和用刺击退大黑狗进攻这两件事，从字里行间表达了对刺猬的喜爱之情。

课文第一小节从"挂满、一颗颗、无数"可以看出枣子丰收了，从"飘香、玛瑙"可以看出枣子无论是香味还是颜色都非常诱人。第二至第九小节写刺猬偷枣，着重写了它的动作，而且条理清楚，用词准确，尤其是第七小节，把刺猬的机灵、敏捷写得淋漓尽致，充分表现了刺猬本事高明。第十至第十五小节写刺猬用刺击退大黑狗，只写了它们把身子紧紧缩成一团，但通过对大黑狗的描写，突出了刺猬本事大。

课文通过记叙亲眼目睹的刺猬的表现，准确生动地展现了它的聪明、伶俐，从字里行间可以感受到作者的内心情感。

第四章 信息技术与语文教学：架设整合的互动平台

学情分析

生字的学习对四年级的学生来说已不是难点，因此在教学中，只要抓住难读的字进行正音即可，如"兴许"的"兴"在这里读第一声。对于词语的理解，学生已掌握一些方法，如查词典、找近义词、拆字法等。

"学习归纳课文的主要内容"是本单元的训练点。对于刚从三年级升入四年级的学生而言，概括事情的主要内容是一件比较困难的事，在平时的教学中发现学生往往不是漏了成分，就是说得太啰唆。因此在教学中既要做到分步实施，又要注重给学生一些方法，帮助学生逐步学会归纳。"归纳课文中记叙的刺猬击退大黑狗事例"，通过读课文，学生都能比较容易地弄清事例。归纳时，教师给出"什么干什么"的句式，帮助学生简要概括。

教学过程

教学环节	教师活动预设	学生活动预设	技术运用说明
一、导入课文	1. 让我们一起走进课文中宁静、和谐的月夜，秋天——我刚走进后院的枣树旁边，看见了……（引读课文） 2. 它就是我的"带刺的朋友"。（板书课题） 3. 通过预习，你能用"谁干什么"的句式说说课文写了哪两件事吗？ 教师板书：偷枣、斗大黑狗	1. 引读课文。 2. 齐读课题。 3. 学生交流：刺猬偷枣、刺猬斗大黑狗。	白板出示课题和课文第一、第二节。
二、学习第二至第九小节：刺猬偷枣	过渡：现在，就让我们随作者一起走进这美丽的夜晚，走近小刺猬。 1. 打开课本，听课文第二至第九小节录音，想一想这是一只怎样的刺猬。 2. 是啊，它是一只高明的刺猬。（板书：高明） 3. 你从哪些地方感受到它的高明？轻声读课文第二至第九小节，画出描写刺猬的句子，圈出有关词语。	 1. 学生交流：聪明的、机灵的、可爱的、本事高明的…… 2. 读课文、画句子、圈词语。 3. 交流： （1）正缓慢地往树上爬，仍旧爬向老杈，又爬向伸出的枝丫。	结合交流，白板拖曳出示有关句子，圈画。 白板出示有关句子。

165

续表

教学环节	教师活动预设	学生活动预设	技术运用说明
		("缓慢地爬":刺猬的警惕性强,小心翼翼) (2)兴许是在用力摇晃吧,树枝哗哗作响,红枣"噼里啪啦"地落了一地。("用力摇":刺猬知道只有用力摇,才能摇到更多的枣) (3)它匆匆地忙碌着,把散落的红枣逐个地归到一起,又"扑噜"一下,就地打了一个滚。("归":刺猬很聪明,为节省时间,把散落的枣子聚拢起来) (4)它驮着满背的红枣,向着墙角的水沟眼儿,飞快地跑去了。("飞快地跑",刺猬很机灵。"向着墙角的水沟眼儿",想得很周全)	完成"按按按"第一题。
	4.结合交流指导朗读: (1)这一切都在悄悄地进行着,该怎么读呢?(指名读,齐读) (2)你说得真好,能读一读吗?还有谁能再使点劲"用力摇晃"?大家一起来帮小刺猬使劲,让枣子落得更多些吧!师:这真是一只聪明的刺猬,它摇到的不仅仅是一地的果实,更摇出了它的高明! (3)(4)多聪明多机灵,身手多敏捷的刺猬,偷枣的本领真高明!让我们把这两句连起来读一读。小组赛读,让我们听听,哪组刺猬的本领更高明。	4.用上这几个动词,把小刺猬偷枣的经过连起来说一说。(指名说)	

第四章 信息技术与语文教学：架设整合的互动平台

续表

教学环节	教师活动预设	学生活动预设	技术运用说明
	5. 小结：从你们的朗读中，老师也感觉到这只可爱的小家伙的确十分聪明、机灵。作者抓住一系列的动作词把刺猬觅食的高明体现出来了（揭示板书动作词：爬、摇、归、滚、驮、跑）。 6. 谁能用上这几个动词，把小刺猬偷枣的经过连起来说一说？ 7. 这一连串可爱、聪明的举动都没有逃脱我的眼睛，难怪我暗暗钦佩（引读）……（出示第九节） 8. 完成"按按按"第一题： 看着小刺猬偷枣，我心想： A. 小刺猬真可爱！ B. 小刺猬偷枣的本事真高明！ C. 可爱的小刺猬偷枣的本事真高明！ 9. 看来，刺猬的聪明和机灵深深打动了你们，让你们也和我一样不由自主地喜欢上了这个家伙。师生配合读第二至第九小节。	5. 出示第九小节。学生有感情地齐读"刺猬这小东西，偷枣儿的本事真高明啊！" 6. 完成按点1。 7. 师生配合读第二至第九小节。	完成"按按按"第一题。
三、学习第十至第十五小节：刺猬击退大黑狗	过渡：第二天晚上，刺猬一家子出来散步了。 1. 看着这可爱的一家，你是怎么样的心情？ 2. 再读课文第十至第十五小节，联系上下文，展开合理想象，说说故事。 　　突然，身边传来"汪汪"的叫声，那是我家的大黑狗。此时，大黑狗看到这些小东西，心想：_____。可小小的刺猬却毫不示弱。刺猬可真鬼，心想：_____。	1. 学生交流：高兴、喜出望外……齐读第十一小节。 2. 轻声自由读第十至第十五小节，小组讨论，完成填空。	白板出示有关句子（遮幕）。

167

续表

教学环节	教师活动预设	学生活动预设	技术运用说明
	3. 由此可见，面对凶猛的大黑狗，它镇定、从容、胜券在握。此时你能给"鬼"字换个词语吗？ 4. 小刺猬击退了大黑狗，我高兴得直拍手，说——（引读）。刺猬的本领大在哪里？ 板书：护身法宝 5. 完成"按按按"第二题：小刺猬斗败了凶猛的大黑狗，我又想： A. 小刺猬真有意思！ B. 小刺猬真勇敢！ C. 小刺猬的本事太大了！ 6. 根据填空概括"刺猬击退大黑狗"的事例。出示：大黑狗（干什么），刺猬（怎么做，结果如何）。	3. 交流：机灵、聪明、精明…… 4. 学生读有关句子。 （用刺觅食、用刺护身） 5. 完成按点2。 6. 口头概括。	完成"按按按"第二题。
四、总结	1. 刺猬聪明机灵，虽然它既偷了我家的枣，又伤了我家的狗，但仍然使我钦佩它的本领，不由自主地喜爱上了它（板书：喜爱、钦佩）。难怪作者要把它称为——带刺的朋友。 2. 完成"按按按"第三题：我把刺猬当做自己的好朋友，是因为： A. 小刺猬真聪明，能利用刺为自己找食物。 B. 小刺猬真勇敢，能利用尖刺保护自己。 C. 小刺猬聪明又勇敢，我真佩服它知难而上的勇气。	1. 齐读课题。 2. 完成按点3。	完成"按按按"第三题。
五、作业布置	在日常生活中，你还知道哪些动物有自己独特的本事？找到有关资料，在小组中交流。		

第四章 信息技术与语文教学：架设整合的互动平台

板书设计

```
16. 带刺的朋友 ┌ 偷枣儿——摇、归、滚、跑  （本事高明）
   喜爱、钦佩 └ 击退大黑狗              （护身法宝）
```

第三节　课堂教学实录

一、第一次课实录

带刺的朋友
洛川学校　葛祎婷

（一）导入

师：同学们，大家都有自己的朋友，今天老师又为大家请来了一位新朋友，让我们先来认识他。（出示刺猬图片）

师：他就是……

生：（全体）小刺猬。

（二）新授

师：让我们一起来听听课文录音，思考文章介绍了刺猬哪几件事？

（学生听录音）

生：课文介绍了刺猬两件事。

师：你们能不能借助我们学过的句式来归纳概括？

生：我们曾学过归纳概括可以运用——谁干什么的句式。

生：课文写了刺猬偷枣。

生：刺猬防御大黑狗这两件事。（根据学生回答板书两个事例：偷枣、斗大黑狗）

师：打开书，自己读读课文的第二至第九小节，思考，你觉得这是一只怎样的刺猬？

生：我觉得这是一只聪明灵活的刺猬。

生：我觉得这是一只动作灵敏的刺猬。

169

改进语文课堂

生：这是一只偷枣本领很高明的刺猬。

师：你的想法和作者一样，请你从文中找到作者这句话并读出来。

生：我找到的是——我暗暗钦佩："刺猬这小东西，偷枣儿的本事真高明啊！"

师：（在白板上圈画出"钦佩"）钦佩就是指？

生：佩服。

生：敬佩。

师：请你用上这种口气夸夸小刺猬。（指名读句子）

师：请你再读课文的第二至第九小节，圈圈画画哪些地方写出了刺猬偷枣的高明？

（学生集体交流）

生：我找到的句子是："这东西并没有发现我在监视他，仍旧诡秘地爬向老杈，又爬向伸出的枝丫。"我找到的词语是"爬向"，"又爬向"，看出刺猬的动作很灵敏，警惕性强，而且已经爬得很高，爬得很外面了。

生：而且我觉得这只刺猬可能知道枣树上那些长得高的枣子经常被太阳晒，会长得很好。因此他很聪明爬得很高，找那些很好的枣子。

生：我还找到"诡秘"这个词语，说明小刺猬的动作很小心谨慎，生怕被别人发现。

（根据学生回答，教师白板上圈画出"诡秘"一词）

师：你说得真好，请你来读读这只小刺猬的小心谨慎。（指名朗读，全班自由读）

生：我找到的句子是："我没弄清楚是怎么回事，树上那家伙'扑'的一声，径直掉下来。"我找到的词语是"径直"，"径直"就是"笔直"，说明这只小刺猬已经想好了，下一步该干什么。

（教师白板上圈画出"径直"一词）

生："径直"说明它从挺高的地方掉下来，也说明它爬得高，为了偷到更好的红枣，真的很聪明。（指名读）

生：我觉得从"我没弄清楚是怎么回事"可以看出小刺猬的动作敏捷灵活，在作者还没反应过来，它就已经诡秘而小心地做好了偷枣的每一步工作。

（女生读，自由读）

生：我找到的句子是："兴许是怕被人发现，它驮着满背的红枣，向着

170

第四章 信息技术与语文教学：架设整合的互动平台

墙角的水沟眼儿，飞快地跑去了。"（教师从白板上拖曳出示句子）

生：我找到的词语是"满背"，说明这只刺猬很聪明，偷枣的本领高明，一下子偷到很多的红枣，满背都是。而且它还朝墙角的水沟眼儿，飞快地跑去了，它知道那里比较隐秘，人少不容易被发现。

（教师在白板上圈画出"满背"一词）

生：我有补充，墙角的水沟眼儿就算有人发现也不会去注意，说明它驮着枣跑的路线很安全。（读句子）

生：我找的词语是"飞快"。如果它跑得不快也可能会被人发现，也说明这只刺猬聪明已经有了计划。

师：大家讲得真好，请你们同桌两个同学相互读读句子。

生：我找到的句子是："后来，那个东西停住脚，兴许是在用力摇晃吧，树枝哗哗作响，红枣'噼里啪啦'地落了一地。"我找到的"落了一地"说明刺猬摇得很用力，枣子落得很多，满地都是。

（教师从白板上拖曳出示句子）

生：其实不是红枣很多，而是刺猬用的力气很大，把红枣全部都摇下来了！

师：请你想一下刺猬有多大？红枣树有多高？刺猬怎样用力摇晃？做做动作。

生：我从"哗哗作响"、"噼里啪啦"这两个象声词看出刺猬用的力气很大，红枣才会掉下来很多。

（教师在白板上圈画出"哗哗作响"、"噼里啪啦"）

（指名读，自由站起来齐读）

生：我还找到了句子："它匆匆地忙碌着，把散落的红枣逐个地归到一起，又'扑噜'一下，就地打了一个滚。"

（教师从白板上拖曳出示句子）

生：我找到了"逐个"和"就地"两个词语，"逐个"说明刺猬摇下来的红枣很多，要把它们一个一个地归在一起。而"就地"指原地，它只在原地打了个滚就把红枣扎在背上了。

（教师在白板上圈画出"逐个"和"就地"）

生：我找到的"归"这个动词，"归"就是聚集，因为刺猬事先把散落在四处的红枣聚集在一起，所以只要就地打一个滚就能把所有红枣都扎在自己的背上。这真是一只厉害的刺猬。

171

改进语文课堂

（教师在白板上圈画出"归"）

生：我有一个问题很好奇，我找到一个句子："立刻，它的身子'长'大了一圈。"为什么这里要加引号？

师：这个问题很好，谁能帮他解决？

生：因为这里不是真正的长大一圈，而是刺猬身上驮着满满的红枣，所以刺猬的身子看上去"长大"了一圈。

（教师在白板上圈画出"长"）

生：其实是因为刺猬身上的红枣太多了才让小作者以为它的身体长大了。

生：我还从文中"那堆枣儿，全都扎在它的背上了"知道刺猬身上的枣子很多，它的刺很锋利，所以作者以为它长大了一圈。

（自己读句子）

师：大家找的词语都很好，这真是一只又聪明，偷枣本领又高明的刺猬。

（学生自由读第二至第九小节句子）

师：作者用一系列的动词（学生归纳：爬，摇，掉，归，滚，扎，驮，跑）将小刺猬偷枣活灵活现地呈现在我们眼前，你能否用上这些动词试着来说一说？

（板书动词）

（学生准备，指名讲述）

师：当第二天晚上，刺猬一家子出来散步了。看着这可爱的一家，小作者是怎样的心情？

生：作者会又兴奋又开心。（读句子）

生：作者会非常惊讶。（读句子）

生：会有点好友重逢的感觉。（读句子）

师：可这温馨的场面被大黑狗破坏了，请你自己读第十至第十五小节，找出大黑狗和小刺猬分别是怎样做的？

（白板出示表格）

（学生口述填写表格）

生：大黑狗是先向那几只刺猬扑去，然后很快掉过头去，"呜呜"地哀叫着溜走了。

生：刺猬可真鬼，一个个把身子紧紧地缩成一团，如同长着六个"仙

第四章 信息技术与语文教学：架设整合的互动平台

人球"似的。

生：刺猬如同"仙人球"，上面的刺很多，很尖利。

师：请你们两个同学一组，一个读大黑狗，一个读刺猬。

（选择几组学生读）

师：此时此刻大黑狗心里会怎么想？

生：大黑狗会想：刺猬这小东西能把我打败，实在太厉害了。

生：大黑狗会想：别看刺猬长得那么小，它的刺可真有用啊！

生：大黑狗会想：刺猬这小东西可真厉害啊，我以后可得提防它，还是和它做好朋友吧！

师：小作者通过自己两个晚上的仔细观察，看到了刺猬偷枣和击退大黑狗，对刺猬这小东西产生了深深的感情，和它成为了很好的朋友。

（三）拓展

师：在日常生活中，还有些动物也能根据自身的特点来保护自己，你们还知道有哪些动物具有独特的本事？

生：我来介绍一下惟妙惟肖的伪装术——被称为"伪装大师"的章鱼，它的伪装术更是技高一等，有时把自己伪装成一束珊瑚，有时又把自己装扮成一堆闪光的砾石。而且我还知道在非洲的丛林里有一种非常奇特的小鸟，它的伪装本领更为绝妙，当它落在树枝上时，张开双翼，酷似五个美丽的花瓣，它的头部如同鲜艳的花蕊，这种巧妙的伪装，不仅可骗过巨鹰的袭击，而且还能轻易地捕捉到上当受骗前来"采蜜"的愚蠢小昆虫。

生：我来介绍貌似强大的威慑术，我知道有些动物在遇到敌害时，便会假装成巨大而凶猛的样子，以吓退敌人的进攻。如澳洲皱皮蜥蜴，在它受到敌害袭击时，便把颈部周围的皱皮展开，很像一把张开的伞，这使它的样子看起来似乎很庞大，令敌害受惊而逃走。

生：我知道偃旗息鼓的装死术，装死，也是有些动物的护身法宝。狡猾而诡计多端的狐狸，当它被猎人捉到时，就会伪装停止呼吸，任人摆布。当猎人稍一疏忽，它便乘机逃跑。自然界还有一种负鼠在遇到敌害或受到惊吓时，也会躺下装死，一旦敌人受骗上当，它便逃之夭夭。在昆虫中，为避开只吃活食的天敌而装死的例子就更多了。

生：我介绍的是针锋相对的自卫术。尖刺是动物自卫的一种锐利的武器。在地中海生活着一种鱼，平时针刺平贴在身上，当有危险时它便立即冲到水面，大口吞咽空气，使身体膨胀成一个圆球，而全身的针刺也向四面八

173

改进语文课堂

方竖起，危险过去后，它便放出肚里的空气，身体又恢复原状。

生：我还知道与刺猬相比，豪猪的棘毛更加威武。御敌时，先将棘毛相互摩擦而发出响声向对方示威；如果敌害继续逼近时，它就迅速转过身来，突然向后刺去，就连凶猛的虎、豹也常常为其所伤。

生：我还知道扑朔迷离的保护色。比目鱼能随时改变身体的颜色以躲避敌害，当它躺在水底淤泥上时，背部会出现与淤泥一样的细密黑点；当它游动在海草丛中时，其体色又变得与海草极为相似。还有长颈鹿的迷彩更是别具一格，当它隐蔽在树荫下时，10米以外，敌害就很难分辨。长颈鹿的迷彩妙用，使人们受到很大的启示，在军事上，许多战车、炮车、卡车和战士的服装，都使用了和长颈鹿花纹很相似的迷彩，起到了很好的隐蔽效果。

二、第二次课实录

带刺的朋友

上海市洛川学校　薛　闻

（一）导入课文

师：一篇课文就是一个引人入胜的故事。今天，让我们一起走进课文中宁静、和谐的月夜，秋天，……

生（齐读）：枣树上挂满了一颗颗红枣儿，风一吹，轻轻摆动。如同无数颗飘香的玛瑙晃来晃去，看着就让人眼馋。

（白板出示句子）

师：我刚走到后院的枣树旁，看见了……

生（齐读）：一个圆乎乎的东西，正缓慢地往树上爬。

师：这圆乎乎的东西是谁呀？

生（集体说）：刺猬。

师：它就是我"带刺的朋友"。今天，我们就来学习第15课——

生（齐读课题）：带刺的朋友。（板书课题）

师：通过预习，你能用"谁干什么"的句式说说课文写了哪两件事吗？

生：第一件事可以说：刺猬找食物。

生：刺猬偷枣。

生：第二件事是：刺猬斗大黑狗。

（根据学生回答板书：偷枣儿、斗大黑狗）

174

第四章 信息技术与语文教学：架设整合的互动平台

（二）学习第二至第九小节：刺猬偷枣

师：现在，就让我们打开课本，听课文第二至第九小节录音，随作者一起走进这美丽的夜晚，走近小刺猬。边听边想：这是一只怎样的刺猬。

生：我认为这是一只聪明的小刺猬。

师："聪明"，课文里用了哪一个词语来形容它？

生：高明。

师：对啊，这是一只本事高明的小刺猬。（板书：本事高明）轻声读课文第二至第九小节，你从哪些地方感受到它的高明？画出描写刺猬的句子，圈出关键词语。

（学生读课文，画句子，圈词语）

师：请同学来说一说你找到了哪些句子，哪几个词语说明小刺猬偷枣十分高明。

（根据学生回答，教师白板上出示句子并圈画词语）

生：我找到的句子是："那个东西，一定没有发现我在监视它，仍旧诡秘地爬向老杈，又爬向伸出的枝丫。"我认为关键词语是"诡秘"，它不想被人发现，所以很小心地往上爬。

（教师从白板上拖曳出示句子，并圈画"诡秘地爬"）

师：还有一句话同样可以看出小刺猬很小心，不想被人发现。

生："我刚走到后院的枣树旁，看见了一个圆乎乎的东西，正缓慢地往树上爬。"这句话中有个词语"缓慢地爬"，说明它不想暴露身份。当时正是夜深人静，一丁点儿声音都会引起别人的注意。

（教师从白板上拖曳出示句子，并圈画"缓慢地爬"）

师：所以这一切要悄悄地进行。谁能把这两句话读好呢？

（指名读，自由练读，女生读）

生：我找到的句子是："后来，那个东西停住脚，兴许是在用力摇晃吧，树枝哗哗作响，红枣'噼里啪啦'地落了一地。"从"用力摇晃"看出小刺猬很聪明，这样做，掉下来的枣子比一颗颗摘要多得多，而且又节省时间。

（教师从白板上拖曳出示句子，并圈画"用力摇晃"）

（学生读句子）

师（正音）："兴许"的"兴"是多音字，在这里应读第一声。

（学生个别读，集体读）

改进语文课堂

师：他的力气还太小了，还有谁能再使点劲"用力摇晃"？

（学生个别读）

师：大家一起来帮小刺猬使劲，让枣子落得更多些吧！

（学生集体读）

师：我们再回过头去想一想，刚才小刺猬悄悄地爬，现在你知道小刺猬为什么要爬向老杈，爬向最顶端的枝丫吗？

生：果子都集中长在树的最顶端，只要用力摇，就能拾到更多的果子。这些，小刺猬事先都已经想好了！

（学生再次齐读这句话）

师：这只刺猬真聪明！从这个"摇"就可以看出来，它摇到的不仅仅是一地的果实，更体现了它偷枣的本事很高明！

师：还有哪里呢？

生：我找到的句子是："它匆匆地忙碌着，把散落的红枣逐个地归到一起，又'扑噜'一下，就地打了一个滚。"小刺猬很聪明，知道"就地打个滚"，用自己身上的刺把枣子扎起来。在这之前，它把散落的红枣逐个地归到一起。其中的"归"字，更能看出小刺猬聪明。本来枣子都是分散的，现在聚拢到一起了，只要打一个滚就可以把所有的枣子全部背在身上了。

（教师从白板上拖曳出示句子，并圈画"就地打个滚"、"归"）

师：小刺猬果然聪明，它事先已经把偷枣的过程一步一步想好了。

生：我找到的句子是："兴许是怕被人发现，它驮着满背的红枣，向着墙角的水沟眼儿，飞快地跑去了。"它生怕被人发现，所以跑得飞快。

（教师从白板上拖曳出示句子，并圈画"飞快地跑"）

师：孙子兵法三十六计，其中一计就是……

生：走为上。

师：对呀，我枣子拿到手了，干嘛不快跑呢！

生："向着墙角的水沟眼儿"，可见小刺猬想得很周全，墙角的水沟眼儿是很隐蔽的，很少有人会注意。

师：多聪明、多机灵的小刺猬，偷枣的本事真高明！

（学生分组比赛读句子，看哪组的小刺猬偷枣的本事更高明）

师：从你们的朗读中，老师也感觉到这只可爱的小家伙的确十分聪明、机灵。作者抓住一系列的动词把刺猬觅食的高明体现出来了。（板书动词）

师：这一连串可爱、聪明的举动都没有逃脱"我"的眼睛，难怪我暗

第四章 信息技术与语文教学：架设整合的互动平台

暗钦佩……

（教师从白板上拖曳出示句子）

生：刺猬偷枣的本事真高明啊！

师：看来，刺猬的聪明和机灵深深打动了你们，让你们也和我一样不由自主地喜欢上了这个家伙。

师生：（配合读第二至第九小节）

（三）学习第十至第十五小节：刺猬击退大黑狗

师：第二天晚上，刺猬一家子出来散步了。看着这可爱的一家，你是怎么样的心情？

生：高兴。

生：兴奋。

师：让我们心情愉快地读读第十一小节。

（学生齐读第十一小节）

师：突然，身边传来"汪汪"的叫声，那是我家的大黑狗。此时，大黑狗看到这些小东西，心想：_____。可小小的刺猬却毫不示弱。刺猬可真鬼，心想：_____。请同学们联系刺猬的动作和爸爸的话说一说。

（联系上下文，想象说话，白板出示遮幕：心想_____）

（学生同桌合作讨论）

生：大黑狗看到这些小东西，心想：哼，这么小的东西肯定是我的手下败将。可小小的刺猬却毫不示弱，刺猬可真鬼，心想：哼，你还没尝到我背上刺的厉害呢，我可以把你的嘴扎破！

生：大黑狗看到这些小东西，心想：这些小东西是我的食物。可小小的刺猬却毫不示弱，刺猬可真鬼，心想：嘿嘿，我背上的刺坚硬无比，你敢过来咬我，我就把你的嘴扎出血来。

生：大黑狗看到这些小东西，心想：咦，这是什么东西？以前没见过，大概可以成为我的食物吧。可小小的刺猬却毫不示弱，刺猬可真鬼，心想：我才不是什么东西呢，我是"刺"猬，可以把你的嘴巴扎破！

师：面对凶猛的大黑狗，小刺猬一点儿都不害怕，镇定、从容、胜券在握。此时你能给"鬼"字换个词语吗？

生：刺猬可真机灵。

生：刺猬可真狡猾。

生：刺猬可真精明。

177

改进语文课堂

师：小刺猬击退了大黑狗。看到这一幕，我高兴得直拍手，说……

生（齐读）：真有意思，刺猬的本事太大了！

师：刺猬的本事大在哪里？

生：刺猬能用刺觅食、用刺护身。

师：它身上密密麻麻的刺就是它的护身法宝。（板书：护身法宝）

师：请同学们根据填空"大黑狗（干什么），刺猬（怎么做，结果如何）"概括"刺猬击退大黑狗"的事例。

[白板出示："大黑狗（干什么），刺猬（怎么做，结果如何）"]

生：大黑狗向刺猬扑去，刺猬紧紧地缩成一团，结果用身上的刺把大黑狗的嘴给扎破了。我看了连连称赞刺猬的本事大。

生：大黑狗向刺猬咬去，刺猬蜷成一团，变成刺球，用身上的刺把大黑狗的嘴给扎破了。我暗暗钦佩刺猬的刺真管用。

（四）总结，扩展

师：刺猬聪明机灵，虽然它既偷了我家的枣，又伤了我家的狗，但仍然使我钦佩它的本领，不由自主地喜爱上了它。（板书：喜欢、钦佩）难怪作者要把它称为……

生（齐读课题）：带刺的朋友。

师：其实，有很多动物都有自己独特的本事，课后请同学们上网、看课外书，找一找动物还有哪些特殊的本事，课后我们交流一下。

师：下课。

三、第三次课实录

带刺的朋友

上海市洛川学校　薛　闻

（一）导入课文

师：一篇课文就是一个引人入胜的故事，读着它们，我们仿佛身临其境。今天，让我们一起走进课文中宁静、和谐的月夜，秋天，……

生（齐读）：枣树上挂满了一颗颗红枣儿，风一吹，轻轻摆动。如同无数颗飘香的玛瑙晃来晃去，看着就让人眼馋。（白板出示句子）

师：我刚走到后院的枣树旁，看见了……

第四章　信息技术与语文教学：架设整合的互动平台

生（齐读）：一个圆乎乎的东西，正缓慢地往树上爬。

师：这圆乎乎的东西是谁呀？

生（集体说）：刺猬。

师：它就是我"带刺的朋友"。今天，我们就来学习第15课……

生（齐读课题）：带刺的朋友。（板书课题）

师：通过预习，你能不能用"谁干什么"的句式说说课文写了哪两件事？

生1：第一件事可以说：刺猬找食物。

生2：还可以说：刺猬偷枣。

生3：第二件事是：刺猬斗大黑狗。（根据学生回答板书两个事例：偷枣儿、斗大黑狗）

（二）学习第二至第九小节：刺猬偷枣

师：现在，就让我们打开课本，听课文第二至第九小节录音，随作者一起走进这美丽的夜晚，走近小刺猬。边听边想：这是一只怎样的刺猬。

生：我认为这是一只聪明的小刺猬。

师："聪明"，课文里用了哪一个词语来形容它？

生：高明。

师：对啊，这是一只本事高明的小刺猬。（板书：本事高明）轻声读课文第二至第九小节，你从哪些地方感受到它的高明？画出描写刺猬的句子，圈出关键词语。

生：（读课文，画句子，圈词语）

师：请同学来说一说你找到了哪些句子，哪几个词语说明小刺猬偷枣十分高明。

（根据学生回答，教师白板上出示句子并圈画词语）

生：我找到的句子是："那个东西，一定没有发现我在监视它，仍旧诡秘地爬向老杈，又爬向伸出的枝丫。"我认为关键词语是"诡秘"，它不想被人发现，所以很小心地往上爬。

（教师在白板上圈画"诡秘"一词）。

师：还有一句话同样可以看出小刺猬很小心，不想被人发现。

生："我刚走到后院的枣树旁，看见了一个圆乎乎的东西，正缓慢地往树上爬。"这句话中有个词语"缓慢地爬"，说明它不想暴露身份。当时正是夜深人静，一丁点儿声音都会引起别人的注意。

179

改进语文课堂

（教师白板上拖曳出示句子，并圈画词语"缓慢地爬"）

师：所以这一切要悄悄地进行。谁能把这两句话读好呢？

（学生指名读，自由练读，女生读）

生：我找到的句子是："后来，那个东西停住脚，兴许是在用力摇晃吧，树枝哗哗作响，红枣'噼里啪啦'地落了一地。"从"用力摇晃"看出小刺猬很聪明，这样做，掉下来的枣子比一颗颗摘要多得多，而且又节省时间。

（教师在白板上圈画词语"用力摇晃"、"落了一地"）

（学生个别读句子）

师（正音）："兴许"的"兴"是多音字，在这里应读第一声。

（学生个别读，集体读）

师：他的力气还太小了，还有谁能再使点劲"用力摇晃"？

（学生个别读）

师：大家一起来帮小刺猬使劲，让枣子落得更多些吧！

（学生集体读）

师：我们再回过头去想一想，刚才小刺猬悄悄地爬，现在你知道小刺猬为什么要爬向老权，爬向枝丫吗？

生：果子都集中长在树的最顶端，只要用力摇，就能拾到更多的果子。这些，小刺猬事先都已经想好了！（再次齐读这句话）

师：这只刺猬真聪明！从这个"摇"就可以看出来，它摇到的不仅仅是一地的果实，更摇出了它偷枣的本事很高明！

生：我找到的句子是："它匆匆地忙碌着，把散落的红枣逐个地归到一起，又'扑噜'一下，就地打了一个滚。"小刺猬很聪明，知道"就地打个滚"，用自己身上的刺把枣子扎起来。在这之前，它把散落的红枣逐个地归到一起。其中的"归"字，更能看出小刺猬聪明。本来枣子都是分散的，现在聚拢到一起了，只要打一个滚就可以把所有的枣子全部背在身上了。

（教师白板上拖曳出示句子，并圈画"归到一起"、"打一个滚"）

师：小刺猬果然聪明，它事先已经把偷枣的过程一步一步想好了。

生：我找到的句子是："兴许是怕被人发现，它驮着满背的红枣，向着墙角的水沟眼儿，飞快地跑去。"它生怕被人发现，所以跑得飞快。

（教师白板上拖曳出示句子，并圈画"向着墙角的水沟眼儿，飞快地跑去"）

师：对呀，我枣子拿到手了，干嘛不快跑呢！

第四章　信息技术与语文教学：架设整合的互动平台

生："向着墙角的水沟眼儿"，可见小刺猬想得很周全，墙角的水沟眼儿是很隐蔽的，很少有人会注意。

师：多聪明，多机灵的小刺猬，偷枣的本事真高明！

（学生分组比赛读句子，看哪组的小刺猬偷枣的本事更高明）

师：老师觉得第一组的小刺猬最小心了，最谨慎了，读的声音轻轻的、慢慢的。而第二组的小刺猬最敏捷了，动作可快可机灵了。

师：从你们的朗读中，老师也感觉到这只可爱的小家伙的确十分聪明、机灵。作者抓住一系列的动作词把刺猬觅食的高明体现出来了。

生：慢慢地爬，用力地摇，归，打一个滚、飞快地跑。（板书动词）

师：谁能用上这几个动词，把小刺猬偷枣的经过说一说？

生：一天夜里，小刺猬诡秘地爬向树枝的顶端。它用力地摇动树杈，红枣落了一地。接着它把所有的红枣都归到一起，又"扑噜"一下就地打了一个滚，把所有的红枣都扎在它的背上。最后，它就朝着墙角的水沟眼儿飞快地跑去了。

生：一天晚上，小刺猬缓慢地往树顶端爬。然后，它停住脚，用力摇晃树枝，红枣落了一地。接着，它把所有的红枣逐个地归到一起，又"扑噜"一下就地打了一个滚。最后飞快地向着墙角的水沟眼儿跑去了。

师：这一连串可爱、聪明的举动都没有逃脱我的眼睛，难怪我暗暗钦佩……

生：刺猬偷枣的本事真高明啊！

师：现在老师有个问题想问问大家。

（完成"按按按"第一道选择题：选择。"看着小刺猬偷枣，我心想：＿＿＿＿＿"

A. 小刺猬真可爱！

B. 小刺猬偷枣的本事真高明！

C. 可爱的小刺猬偷枣的本事真高明！）

（学生分别按手中的遥控器，白板上显示选择 A、B、C 答案的学生人数分别为：6、9、21）

师：有 21 个同学选择了第三个答案。谁能说说为什么选择第三个答案？

生：第三个答案最完整，既写出了小刺猬偷枣时动作的可爱，又告诉了我们它偷枣本事的高明。

师：看来，刺猬的聪明和机灵深深打动了你们，让你们也和我一样不由自主地喜欢上了这个家伙。

师生：（配合读第二至第九小节）

（三）学习第十至第十五小节：刺猬击退大黑狗

师：第二天晚上，刺猬一家子出来散步了。看着这可爱的一家，你是怎么样的心情？

生：高兴。

生：兴奋。

师：让我们心情愉快地读读第十一小节。

生：（齐读第十一小节）

师：突然，身边传来"汪汪"的叫声，那是我家的大黑狗。此时，大黑狗看到这些小东西，心想：_____。可小小的刺猬却毫不示弱。刺猬可真鬼，心想_____。请同学们联系刺猬的动作和爸爸的话说一说。

（联系上下文，想象说话）（白板出示遮幕：心想_____）

生：大黑狗看到这些小东西，心想：哼，这么小的东西肯定是我的手下败将。可小小的刺猬却毫不示弱。刺猬可真鬼，心想：哼，你还没尝到我背上刺的厉害呢，我可以把你的嘴扎破！

生：大黑狗看到这些小东西，心想：这些小东西是我的食物。可小小的刺猬却毫不示弱。刺猬可真鬼，心想：嘿嘿，我背上的刺坚硬无比，你敢过来咬我，我就把你的嘴扎出血来。

生：大黑狗看到这些小东西，心想：咦，这是什么东西？以前没见过，大概可以成为我的食物吧。可小小的刺猬却毫不示弱。刺猬可真鬼，心想：我才不是什么东西呢，我是"刺"猬，可以把你的嘴巴扎破！

师：面对凶猛的大黑狗，小刺猬一点儿都不害怕，**镇定**、**从容**、**胜券在握**。此时你能给"鬼"字换个词语吗？

生：刺猬可真机灵。

生：刺猬可真狡猾。

生：刺猬可真精明。

师：小刺猬击退了大黑狗。看到这一幕，我高兴得直拍手，说……

生（齐读）：真有意思，刺猬的本事太大了！

师：刺猬的本事大在哪里？

生：刺猬能用刺觅食、用刺护身。

师：它身上密密麻麻的刺就是它的护身法宝。（板书：护身法宝）

第四章 信息技术与语文教学：架设整合的互动平台

师：当我们看到小刺猬斗败了凶猛的大黑狗，我又想：
（完成"按按按"第二道选择题：小刺猬斗败了凶猛的大黑狗，我又想：
A. 小刺猬真有意思！
B. 小刺猬真勇敢！
C. 小刺猬的本事太大了！）
（学生分别按手中的遥控器，白板上显示选择A、B、C答案的学生人数分别为：12、17、20）
师：作出不同选择的同学分别说说理由。
生1：小刺猬能把大黑狗的嘴扎破，我觉得很有趣，所以选择第一项。
生2：面对凶猛的大黑狗，有时连人都害怕，而小刺猬却不怕，要去挑战它，由此可见小刺猬很勇敢，所以选第二项。
生3：因为小小的刺猬能斗败大黑狗，我觉得它本事很大，所以选第三项。
师：请同学们根据填空"大黑狗（干什么），刺猬（怎么做，结果如何）"概括"刺猬击退大黑狗"的事例。
生：大黑狗向刺猬扑去，刺猬紧紧地缩成一团，结果用身上的刺把大黑狗的嘴给扎破了。我看了连连称赞刺猬的本事大。
生：大黑狗向刺猬咬去，刺猬蜷成一团，变成刺球，用身上的刺把大黑狗的嘴给扎破了。我暗暗钦佩刺猬的刺真管用。

（四）总结

师：刺猬聪明机灵，虽然它既偷了我家的枣，又伤了我家的狗，但仍然使我钦佩它的本领，不由自主地喜爱上了它。（板书：喜欢、钦佩）难怪作者要把它称为……
生（齐读课题）：带刺的朋友。
师：学到这里，你知道作者为什么会把它当做自己的朋友吗？
（完成"按按按"第三道选择题：我把刺猬当做自己的好朋友，是因为：
A. 小刺猬真聪明，能利用刺为自己找食物。
B. 小刺猬真勇敢，能利用尖刺保护自己。
C. 小刺猬聪明又勇敢，我真佩服它知难而上的勇气。）
（学生分别按手中的遥控器，白板上显示选择A、B、C答案的学生人数

183

改进语文课堂

分别为：7、8、26）

生（齐读）：把小刺猬当做自己的朋友，是因为它聪明又勇敢，我真佩服它知难而上的精神。

（五）布置作业

师：其实，有很多动物都有自己独特的本事，课后请同学们上网、看课外书，找一找动物还有哪些特殊的本事。

师：下课。

第四节　同行教学评价

关注表达，关注语言文字的习得
—— 主题式同课异构集体研修

上海市洛川学校　语文教研组

所谓同课异构，就是指针对相同的课题，同一个教学内容，采用不同的构思、不同的教学方法、不同的设计风格、不同的实施途径，达到同样的效果。这里的"同"是指内容的同，最终效果的同，即起点与终点的同，而这里的"异"是指方法、途径等具体过程的不同。

特别要指出的是，这里的"异"，既可以是同一名教师采取不同的方式、方法和途径，分析解决同一个教学问题，达到相同的教学目标，也可以是不同的教师面对同一个课题、相同的内容，采取不同的思路、方法和风格各异的教学策略，殊途同归。同课异构的关注点是基于帮助教师理解教材、改变教学方式、形成自己独有的教学风格。

一、同课异构专题模式的构建

1. 同课异构教研活动专题化

开学以来，我们备课组围绕教师教学实践中存在的主要问题和困惑，开展了一系列专题研讨活动，如"如何提高课堂教学的实效性"、"什么样的课才算一节好课"等。因为是自己提出的问题，所以教师参与热情高，讨

第四章 信息技术与语文教学：架设整合的互动平台

论非常激烈。通过活动的开展，解决教师教学中的实际问题，打开教师的思路，真正体现同伴互助、共同发展的特点，是实在又有实效的教研方式。

2．同课异构的基本模式

接力递进修改式：文本研读—研讨设计主题—实践课例—再研讨—再实践。根据教学进度，我们选定了课文《带刺的朋友》进行同课异构。先请一名教师上课，供备课组成员研讨，针对不足，提出调整建议。组内其他教师分别在自己的任教班继续上相同内容的课，再次供大家对比研讨。这种研究可以比较不同教学策略的优劣，尝试不同的教学方法和组织形式。

3．同课异构的具体做法

（1）异构新课导入，以不同方式激起学生的学习兴趣。

俗话说："良好的开端是成功的一半。"一节成功的课，一定要有个恰到好处的导入环节。导入设计得好，不但可以激发学生的求知欲，使学生情绪高涨地进入角色，愉快地接受新知识，而且能充分体现课标所提倡的在轻松愉快的氛围中学习这一理念，收到事半功倍的效果。

《带刺的朋友》这一课，备课组教师设计的导入各有特色。葛祎婷老师采用的方法是品读句子。先比较句子表达的不同效果，让学生体会运用比喻的手法能使句子更生动。然后通过感情朗读，激发学生对课文主人公的兴趣，自然而然地进入课文的学习。薛闻老师采用的方法则是通过引读，将课文开头的环境描写一笔带过，直奔主题。马琦和潘美珍老师则采用谜语导入，它能激发学生学习的兴趣，调动学习积极性和求知欲，使其学习动机进入活跃状态。但同样是谜语，侧重又各不相同：马琦老师出示的谜面突出了刺猬满身是刺的特点，"小货郎，不挑担，背着针，满地窜。"而潘美珍老师引用的谜面却抓住了这些刺的护身作用，"个子虽不大，浑身是武器，见敌缩成团，看你奈我何。"课堂上学生兴奋的表情、跃跃欲试的状态都告诉我们，这样的导入方法是有效的、适时的。

德国教育家斯多惠说过这样一句话："教育的艺术不在于传授本领，而在于激励、呼唤、鼓励。"的确，有效的课堂导入，犹如乐曲的引子、戏曲的序幕，起到酝酿学生情绪、集中学生注意力、渗透主题和带入情境的作用。

（2）异构练习设计，引导学生关注情感的表达。

课文的第十至第十五小节具体描述了刺猬用刺击退大黑狗的过程，由于

185

改进语文课堂

这一段不是文章的教学重点，因此我们决定突出重点，长文短教。葛祎婷老师在教学中以表格式的练习引导学生关注作者准确传神地写出小刺猬与大黑狗针锋相对的场面，涵咏作者蕴涵在动作描写中的钦佩之情。葛老师采取从扶到放的规律，运用白板的表格阴影功能，引导学生在默读课文的基础上，借助句式"谁干什么？"归纳大黑狗和刺猬的动作，独立完成表格，并运用聚光灯功能将学生讲述的重点予以强调展示，将课堂交给学生，让他们畅所欲言，充分培养了学生自主学习的能力。而薛闻老师则根据自己班级学生的特点，将教学的重点放到想象说话上，以句式训练，引导学生拓展文本中隐藏的情感，帮助学生体会作者的言外之意。以"大黑狗初次看到刺猬会怎么想？被袭击后又会怎么想？"这两个问题为切入口引导学生展开想象，从而体会刺猬的刺不仅能觅食，更是护身法宝，将课文的知识与学生的想象相结合，不仅抓住语言文字来理解文章内容，更使学生在想象中走近文本，融入文本。

（3）异构学习方法，以不同的切入点指导学生，提升学力。

"学习归纳课文的主要内容"是本单元的训练点。对于四年级的学生而言，概括事情的主要内容是一件比较困难的事，学生往往不是漏了成分，就是说得太啰唆。在教学中既要做到分步实施，又要注重给学生一些方法，帮助学生逐步学会归纳。因此，我们是通过以下不同的方法指导学生学会归纳概括的。

《带刺的朋友》全文语言生动、明快，条理清楚，用词准确。特别是描写刺猬偷枣的经过，作者抓住一系列的动词，把刺猬的机灵、敏捷写得淋漓尽致，充分表现了刺猬本事高明，表达了作者对它的喜爱之情。葛老师抓住动词，帮助学生通过动作描写归纳课文主要内容。

而薛闻老师则根据教学目标中要求学生"归纳课文中记叙的刺猬击退大黑狗事例"这一要求进行指导。通过读课文，学生都能比较容易地弄清事例。归纳时，老师给出"谁在什么情况下干什么，结果如何"的句式，帮助学生简要概括。

潘老师和马老师则是通过板书提示的方法，帮助学生构建思维地图，巩固归纳方法的习得。

二、"同课异构"的研修活动可以使备课组逐步积累教学经验的课例库

经过本课例的实践，使我们形成了对文本的基本教学经验的积累，也使

第四章 信息技术与语文教学：架设整合的互动平台

我们明白语文学习不仅要抓住语言文字来理解文章内容，而且要紧扣语言文字来体验和感悟，使学生在阅读中走近文本，走进文本。根据教学策略，分以下几个步骤落实。

1. *整体感知，理清脉络*

在学生预习的基础上，让学生自读课文，思考作者对刺猬是怎样的感情？作者通过哪两件事写出对刺猬的喜爱之情？用简要的话概括地说，了解课文的整体脉络，为学习下文打下基础。

2. *读读议议，体验感悟*

在了解作者喜爱小动物的情感之后，通过读句子，抓刺猬偷枣的动作，通过多种形式的朗读，引导学生从作者的字里行间感受对刺猬的喜爱之情。通过学习设计板书，让学生按先后顺序复述小刺猬偷枣子的经过，使学生对课文加深了解，培养学生概括、复述等能力。让学生以"刺猬这小东西，偷枣儿的本事真高明啊！"为总起句，说说刺猬偷枣高明在哪，帮助学生积累文本中的语言。

通过让学生读课文，联系上下文，为文中大黑狗吃刺猬补写故事，依托文本现有的材料，培养学生的想象能力和表达能力。有了分步学习的基础，学生能利用师生共同设计的板书，简要地概括课文的主要内容。

3. *拓展练习，拓宽视野*

通过两组句子的比较，引导学生明白每组的第二句更适合在这篇课文中，而第一句在别的条件下，也是可用的。这样辩证地学习，使学生赏析句子的能力不断提高。

通过信息发布会的形式，让学生介绍课前了解的动物独到的本事，使学生能将今天的所学进行迁移，运用作者写作的方法进行介绍，激发学生学习的兴趣，最后教师推荐学生阅读全文，能使学生的阅读面打开，真正地走进文本。

这样，我们形成备课组关于《带刺的朋友》这一课的相关教学经验的积累，希望这一积累能够帮助下一届的四年级教师更好地实施教学。

三、实施同课异构研修模式的感悟

经过一个阶段的实践，今天再回头看看同课异构这一教研模式，我们有了更多的感触。

改进语文课堂

1. 教师的关系更密切

同课异构的教研方式，让同年级每个教师在课前是信息资源的共享者；在展示时是设计思维和课堂能力的竞争对手；在课后又变成了互相欣赏、互相学习的合作者。各种不同的身份，充分发挥了教师之间的多种关系的作用，在竞争的表面下，我们看到了教师之间的团结、共进、和谐。

2. 有利于形成个性教学

在压力的促使下，教师的自我发展意识产生了变化，我们知道要尽己所能，精心备课，这样就促使不同教师充分展现自己的实力，展示自己的优点，来完成这堂课的教学过程；并通过评课，让其他教师取长补短，共同提高。同课异构的教研方式既有个体的积极参与，又有群体的通力合作，这既有利于教师扬长避短，更有利于教师在高起点上发展，进而形成自己的教学风格。

3. 对文本的多元解读

每个教师或多或少对文本都有自己的理解，所以每一次的教研课都能展示对教材不同的分析理解、不同的策略选择、不同的资源选用，呈现课堂教学的多样化。

4. 更多教学焦点的关注

大家在比较中互相学习，扬长避短，共同提高。不管是对授课教师还是听课教师都是一个很好的学习机会和表现机会。在每一次的教研活动中，我们可以看到不同的教学风格，不同的教材处理，不同的评课入手点、不同的反思角度……我们可以关注的有关教学的焦点也就更多，大家之间互相切磋的方面也就更多、更深入。

走进文本、理解文本
——评《带刺的朋友》
上海市洛川学校　陈洁蓉

《带刺的朋友》是一篇学生很感兴趣的课文。学生对本文刻画的小动物刺猬十分感兴趣，对作者笔下的刺猬背枣、自我防卫的本领尤其感兴趣。薛闻老师在整堂课的教学中也紧紧抓住了刺猬的可爱及作者对刺猬的喜爱之情组织教学，让学生在"读—找—议—再读"的过程中体验。应该说，学生基本走进了文本，理解了文本，通过声情并茂的朗读体现出来了。下面就薛

第四章　信息技术与语文教学：架设整合的互动平台

老师的这堂课谈谈自己的几点粗浅看法。

（一）抓住课题，体会情感

本课写的是刺猬，课题却没有直接用"刺猬"为题，而是用《带刺的朋友》作为课题。显然，作者是有意图的。而薛老师的课也证实了她对此的理解。课题中的"朋友"于是成了贯穿课堂教学的一条主线。教师紧紧抓住"朋友"一词来帮助学生体会作者对刺猬的喜爱之情，激发学生对刺猬的喜爱之情。

（二）读议结合，理解文本

语文学习不仅要抓住语言文字来理解文章内容，而且要紧扣语言文字来体验和感悟，使学生在阅读中走近文本，走进文本。在本课的教学中，薛老师采取了读读、议议的方式，让学生在阅读讨论中理解文本。薛老师让学生默读第二至第九小节后，想想小作者为什么这么喜欢刺猬，心甘情愿地让它偷自家的枣子？找到相关语句，圈出动词，想一想理由。学生在接下来的学习中，先边自读，边圈出词句，再思考理由，在课堂上进行交流，互相补充。在之后的指名交流过程中，教师将交流的重点适时地引导至理解"刺猬的动作"上。这样一来，学生的交流都能围绕偷枣的过程有顺序地说，对于"诡秘、用力摇晃、径直、飞快地跑、高明"等词句也有了进一步的认识与理解，加上简洁有概括性的板书，学生能够很容易地理解了文本，也体会到了刺猬偷枣的高明之处。

（三）及时反馈，加深理解

薛老师在课堂上三次使用"按按按"，三次的反馈基本上都是从情感上着手提问，使学生体会作者对"小刺猬"的情感，个人认为，三次的反馈提问第三次的设计比较成功，第三次的反馈提问是在整堂课快结束时，从这个反馈中可以了解到整堂课上下来学生的掌握程度，让教师能迅速了解到自己一堂课的教学目标的达成度。对前两次的反馈提问我持保留态度，第一次的按点是放在学习完第二至第九小节后，在此之前学生在初读第二至第九小节后已经归纳出这是一只本事高明的刺猬，教师也已经在黑板上进行了板书，虽然教师设计此按点的意图是让学生学会完整概括，但放在详细学习完第二至第九小节后似乎不合理，何况对于四年级的学生来说，这个阅读要求也过于简单了点。

第五章　优化教学环节：积累重组整合的实践智慧

第一节　课例研究报告

　　课堂教学环节既是一堂课的结构，也是为了实现教学目标而设计的一系列任务板块的组合，其间的协调与促进是课堂教学成败的关键。调研发现，在当前小学语文的教学过程中还存在以下方面的疑难与困惑：新编教材单元众多，课时调配余地有限；单元囊括字词句篇，听说读写样样俱全；教学设计沿袭教材，教教材胜过用教材；环节组合随意性强，过渡转换缺乏艺术；活动设置目标单一，三维目标疏于整合。

　　为了解决上述的疑难与困惑，本课例研究小组以诊断课堂教学环节设计常出现的问题和寻找课堂教学环节优化可行性的策略为目标，通过安排同一名教师在平行的不同的班级针对同一教学内容连续三次的施教—研讨—改进，在教学的过程中研究，在研究的指导下教学，直至针对所关注的疑难与困惑比较好地得到解决，最后总结梳理成本文。具体叙述如下。

一、研究的过程与发现

　　教师选择的是九年义务教育课本《语文》小学三年级第七单元的《猫是老虎的先生》。本文讲述的是猫和老虎的故事：原本老虎什么也不会，后来投到猫的门下学会了谋生的本领，因为贪心，还想杀掉师傅使自己成为最强的角色，没想到猫留有一手没教给老虎，能上树的本领使猫技高一筹。

（一）第一次课试教

　　执教教师为本节课确立了四个教学目标，即认识课文中出现的"趾爪"

第五章 优化教学环节：积累重组整合的实践智慧

等10个生字词，发挥想象力讲述该故事，通过学习该故事学会自我保护，激发学生阅读鲁迅等名家名篇的兴趣，并设计了课堂导入、整体感知、课文研读和综合提高四个教学环节展开教学。

教学探索值得肯定的有如下几个方面。

1. 对于新语篇的学习，教师设计了对生字词和语篇阅读的检查与指导，突出了课堂知识与技能的目标。例如，教师在讲"趾爪"一词时，首先在多媒体上呈现其拼音，随后又呈现一张动物趾爪部分的图片，比较生动地解释了生词的含义。同样在讲"爬搔声"一词时，教师让学生用手模拟"搔"的动作，然后用"抓"字来解释，比较容易理解。又如，在指导语篇中长句的阅读时，教师运用了以分隔线标志停顿的方法，让学生进行朗读练习。

2. 在细致研读环节，教师在课本中有关老虎想要吃掉猫和猫爬上树逃过一劫这两处情节设置了让学生发挥想象力来分别讲述此时此刻老虎和猫的心理活动，比较好地促进了学生对语篇的理解以及基于想象和理解基础之上的语言表达。例如，有学生这样表达老虎的心理活动，"本领我都学会了，谁也比不过我了，只有做老师的猫还比我强，要是杀掉猫，自己便是最强的角色了。"

又如，有学生这样表达猫的心理活动，"如果我把一切本领传授了，老虎就会来杀掉我，这样的话，我即便是爬上树的话，老虎也会爬上来，把我给杀掉的。如果我死了，我的朋友们怎么办，我的家人怎么办呢？"

3. 一些问题的设计引发了课堂比较丰富和精彩的生成。例如，针对课本上描写老虎的句子"它打定主意，就上前去扑猫"，教师进行了以问题驱动文本的挖掘。片段节录如下。

师：从这一句，我们可以看出老虎什么样的性格？
生1：忘恩负义。
生2：自信。
生3：性急。
生4：狡猾。
生5：骄傲。
生6：恩将仇报。
生7：妄自尊大。

问题发现

课堂教学的主次不够突出，教学环节的时间分配不尽合理，教学计划的目标没有完成。

例1：据当堂回收的作业单中"对猫是老虎的先生，你是怎么理解的?"一题的反馈，29人中，2人答非所问，8人仅仅停留在把"先生"解释为"师傅或老师"，剩下的10人也主要只是讲到因为猫教了老虎的好几方面的本领。而本语篇之所以以"猫是老虎的先生"为题，更重要的是猫察觉到了老虎想杀它后称霸的歹意之时，留了一手上树的本领没有传授而显得技高一筹，所以更可以看出猫是老虎的先生。学生没有理解到。

例2：课堂最后的综合提升部分因时间不够，故本来设计的标题替换和明辨事理两学习任务未能展开。

原因诊断

1. 课堂导入环节比较平淡，没有很好地激发学生学习新语篇的兴趣，过渡也比较机械。例如，教师虽然以猫和老虎两个谜语竞猜的形式开始课堂的教学，但是谜语太简单，即"性儿温顺，喵喵叫；夜间行走，老鼠跳"和"性格暴躁，称大王；一声大吼，百兽逃"，学生一看便知，没有新意新鲜之感，随后教师便告知"今天，我们就要学习与这两个动物有关的课文……"

2. 整堂课教师注意运用了用问题驱动学生学习的策略，但是，课堂上没有形成核心的问题，所有的问题之间缺乏主线贯穿的脉络与联系，因此课堂上学生的学习活动显得比较松散，主题突出不够集中。

3. 整体感知的环节耗时比较长，前后用了10分钟，而在学生课前已经预习的情况下，教师按照教生字词的方法或教读音，或教意义，没有顾及学生学情，特别是对影响学生理解语篇的生词"侥幸"没有仔细分析其义，所以直接导致了学生产生"猫既然早知道老虎的歹意，为什么还要教它本领?"的疑问。其实如果学生明白了"侥幸"是"偶然获得成功或意外免于不幸"的意思，就会明白这里的"早"并非是在猫教老虎之前，而只是在老虎打定主意准备上前去扑猫的行动之前。所以如果老虎不是那么性急而学会了上树的本领，则猫的命运将改写。

4. 对于涉及语篇寓意的理解，教师的积极引导不够，语文教学在彰显人文性的过程中应坚持的主流价值观被忽略。例如，在理解"猫还没有将一切本领传授完"一句时，教师自问自答提问道"猫肯定知道老虎日后会杀它吗""不是，只是一种猜测，一种防备，这说明猫对老虎存有戒心。"

第五章　优化教学环节：积累重组整合的实践智慧

学生在教师引导下推断出"防人之心不可无"。教师没有作出正面回应。

5. 有的课堂教学目标的设计不太现实，以致落实有困难，事实上形同虚设。例如，执教教师为本节课确立的第四个目标是"初步认识鲁迅，激发阅读名家名篇的兴趣"。事实上，节选自鲁迅先生《朝花夕拾》的这篇文章是介于文言文和白话文之间的文体，较多的语言行文离学生现实的语言环境较远，旨在让学生通过本语篇的学习而喜欢鲁迅等名家名篇的目标不切实际。

课堂教学改进的建议

1. 增强课堂导入环节的趣味性或悬念，快捷有效地激发学生对于学习新语篇的兴趣。例如，可以先让学生说说对猫与老虎的印象，然后直接抛出问题"猫是老虎的先生，你们相信吗？"利用认知冲突吸引学生学习新课。

2. 压缩整体感知语篇环节的时间，以检查指导学生认识生字词、读通长句和了解语篇大意为主，同时教师注重朗读示范，落实阅读指导和增进整体感知。

3. 教师根据语篇内容，确立一个诸如"为什么说猫是老虎的先生？"的主问题，然后设计基于主问题的由一个个小问题组成的问题链，从而使教学环节环环相扣。

4. 在积极鼓励学生广开言路的同时，正确引导学生对语篇旨在宣扬的"善良做人又要自我保护"价值取向的理解。

（二）第二次课改进

课堂发生的积极变化

1. 教师完成了预计的教学环节，并且在细致研读环节新增了就老虎拜师学艺时情形的想象说话的活动，引发了课堂新的生成。

师：想象一下老虎向猫拜师学艺的情形。谁来说一说？

生1：老虎听说猫有许多本领，就想拜猫为师。一天，老虎投到猫的门下说："先生，听说您神通广大，可我什么也不会，希望您能教我几手。"猫见老虎这样诚恳，就答应收老虎为徒。猫说："好吧！你一定要认真学习……"

生2：老虎听说猫有很多本领，就想拜猫为师，一天它跑到猫的家里对它说："我听说你有很多本领，可是我什么也不会，没法生存，你能收下我吗？"猫见老虎这样诚恳，就答应收老虎为徒。还就对它说："好的，但是

改进语文课堂

你不能恩将仇报噢。"于是猫就教给它扑的方法，捉的方法，吃的方法。

2. 课堂上以"猫为什么是老虎的先生？"为主问题，依次设计了三个密切联系的小问题来引导学生研读语篇。这三个问题依次是：作为先生的猫教了老虎哪些本领？老虎又是怎样对待它的先生的？面对老虎的歹意，猫又是如何应对的？这三个问题使得对语篇的理解教学显得环环相扣。

3. 对于新语篇的学习，教师在整体感知环节增加了示范朗读，在细致研读环节结束后增加了学生齐读，这些为后续综合提高环节里的故事复述进行了必要的铺垫。

课堂教学片段如下。

师：这是一个有趣的故事，我们学完了，那你能不能根据课文内容，加上合理的想象，把这个故事说给大家听一听？这里老师给了大家两种方法，第一种方法你可以根据老师给你的提示，把这个故事说完整，第二种方法你还能挑选这些词语小帮手把故事说完整，你可以任选一种，自己准备一下。

（学生练习讲故事，之后两个学生进行了复述）

生1：老虎听说猫有许多本领，就想：我什么也不会，就拜猫为师吧。一天，老虎投到猫的门下说："先生，听说您神通广大，特来拜您为师。"猫见老虎这样诚恳，就答应收老虎为徒，说："好吧，但你一定要勤学苦练。"猫教会它捉的方法、扑的方法、吃的方法。这些教完了，老虎想，本领都学到了，谁也比不过它了，只有做老师的猫比它强，要是杀掉猫，自己便是最强的角色了。它打定了主意，就上前去扑猫。猫早知道它的来意，心想：如果我把所有的本领都传授给了它，老虎就会把我给杀掉。幸亏猫还没有教给老虎上树。

生2：有一只老虎一无所长，就投到猫的门下，苦苦哀求说："猫啊，我什么都不会，你收我为徒吧。"猫语重心长地说："好啊，你需要勤学苦练噢。"于是猫就收老虎为徒，教了它扑的方法、捉的方法、吃的方法。老虎想，"我什么本领都学完了，只有猫比我强，不然我就可以独占鳌头了。"于是它就向猫扑去。幸亏猫明察秋毫，一下子就跳到了树上，老虎只好眼睁睁地在树下蹲着。

附复述方法一：老虎听说_____，就想_____。一天，老虎投到猫的门下说："_____。"猫见老虎这样诚恳，就答应收老虎为徒说："_____。"猫教给它_____。这些教完了，老虎想，_____。它

第五章 优化教学环节：积累重组整合的实践智慧

_____。猫早知道它的来意，心想，如果_____，老虎就_____。幸亏猫_____。

复述方法二：运用下列词语复述课文：一无所长、苦苦哀求、语重心长、勤学苦练、独占鳌头、凶相毕露、明察秋毫、无可奈何。

问题发现

课堂上问题的设计虽加强了联系和相关，但是这些问题对学生构成的挑战性还不够，除了对角色心理活动进行想象之外，对于文本深入的挖掘不够，同时，情感态度价值观一维目标的达成也停留于表面化。

注：根据当堂课的作业单中"猫和老虎的故事让我们懂得了什么？"的反馈显示，全班32名学生，有31名学生的回答几乎一模一样，即在生活中要学会保护自己，防备像老虎一样心怀鬼胎的人。只有一名学生发表了不一样的感言"做任何事情都不能忘恩负义"。

原因诊断

1. 对于语篇"猫是早就知道它的来意的"中的"早"字，以及"这是侥幸的"中的"侥幸"等影响整个语篇理解的关键词没有设计高质量的问题来引导学生挖掘其隐藏的丰富信息，从而导致学生对语篇的理解不深入，课堂缺乏更高质量的生成。

例如，针对"早"字，教师可以提出"究竟是早到什么时候？"的疑问，因为学生对此的判断会直接影响到语篇的理解：如果是早在教老虎扑、捉、吃的本领之前，猫就知道老虎后来会来杀它，说明猫不教老虎上树的本领是有远见且大智若愚，但是这与作者在文章的最后一段说"这是侥幸的"就自相矛盾了。既然是"侥幸"的，就说明猫没有教老虎上树的本领纯属碰巧和偶然，这完全是因为老虎的"性急"救了猫一命。由此还可以引出一个相关的问题即"猫为什么没有教老虎上树的本领？"

答案可能有两种：一是因为猫察觉到老虎有可能杀它，所以留一手上树的本领保命，这种预感只可能是在老虎来杀它之前，不可能再早，否则同样与"侥幸"一词矛盾。二是猫是准备教老虎上树的本领的，只是因为老虎性急地想要早逞强而起杀机，"教学进度"被意外打断了，如同本文开篇时讲到祖母给作者正猜着的谜语被猫的趾爪在树上发出的爬搔声打断随即改讲猫和老虎的故事一样，都同样是因为碰巧和偶然，否则，如果老虎不那么性急而学到了上树的本领，可能猫的命只有在天堂才能找到。

改进语文课堂

2. 在最后的综合提高环节，教师设计了故事复述、标题替换、寓意领悟和检测反馈四项任务，课堂剩下14分钟，故事复述用了7分钟，标题替换比较用了1分钟，最后还要保证至少有3分钟的作业单反馈检测时间，所以在有限的3分钟里，教师来不及通过组织学生讨论交流以领悟故事的寓意，而直接告诉学生教师认为的寓意和道理，造成了学生停留于人云亦云的认识状态。

例如，明理任务的教学片段。

师：那么鲁迅先生想通过这个故事告诉我们什么道理呢？

（教师引导学生看板书）

师：在生活中，我们是不是应该像猫一样做一个善良的人，但是我们在面对像老虎一样心怀鬼胎的人时，是不是也应该要学会保护自己啊。

（教师出示寓意并朗读：在生活中，要学会保护自己，防备那些像老虎那样心怀鬼胎的人）

课堂教学改进的建议

1. 整合教学环节，将综合提高环节里的明理要求提前到细致研读环节来进行，在语篇的理解中明白告诉其中的道理。

例如，教师可以通过设计问题启发来引导学生达成领悟故事寓意的教学目标，"如果老虎在学会了扑的方法、捉的方法、吃的方法之后不那么性急，想想看结果会是怎样？这次算是老虎的性急救了猫的命，下次还会这么侥幸吗？想想我们只有怎么办才能总是有安全感呢？"

2. 精减教学环节，在综合提高部分既有复述又有换标题比较，任务较多，可以重点让学生进行比较充分的复述准备和表达，删减标题的替换比较。

3. 进一步优化综合提高环节中故事复述任务的任务设计，充分激发学生爱想象、爱表达、爱表现的天性，组织角色扮演活动。

4. 统筹课堂任务，将原反馈检测中的生字词的检查和对整个语篇的理解与感悟，合而为一，即先精练地概括整个故事，将生字词的检查贯穿其中，有了这方面的内容铺垫之后，接着挖掘学生的感悟就顺理成章。

（三）第三次课提高

课堂发生的积极变化

1. 课堂导入环节进一步优化，同样是在出示了猫和老虎的图片之后让学生说说对这两种动物的感受与印象，教师运用了强烈对比的词语激发学生

第五章 优化教学环节：积累重组整合的实践智慧

阅读新语篇的兴趣，用时1分钟。教学片段如下。

师：请同学们说说你们对这两种动物是什么感觉？

生1：猫是漂亮的宠物，老虎是凶猛的野兽。

生2：猫是家养的，很温顺；老虎总是喜欢张着血盆大口吃其他的动物。

师：小小的猫是凶猛的老虎的先生，你们相信吗？

生（众）：不相信！

师：我们就要学习猫和老虎的故事。

2. 在整体感知环节，教师新增了通过阅读获得感受以及融进感受进行阅读的任务，很好地促进了学生对故事中猫与老虎两个角色的认识。

例如，对于"老虎又是怎样对待它的先生的？"这样一个问题，很多学生都在书上找到了描述的语句。教师让学生体会这是一只什么样的老虎？先后有4名学生分别说出了"阴险狡诈"、"忘恩负义"、"凶猛"和"可怕"，教师分别让这4名学生把他们各自认为的那种老虎的感觉读出来，激发了学生阅读的兴趣和对于语篇的理解。

3. 在综合提高环节中的领悟故事寓意任务过程中，教师从语篇最后一段"这是侥幸的，我想，幸而老虎很性急，否则从桂树上就会爬下一只老虎，终究是很怕人的"一句入手，特别是以"侥幸"一词为突破口，让学生真正体会到猫逃过一劫纯属偶然，很惊险。在此铺垫与引发的基础上，教师恰到好处地引入当堂反馈作业单让学生进行了寓意的体会和领悟，并且该作业单的设计很好地以串联生字词并要求注拼音的形式言简意赅地概述了故事的梗概，随后让学生思考故事蕴涵寓意，使得原本是两项的任务合而为一。从随后学生的表达可以看出，他们对于故事寓意的领悟与体会非常鲜活真实。

生1：我们不能把本领教给心术不正的人，要学会仔细观察他们。

生2：我们不能忘恩负义，要尊敬老师。

生3：做什么事情都要机警。

生4：做一个善良的人，也要学会保护自己。

附当堂反馈作业单。

给画线的生字注拼音并完成随后的思考题：

猫本来是老虎的师傅（　　），由于老虎性急地想要成为最强的角（　　）色，竟要杀猫。幸亏猫还没教它上树的本领，早知道了它的来意，侥（　　）

改进语文课堂

幸地逃过了一劫，所以我们今天还能听到猫的趾爪（　　）在树上的爬搔（　　）声……

这个故事告诉了我们＿＿＿＿＿＿＿＿＿＿＿＿＿＿＿＿＿＿＿＿＿＿。

4. 在综合提高环节中的故事复述，教师以角色扮演的形式让每三名学生进行情境化的故事剧表演，真正体现了寓教于乐，学生积极融入角色扮演之中，享受课堂学习，全身心地体验阅读带来的快乐。

三次课探索改进的脉络

第一次课，设计了总—分—总阅读教学环节的组合，细致研读环节有鲜活生成，但教学环节有机联系欠缺，语篇整体理解不到位。第二次课，问题驱动课堂，想象说话有新意，但语篇关键字眼分析不到位，挖掘文本力度不够。第三次课，朗读凸显语篇感知，角色扮演盘活课堂。

二、阶段的共识与结论

基于优化课堂教学环节的专题实践研究，研究小组形成阶段的共识与结论如下。

1. 新授阅读课基本的教学环节

新授阅读课可以以课堂导入—整体感知—细致理解—综合提高这样四个环节展开，同时也体现了新语篇学习的总—分—总的思路。

在课堂导入环节，可以实践的策略包括：（1）知识联系。教师可以通过复习已学过的知识，从而引出当堂课将要学习的新知识，这样在新旧知识之间搭起桥梁。如本次实践研究的第三次课，教师首先出示了学生都很熟悉的猫和老虎这两种动物的照片，让学生讨论对它们的感受。（2）悬疑激趣。教师可以采用视听刺激的方法，如利用具有视听冲击力的图片或声音吸引学生的注意；教师也可以提出有价值的问题来引起学生关注，本次实践的第二节课，教师让学生分别认识了猫和老虎两种动物之后随即就提出了"猫是老虎的先生，你们相信吗"的问题，有意设置悬疑来引发学生思考，并带着对问题的思考去仔细学习新语篇；教师还可以采用谜语竞猜等形式吸引学生的注意和参与，本次实践研究的第一节课就采用了此方法，只是没有形成对学生的认识挑战。

在整体感知环节，可以实践的策略包括：（1）自主阅读。例如，本次实践研究的第一次课和第三次课，教师都是首先让学生通读整个故事，看看写的是怎样的一件事情。（2）教师范读。教师的示范朗读可以比较好地体

第五章 优化教学环节：积累重组整合的实践智慧

现教师对语篇的理解及其所包含情感的把握，这样对学生是一种绘声绘色的言传。（3）角色朗读。可以让学生分语篇中涉及的角色进行朗读，也可以分男女生或小组进行朗读，从而促使学生对语篇有更多感性的认识。这在本次实践研究的第三次课上，教师先后组织学生就对猫和老虎不同心理活动的想象进行了多人次表现式的朗读。（4）划分段落。可以通过让学生划分段落，从而使学生更好地理解语篇的整体结构。（5）归纳段意。除了让学生划分出语篇的段落之外，还可以进一步让其归纳出每一个段落的大意，以助学生对语篇的大致了解。

在细致理解环节，可以实践的策略包括：（1）词语欣赏。教师可以就语篇中写得精彩的词语进行品味和赏析。（2）语意揣摩。教师可以选择语篇中重要的语句或语段让学生挖掘和思考其背后隐藏的意义。例如，在本次实践的第三次课上，教师紧紧抓住"猫是早知道它的来意的"中的"早"字，"这是侥幸的，我想，幸而老虎很性急"中的"侥幸"两个关键词语引导学生细细揣摩，从而比较顺利地促进了学生对故事寓意的感悟。（3）替换比较。例如，在本次实践研究的第一节课上，教师就让学生将语篇的句子"猫就教给它扑的方法，捉的方法，吃的方法"与教师改写成的句子"猫就教给它扑、捉、吃的方法"进行比较，仔细阅读发现，语篇作者把各个方法一一分开来进行表述，可以比较好地体现当时猫教老虎时的耐心，与其后老虎的恩将仇报形成强烈的对比。

在综合提高环节，可以实践的策略包括：（1）故事复述。如本次实践的第一节课，教师就让学生在学习了新语篇的内容之后，用自己的话复述课本上讲的关于猫和老虎的故事，促进了学生对语篇综合的把握。（2）想象续写。故事往往可以使人产生丰富的想象，正如本次实践研究的第一次课上教师就让学生针对猫爬上树从而躲过一劫之后猫和老虎各自的心理活动进行想象说话，使故事在学生想象的世界里延续。（3）角色扮演。为了促进学生对语篇的切身认识与体会，可以让学生扮演其中的角色，深入剧情感受、体验和表现相关角色。例如，本次实践研究的第三次课，教师就组织了学生分角色表演式复述故事活动，掀起了课堂学习的高潮。（4）交流心得。在学习了语篇内容之后，可以组织学生交流语篇阅读之后的感受和体会，丰富对语篇的认识。例如，在本次实践研究的第一次课和第二次课上，教师都组织了让学生通过学习语篇来言说猫和老虎的评价。（5）题眼征集。在学习了整个语篇内容之后，还可以鼓励学生根据自己的理解，重新给语篇起标题，这样可以更好地锻炼学生对语篇的把握能力。例如，本次实践研究的第二次课上，教师就组织了题眼征集的活动，有的说是"机灵的猫的故事"，有的说是"狡猾的老虎的故事"，最终通过比较发现，还是原题眼"猫是老虎的学生"更好地说明了两者之间的关系。

2. 优化课堂教学环节行之有效的策略

（1）设计统领全篇的问题链，使教学环节环环相扣。在语篇教学过程中，如果能够设计出由一个主问题，并由该问题生发一个个相关的问题，从而形成一个有机的问题链，往往可以使得课堂教学思路清晰、环环相扣。例如，本次实践研究选择的《猫是老虎的先生》一文，就可以把"为什么说猫是老虎的先生？"作为统领整堂课教学的主问题，由此设计一个个具体的小问题，"先生是什么意思？""作为老虎的先生，猫传授了哪些本领？""作为猫的学生，老虎是这样回报先生的？""面对老虎的杀机歹意，猫又是如何应对的？"……

（2）弄清语篇学习的重点、难点，使教学环节重点突出。相对于学生的学习而言，每一个语篇都有重点要学习的内容和难以掌握的内容，教师要善于分清重点、难点，在教学环节的设置中有意体现对其的克服。例如，在本专题实践研究的第一次课中，教师就没有很好地体现对故事寓意的重点探索，在前面的整体感知环节用时太多，以至于重要的综合提高环节匆匆收场，没有实现教学目标的达成。

（3）整合教学目标的三维度，使教学环节融通渗透。知识与技能，过程与方法，情感、态度与价值观，是新课程改革对课堂教学提出的目标，不能孤立地看待其中任何一个维度的目标，因为上述三维目标本身就是三位一体，执教教师唯有设计贴近学生认知规律和符合学科特点的教学过程与方法，以知识与技能的培养为载体，在此过程中渐进引发情感、态度与价值观的形成，所以，课堂教学的三维目标只能整合，并使其渗透和融汇在教学环节的各个环节之中。例如，本次实践研究的第三次课上，教师就把细致研读和具有综合提高要求的寓意感悟任务进行了有效融合，顺利地完成了预期的教学目标。

（4）做好时间分配的加减法，使教学环节经济实效。课堂教学是在课堂规定的有限时间范围内进行的活动，串联和聚合林林总总的教学活动的各个教学环节其时间只是时间总量规定下的再分配，因此，课堂教学就必须保证各个教学环节耗时最省和效果最佳，为了实现这样的目标，教师只能在课

第五章 优化教学环节：积累重组整合的实践智慧

堂教学过程中灵活调整各个教学环节的时间分配，根据学生课堂上的学情灵活做好时间的加减法，把有限的教学时间投入到最能解决学生学习疑难和整体提升学生能力的教学环节。正如本次实践过程中执教教师所表现的一样，第一次课在整体感知环节花费时间偏长而产生的效果并不明显的情况下，第二次课就进行了灵活的调整，由原来的 10 分钟缩减为第二次课的 7 分钟，进而在第三次课精减至 5 分钟，很好地适应了学生的学习需求，从而也产生了比较好的教学效果；同样，细致研读环节的时间也从第一次课的 17 分钟精减到第二次课的 12 分钟，最后又增至第三次课的 27 分钟。

第二节 教学设计改进

一、第一次课教学设计
《猫是老虎的先生》

教学目标
1. 认识课文 10 个生字词，理解字词"趾爪，搔，侥幸"。
2. 有感情地朗读课文，并能够发挥想象力把故事说生动。
3. 了解猫教老虎学本领，因没教它爬树而保护了自己的故事，知道在日常生活中要有较强的自我保护意识，提防心术不正、居心叵测的人。
4. 初步认识鲁迅，激发阅读名家名篇的兴趣。

教学重点
有感情地朗读课文，能够完整讲述故事内容，并能发挥想象力把故事说生动。

教学难点
通过阅读猫教老虎学本领，因没教它爬树而保护了自己的故事，知道在日常生活中要有较强的自我保护意识，提防心怀鬼胎、居心叵测的人。

教学过程

（一）导入新课

1. 猜谜：〈猫〉性儿温顺，喵喵叫；夜间行走，老鼠跳。〈老虎〉性格躁烈,称大王;一声大吼,震山林。

2. (板书:猫 老虎)说说你印象中的这两种动物,学生交流。

导:这两种完全不同的动物之间有一种特殊的关系,大家知道是什么吗?

3. 补充课题:猫是老虎的先生。

4. 根据老师的提问读读课题。

谁是老虎的先生?猫是谁的先生?猫是老虎的什么?

5. 学生由课题质疑。

(二) 整体感知

1. 读通课文。

自由朗读课文,注意读准字音,读通课文,不加字,不漏字。

出示多媒体检查字词。

2. 指导读长句,注意停顿。

师:这篇文章,语言精练,有些句子很难读,我们先来练一练。

出示:忽然,桂树上沙沙地/有趾爪的爬搔声,一对闪闪的眼睛/在暗中随声而下,使我吃惊,也将祖母讲着的话打断,另讲猫的故事——

(1) 请你先把句子读一读。

(2) 多媒体图示理解"趾爪"。

(3) 根据上下文理解"爬搔声",猫用趾爪在桂树上抓爬的声音是怎样的?你还能用换词法,做动作来理解"搔"吗?

(4) 根据断句符号把句子读顺畅,努力把猫精灵般的感觉读出来。

3. 指明分节读全文。

(三) 研读重点小节,理解人物关系

1. 师:课文哪一节写了祖母讲的"猫是老虎的先生"这个故事呢?

2. 默读第二节,思考,什么叫先生?你从课文中找到理解先生意思的词语了吗?

作为先生的猫教了老虎哪些本领?

板书:扑的办法,捉的办法,吃的办法

3. 出示:比较句子。

师:哪一句写得好?写出了什么?朗读体会一下猫是怎样耐心地教会老虎许多本领的。

第五章　优化教学环节：积累重组整合的实践智慧

4. 引读质疑。

(1) 引读：猫很有耐心地教了一些本领给老虎，但（引读）猫还没有……

(2) 提问：对这句话你有什么问题？

5. 理解老虎和猫的性格，感悟故事蕴涵的道理。

了解老虎。

(1) 猫早知道老虎的来意了，是什么来意呀？板书：杀猫　从什么地方早看出来了？

老虎学了本领后是怎么想的，怎么做的？

师：对呀，老虎学了本领后，怎么想的，怎么做的全被精明的猫察觉了，猫早有提防，可老虎还在打它的鬼主意呢！

(2) 出示：这些教完了，老虎想，本领都学到了，谁也比不过它了，只有做老师的猫还比自己强，要是杀掉猫，自己便是最强的角色了。

师：老虎的想法实际上就是它在脑海里对自己说话，请同学们把老虎的想法改成说话内容。

出示：老虎暗暗地在心底里说："＿＿＿＿＿＿＿＿＿＿＿＿＿＿＿＿＿＿。"

师：老虎的那股"得意扬扬"便尽显无遗了，它（引读）打定主意……出示句子。

师：你觉得这是一只怎样的老虎？你们能把它的这种性格读出来吗？男女对读一句。

了解棋高一筹的猫先生。

(1) 师：老师听出来了，这只老虎真可怕，幸而，我们的猫先生是早就知道它的来意，（出示多媒体）所以，一跳……

(2) 想象说话：猫真是早有防备，你们知道猫先生当时是怎么想的吗？

出示：猫是早知道它的来意的，它想，如果＿＿＿＿＿＿＿，老虎就＿＿＿＿＿＿。幸亏猫还没有将一切本领传授完，还没有教给它上树啊！

(3) 请你来夸夸这只猫。

(4) 朗读指导：老虎虽然阴险狡诈，但最终还是败在了猫的手下，猫确实是它的先生呢！让我们用富有感情的朗读来体验。

（四）练习讲故事

(1) 这个短小精悍、生动有趣的故事学完了，你能根据猫和老虎的性格特点，展开合理的想象，用自己的话讲给大家听吗？

改进语文课堂

(2) 练习，指名讲。

（五）**改课题，作比较**

师：同学们的故事讲得还不错，我们能不能根据课文内容给文章起个另外的题目呢？

板书：与课题相比，哪个更好？为什么？

（六）**明理**

1. 过渡：这个"猫与老虎"的故事最终以老虎的落败结束了。本文的作者是大文学家鲁迅，他在文章的最后一小节说："这是侥幸的。"读读最后一节，这里的"侥幸"是什么意思？猫侥幸在哪里？

板书：机警

2. 引问，从这个词语可以看出鲁迅还真为猫碰到老虎这样阴险凶残的家伙而捏一把汗呢，还好，猫很（机警）才逃过这一（劫难），不然，从桂树上会爬下一只老虎，最终肯定是（可怕的）。

师：鲁迅先生就是用这个故事来告诉我们：要像猫一样非常机警，在生活中要防止像老虎这样心怀鬼胎的人，要有自我保护的意识。

板书：防止心怀鬼胎的人

一、第二次课教学设计

《猫是老虎的先生》

教学目标

1. 认识课文 10 个生字词，理解字词"趾爪，搔，侥幸"。
2. 有感情地朗读课文，并能够发挥想象力把故事说生动。
3. 了解猫教老虎学本领，因没教它爬树而保护了自己的故事，知道在日常生活中要有较强的自我保护意识，提防术不正、居心叵测的人。

教学重点

有感情地朗读课文，能够完整讲述故事内容，并能发挥想象力把故事说生动。

教学难点

通过阅读猫教老虎学本领，因没教它爬树而保护了自己的故事，知道在日常生活中要有较强的自我保护意识，提防心术不正、居心叵测的人。

第五章 优化教学环节：积累重组整合的实践智慧

教学过程

（一）导入引出新课

1．（多媒体出示：猫 老虎）说说你印象中的这两种动物，学生交流。

小小的猫可是老虎的先生，你们信吗？今天我们就来学习34课，补充课题：猫是老虎的先生。

2．齐读课题。

3．理解"先生"的意思（师傅，老师）。

4．学生由课题质疑（在课题旁标注问题）。

（二）整体感知

1．读通课文。

出示学习要求。

（1）自由地朗读课文，读准字音，不加字，不漏字。

（2）把课文读顺畅。

2．出示多媒体检查字词。

（1）个别抽读词语。

（2）指导读长句，注意停顿。

师：这篇文章，语言精练，有些句子很难读，我们先来练一练。

出示句子：忽然，桂树上沙沙地/有趾爪的爬搔声，一对闪闪的眼睛/在暗中随声而下，使我吃惊，也将祖母讲着的话打断，另讲猫的故事——

（1）句中有两个生字，个别读，正音。

（2）出示多媒体图示，理解"趾爪"。

（3）练习上下文，猫用趾爪在桂树上爬搔的声音是怎样的？（沙沙），你们能用动作来告诉老师"搔"的意思吗？

（4）根据断句符号把句子读顺畅。（男女赛读）

（三）研读重点小节，理解人物关系

1．师：同学们读得不错，课文哪一节是写猫是老虎的先生这个故事？

2．师范读第二节，边听边思考。

出示要求：（1）作为先生的猫教了老虎哪些本领？

（2）老虎又是怎样对待它的先生的？

（3）面对老虎的歹意，猫是如何应对的？

3．反馈交流。

（1）作为先生的猫教了老虎哪些本领？

出示句子：猫就教给它扑的方法，捉的方法，吃的方法。

a. 小组读句子。

b. 展开想象，说一说老虎向猫拜师学艺时的情景。

（2）老虎又是怎样对待它的先生的？

师：老虎学了本领后是怎么想的，怎么做的？

出示句子：这些教完了，老虎想，本领都学到了，谁也比不过它了，只有做老师的猫还比自己强，要是杀掉猫，自己便是最强的角色了。

a. 个别带读句子，齐读句子。

师：老虎的想法实际上就是它在脑海里对自己说的话，请同学们把老虎的想法改成说话内容。

b. 出示：老虎暗暗地在心底里说："＿＿＿＿＿＿＿＿＿＿＿＿＿＿。"

师：是啊，老虎的那股"得意扬扬"便尽显无遗了，于是它（引读）打定主意，就上前去扑猫。出示句子。

师：你觉得这是一只怎样的老虎？（阴险狡诈，心狠手辣，忘恩负义，狂妄自大，称王称霸）

c. 你们能把它的这种性格读出来吗？（男女对读）

（3）面对老虎的歹意，猫是如何应对的？

师：老师听出来了，这只老虎真可怕，幸而，我们的猫先生是早就知道它的来意，是什么来意啊？

板书：杀

a. 出示句子：（引读）所以，一跳，便上了树，老虎只能眼睁睁地在树下蹲着。

b. 师：你们说说，猫是什么时候知道它的来意的？（学生交流，师板书）

c. 想象说话：猫真是早有防备，你们知道猫先生当时是怎么想的吗？

出示：猫是早知道它的来意的，它想，如果＿＿＿＿＿＿＿＿，老虎就＿＿＿＿＿＿＿＿。幸亏猫还没有将一切本领传授完，还没有教给它上树啊！

d. 朗读指导：老虎虽然阴险狡诈，但还是最终败在了猫的手下，猫确实是它的先生呢！让我们富有感情地来读读第二节。

（四）练习讲故事

过渡：这个短小精悍、生动有趣的故事学完了，你能根据课文内容，展开合理的想象，用自己的话讲给大家听吗？

（1）自己练习。

（2）指名讲。

分层提示，帮助讲故事。

（五）改课题，作比较

师：同学们的故事讲得还不错，我们能不能根据课文内容给文章起个另外的题目呢？

与课题相比，哪个更好？为什么？

（六）明理

1. 过渡：这个"猫与老虎"的故事最终以老虎的落败结束了。本文的作者是大文学家鲁迅，他在文章的最后一小节说："这是侥幸的。"

出示最后一节。

2. 齐读最后一节，这里的"侥幸"是什么意思？（找近义词）猫侥幸在哪里？（老虎的性急使猫先生免除了被吃的危险）

3. 师：我们还真为猫碰到老虎这样阴险凶残的家伙而捏一把汗呢，鲁迅先生就是用这个故事来告诉我们什么？

出示多媒体（生活中我们要做个善良的人，但也要有自我保护的意识，防止像老虎那样心怀鬼胎的人）。

三、第三次课教学设计

《猫是老虎的先生》

教学目标

1. 认识课文 10 个生字词，理解字词"趾爪，搔，侥幸"。

2. 有感情地朗读课文，并能够发挥想象力把故事说生动。

3. 了解猫教老虎学本领，因没教它爬树而保护了自己的故事，知道在日常生活中要有较强的自我保护意识，提防心术不正、居心叵测的人。

教学重点

有感情地朗读课文，能够完整讲述故事内容，并能发挥想象力把故事说生动。

教学难点

通过阅读猫教老虎学本领，因没教它爬树而保护了自己的故事，知道在日常生活中要有较强的自我保护意识，提防心术不正、居心叵测的人。

教学过程

（一）导入引出新课

1. （多媒体出示：猫 老虎）说说你印象中的这两种动物，学生交流。

小小的猫可是老虎的先生，你们信吗？今天我们就来学习34课，补充课题：猫是老虎的先生。

2. 齐读课题。

3. 理解"先生"的意思（师傅，老师）。

4. 学生由课题质疑。

（二）整体感知

1. 读通课文。

出示学习要求。

（1）自由地朗读课文，读准字音，不加字，不漏字。

（2）把课文读顺畅。

2. 出示多媒体检查字词。

（1）"开火车"读词语，正音。

（2）指导读长句，注意停顿。

出示句子：忽然，桂树上沙沙地/有趾爪的爬搔声，一对闪闪的眼睛/在暗中随声而下，使我吃惊，也将祖母讲着的话打断，另讲猫的故事——

（1）个别读句子。

（2）句中有两个生字，个别读，正音。

（3）出示多媒体图示，理解"趾爪"。

（4）联系上下文，猫用趾爪在桂树上爬搔的声音是怎样的？（沙沙），你们能用动作来告诉老师"搔"的意思吗？

（5）根据断句符号把句子读顺畅。（男女赛读）

（三）研读重点小节，理解人物关系

1. 师：同学们读得不错，课文哪一节写猫是老虎的先生这个故事？

第五章 优化教学环节：积累重组整合的实践智慧

2. 师范读第二节，边听边思考。

出示要求：（1）作为先生的猫教了老虎哪些本领？

（2）老虎又是怎样对待它的先生的？

（3）面对老虎的歹意，猫是如何应对的？

3. 反馈交流。

（1）作为先生的猫教了老虎哪些本领？

出示句子：猫就教给它扑的方法，捉的方法，吃的方法。

a. 小组读句子。

b. 展开想象，说一说老虎向猫拜师学艺时的情景。

c. 学生两两互练，交流。

板书：善良

（2）老虎又是怎样对待它的先生的？

师：老虎学了本领后是怎么想的，怎么做的？

出示句子：这些教完了，老虎想，本领都学到了，谁也比不过它了，只有做老师的猫还比自己强，要是杀掉猫，自己便是最强的角色了。

a. 个别读

师：老虎的想法实际上就是它在脑海里对自己说的话，请同学们把老虎的想法改成说话内容。

b. 出示：老虎暗暗地在心底里说："_____。"

师：是啊，老虎的那股"得意扬扬"便尽显无遗了，于是它（引读）打定主意，就上前去扑猫。出示句子。

c. 师：你觉得这是一只怎样的老虎？（阴险狡诈，心狠手辣，忘恩负义，狂妄自大，称王称霸）板书并指导朗读。

（3）面对老虎的歹意，猫是如何应对的？

师：同学们的朗读让老师深深地感到这只老虎真可怕，幸而，（出示句子）我们的猫先生是早就知道它的来意，是什么来意啊？

板书：杀

你们猜猜看，猫是早在什么时候就知道它的来意的？

板书：机警

（引读）所以，一跳，便上了树，老虎只能眼睁睁地在树下蹲着。

师：老师觉得猫先生早有防备，那它当时是怎么想的呢？想象说话。

出示：猫是早知道它的来意的，它想，如果_____，老虎

改进语文课堂

就_____。幸亏猫还没有将一切本领传授完，还没有教给它上树啊！

  a. 小组讨论。

  b. 交流反馈。

  c. 朗读指导：老虎虽然阴险狡诈，但最终还是败在了猫的手下，猫确实是它的先生呢！带着你的感受齐读第二节。

  过渡：这个"猫与老虎"的故事最终以老虎的落败结束了。本文的作者是大文学家鲁迅，他在文章的最后一小节说："这是侥幸的。"

  4. 出示最后一节。

  （1）这里的"侥幸"是什么意思？猫侥幸在哪里？（老虎的性急使猫先生免除了被吃的危险）

  （2）引读第三节。

  （3）总结。

  师：鲁迅先生用这个故事来告诉我们什么？

  完成练习，交流反馈，总结归纳（多媒体出示：生活中，我们要做善良的人，但也要有自我保护意识，防止像老虎那样心怀鬼胎的人）。

  （四）**练习讲故事**

  过渡：这篇课文学完了，你们能根据课文内容，展开合理的想象，用自己的话把《猫是老虎的先生》这个故事讲给大家听吗？

  自由组合练习。指名讲。

第三节　课堂教学实录

  一、第一次课

  师：这是什么？你说。

  生：这是一只猫。

  师：看仔细，你说？

  生：这是一只老虎。

  师：这是一只老虎。同学们，经过平时你们对猫和老虎的了解，你能说一说，你觉得猫和老虎有什么样的性格吗？你说。

第五章 优化教学环节：积累重组整合的实践智慧

生：猫的性格是很温顺的。如果平时不去碰它，它是不会伤害你的。老虎的性格是肚子饿的时候，见到食物，就会追着它不放。

师：追着它不放，对不对啊？这两个谜语当中，已经把猫和老虎的性格都已经一一呈现在我们的面前了。刚才我们认识了两种动物（板书：猫 老虎），今天，我们就来学习和这两个动物有关的课文，（板书：是 的 先生）一起把课题读一读。34，预备，起。

生：34，猫是老虎的先生。

师：你读了课题以后，有什么问题吗？你说，声音响亮一些。

生：猫怎么会成为老虎的师傅？

师：哦，猫怎么会成为老虎的师傅？

生：老虎明明比它强，为什么猫还是它的先生呢？

师：哦，好的，还有吗？

生：老虎性格暴躁，它会不会吃了猫？

师：老虎性格暴躁，它会不会把猫给吃了？好的，那就让我们带着这些问题，一起来学习 34 课。把书打开，请大家自由地大声朗读课文，要求，读准字音，把课文读通顺，不加字，不漏字。等会儿老师要检测大家朗读的结果。开始。

（生读课文）

师：好，大家都完成了。能不能把课文中包含这些生字的词语自己轻声地读一读。

（多媒体出示生字新词）

（生轻声读词语）

师：好，我们来"开火车"读一读，从你开始。

生：（"开火车"读词语）一株大树、芭蕉扇、猜谜、趾爪。

师：趾什么？老师注音了，请你再来读一读。

生（继续"开火车"读词语）：爬搔声、师傅、传授、侥幸、随声而下、眼睁睁。

师：这一组，声音响亮些，继续。

师：随声，随，要读准，再来一遍。

师：好，这篇文章语言比较精练，但是有些句子很难读，让我们先来练一练。

（多媒体出示句子：忽然，桂树上……另讲猫的故事）

211

改进语文课堂

师：请你先自己把这句句子读一读。

（生自己练习读句子）

师：好，句子中有两个生字，第一个读……

生：趾。

师：声音响亮些，读什么？

生：趾。

师：第二个读……

生：搔。

师：平舌音，不要读成翘舌音。好，你知道什么是趾爪吗？什么是趾爪？你来说。

生：爪就是爪子的意思。

师：嗯，爪子。

（师指图片）

师：这个尖尖的是什么？看着这个图说说看。这是什么呀？哦，你说。

生：就是在脚上的那个，用来抓地的那个。

师：爪子，是不是啊？在脚趾上的。其实就是那个。

生：脚趾头上的那个。

师：哦，脚趾头上。好，接下来我们再看第二个生字：搔。你能根据上下文来说说看"搔"是什么意思？请你先想一想猫用趾爪在树上抓爬的时候是什么声音？什么声音？

生：沙沙。

师：胆子大一些，没关系的。什么声音？

生：沙沙。

师：哎，沙沙的声音。

师：那么，你能不能用换词法或者做动作来说说看这个搔是什么意思？

师：给它换个词。胆子大一点，说错了没关系的。好，你来说。

（生做动作演示）

师：哦，这是什么？这是什么动作？

生：抓。

师：抓，对，那如果换个词，谁把它放进去读一读这句话？"搔"可以换成？他不是做过动作了吗？做过什么动作啦？

生：抓。

第五章 优化教学环节：积累重组整合的实践智慧

师：抓，那么把这个词放到句子中去，你来读读看。

生：突然，树上有趾爪的爬抓声。

师：对，树上有趾爪的爬抓声。所以这个"骚"可以换成什么字？

生：抓。

师：抓，对，它就是抓的意思。好，这个句子很长，老师给大家加一个断句符号，请你根据这个符号把这句读好。女同学起立，来试一下。忽然，桂树上沙沙的——预备，起。

（女生读句子）

师：请坐，男同学起立，我们来试试看，忽然——预备，起。

（男生读句子）

师：请坐，突然桂树上传来了猫的趾爪的爬搔声，引起了我的注意，好，同学们读得不错，那么接下来请你们看看课文，课文哪一节是讲祖母讲关于猫是老虎的先生这个故事的？

生：第二节。

师：哦，第二节。现在请大家根据默读课文的要求，默读课文的第二小节，思考什么叫先生？你能从课文中找到理解先生的词语吗？把书拿起来，默读课文，不动唇、不指读、不出声。默读开始。

（生默读课文第二节）

师：不发出声音，对。

师：好，你们找到了吗？谁来说说看？"先生"在这里是什么意思？你说。

生："师傅"的意思。

师：哦，是师傅的意思。课文第二小节有吗？

（板书：师傅）

师：我们可以说"师傅"，还可以说什么？

生：先生。

师：还有呢？

生：老师。

师：对！那也就是说猫是老虎的……

生：师傅。

师：猫是老虎的……

生：老师。

213

改进语文课堂

师：老师，既然猫是老虎的先生，那么它教会了老虎哪些本领呢？好，这组最后一位女同学。声音响亮一些。

生：他教会老虎扑的方法，捉的方法，吃的方法。

师：好的，请坐。请大家比较这两个句子。我请这位同学你读第一句，这位同学你读第二句，其他同学边听边思考，这两句话，哪一句话写得好？为什么？开始。

（两名学生分读句子）

师：好，请坐。一句是书上的，一句是老师根据书上的这句句子另外写的。先告诉我这两句意思一样吗？

生：一样。

师：那你觉得哪句写得好？为什么？

生：我觉得第一句写得好。

师：为什么？

（生无应答）

师：因为是书上的，所以你说它写得好，是吗？是什么道理？你来帮帮他。

生：因为第一句它写得具体。

师：哪些方面写得更具体？

生：扑的方法、捉的方法、吃的方法。

师：那么，从老师用自己红色笔打出来的字，你觉得猫教老虎方法的时候，它怎样？想想平时老师教你们本领时是怎样的？

生：老师对我们很认真的。

师：对，还有呢？老师是怎样的呢？猫在教老虎本领的时候怎样呢？

生：很专心。

师：是不是很耐心的？猫把本领一样一样逐一教给老虎，我们一起把第一句读一读，老虎本来什么也不会的——预备，起。

（生读句子）

师：猫很有耐心地教了一些本领给老虎，但是，看课文，猫还没有……

生：将一切本领传授完。

师：还没有……

生：教给它上树。

师：你读这句话，有什么疑问？

第五章　优化教学环节：积累重组整合的实践智慧

师：猫那么耐心地教了老虎那么多本领？但是……你说。

生：既然猫要全部教给老虎扑的方法、捉的方法、吃的方法，为什么没有教它上树的本领？

师：为什么没有教它上树的本领呢？书上说，猫没有将……

生：一切本领教给老虎？

师："一切"是什么意思？就是没有将一切本领教给它。这是同学们的疑惑。猫是老虎的老师，为什么还留着一手不教给老虎呢？接下来我们就来看，原来猫早就知道老虎的来意了。你们看，是什么来意？老虎有什么来意？

生：要杀掉猫？

师：谁要杀掉猫？

生：老虎要杀掉猫。

师：哦！原来老虎要杀掉猫，这个来意猫早就知道了。

（板书：猫　杀　老虎）

师：它的这个举动早就让机警的猫察觉了，可是老虎还自顾自打它的什么？

生：小主意。

师：你们看，它是怎么做的呢？

（生读"这些教完了……就上前扑向猫"）

师：这是老虎心里的想法，它是怎样想的？后来又是那样做的。老虎的想法实际上是它脑海里对自己说的话，对不对？那你们能不能把老虎的这个想法改成自己说话的内容？

（师出示句子训练：老虎暗暗地在心底里说："＿＿＿＿＿＿。"）

师：注意在改的过程中，有些地方会有变化。自己准备一下。

（生自己准备）

师：说完了吗？我看到有的同学很聪明。请一个同学来说一说老虎的想法，请另外一个同学来说老虎心底里想的，谁来试一试？你先起来，你说第一部分。第二部分谁来试试看？开始。

生1：老虎想，本领都学会了，谁也比不过它了，只有做老师的猫还比自己强，要是杀掉猫，自己便是最强的角色了。

生2：老虎暗暗地在心底里说："我的本领都学会了，谁也比不过我了，只有做老师的猫还比我强，要是杀掉猫，自己便是最强的角色了。"

改进语文课堂

师：对他讲的话你听仔细了吗？你有意见？
生：他有一个"自己"没有改成"我"。
师：对了，他有一个"自己"没有改成"我"，接下来每个人再把这段话说一说。
（生自己说）
师：好，让我们一起把老虎心里的这段想法读一读，老虎想，本领都学到了——预备起。
（生齐读）
师：是呀，老虎那得意扬扬的劲儿便尽显无遗了，于是它打定主意……
生：就上前去扑猫。
师：你觉得这是一只怎样的老虎？你说。
生：不知好歹的老虎。
生：一只忘恩负义的老虎。
师：对的。
生：一只很性急的老虎。
师：你觉得它很性急，你是根据后面的故事的结果你觉得它很性急的，是不是啊？你说。
生：我觉得是一只狡猾的老虎。
师：我觉得光狡猾还不够。
生：我觉得它还有一点儿骄傲。
师：骄傲？这里有没有写它很骄傲？
生：我觉得这是一只恩将仇报的老虎。
师：恩将仇报，对啊。你说。
生：一只想要成为最强的角色的老虎。
师：那它是不是有点狂妄自大啊？它想做百兽之王。老师听出来了，这只老虎真可怕，幸而，我们的猫先生是早就知道它的来意，所以它……
生：没有将一切本领传授完。
师：当老虎向它扑上来的时候，它怎么样？
生：一跳便上了树。
师：老虎只能……
生：眼睁睁地在树下蹲着。
师：是呀，猫是早就有防备的，那你们知道猫先生当时是怎么想的吗？

216

第五章　优化教学环节：积累重组整合的实践智慧

（师出示想象说话：猫是早知道它的来意，它想，如果_____，老虎就_____）

师：你也可以和旁边的同学商量准备一下。

（生准备）

师：它之所以能这样做，是它当时想到了什么？好，你来说说看，试试。

生：猫是早知道它的来意的。它想如果我将一切本领传授给老虎。老虎就会把我杀掉的。

师：还有吗？还可以怎么说？是呀，它早就已经防着一手了。你说。

生：猫是早知道它的来意的，它想：如果把一切本领传授给它，老虎就会杀掉我，我还是隐藏点本领吧。

师：我还是什么？我还是……

生：别教它太多。

师：我还是藏着一手本事吧。是不是啊？

师：那我有个疑惑了，刚才两个同学都说到老虎就会来杀掉我，是不是啊？那么这个杀掉我，是不是猫事先就一定知道的呢？它只是一种什么？

生：防备。

师：还有一种是猜测，是不是啊？那么除了猜测老虎会杀掉它之外，还会猜测什么？所以它才保护着，没有把所有的本领都教给它？好，你说。

生：猫是早知道它的来意的，它想：如果我把一切本领传授了，老虎就会来杀掉我，这样的话，我如果爬上树的话，老虎也会爬上来，把我给杀掉的。如果我死了，我的朋友们怎么办，我的家人怎么办呢？

师：哦，它想得很多，是不是啊？好。是呀，猫对于老虎，它是有着什么啊？

生：防备。

师：戒心的。是不是呀？是有防备的，所以我们说课文中的这只猫，给你留下了什么印象？这是一只怎样的猫？你觉得？你说。

生：这是一只聪明的猫。

师：哦，聪明的猫。好的，还有呢？你说。

生：我明白了防人之心不可无。

师：哦，那么你觉得这是一只怎样的猫？

生：有警惕心的猫。

改进语文课堂

师：有警惕、警戒心的猫，对不对呀？好，你说。
生：这是一只非常机警的猫。
师：哦，非常机警的猫。还有它事先就已经想到了老虎会扑它，是不是一只料事……
生：如神。
师：对呀，料事如神的猫，是一只聪明的猫，同时它因为自己的机警，它没有被老虎给……
生：吃掉。
师：吃掉，那么它幸运吗？
生：幸运。
师：我们讲这是一只幸运的猫，是不是啊？好，老虎虽然是阴险狡诈的，但是它最终还是败在了它的师傅——猫的手下，所以猫确实是它的……
生：先生。
师：先生。请大家把书拿起来，我们把课文第二小节，有感情地读一读。你知道吗？——预备，起。
（全班齐读第二小节）
师：这个短小精悍、生动有趣的故事大家学完了，那么你们能不能根据猫和老虎的性格，展开合理的想象，用自己的话来讲一讲猫和老虎之间的这个故事，可以吗？老师给你们1分钟的时间准备一下，好不好？好吗？
生：好。
师：好，那你们自己准备一下。
（生准备）
师：可以把刚才我们讲的猫是怎么想的，老虎是怎么想的，怎么做的，都放进去。可以用自己的语言来讲这个猫和老虎的故事。
（生继续准备）
师：有同学准备好了吗，有谁愿意上来试试看？刚刚听了同学在下面讲得很不错的。谁来试试看？（指向一女生）你来试试看吧？行不行啊？行的，来。你要拿书的话，也可以。
生：猫是老虎的师傅，老虎本来是什么也不会的，就拜猫为师，猫就教给它扑的方法，捉的方法，吃的方法。这些教完了，老虎就在心里暗暗说："本领都学会了，谁也比不过我了，只有猫老师还比自己强，要是杀掉猫，我就是最强的角色了。"它打定主意就上前去扑猫，猫早就知道老虎的来意

218

第五章 优化教学环节：积累重组整合的实践智慧

了，如果我不留一手的话，老虎会把我吃掉的。它就一跳上了树。

师：（微笑道）前面你说错了，再补充一下。

生：（不好意思地看看老师）老虎大吼道，可恶的猫你给我下来，我要用你这猫填饱肚子，猫趴在树上说，如果我下来，我就死定了，如果我下来你就会把我吃掉，那样的话我就没命了，老虎又在下面白白地折腾了一个小时后，就饿着肚子回家了。

师：（微笑）哦，好的，她说得好不好？

众生答：好。

师：她讲得还是很不错的，她发挥了自己的想象。把当时猫有什么想法，老虎有什么想法以及它们的对话通过自己的语言表达了出来，还有谁接下来试试看。

（几名学生举手，师请一名男生回答）

师：站前面一点，声音响亮。

生：老虎本来什么也不会，就拜猫为师，猫教了它许多本领，有扑的方法，捉的方法，吃的方法，这些全都学完了，老虎就想，只要杀掉猫，它就是非常厉害的角色，但它没想到，猫会留着一手，（生想了想，重复前面一句）但它没想到，猫会留着一手，猫一跳，跳到了树上，老虎只能眼睁睁地在树下看着猫，老虎想了一会儿就对猫说，猫老师，你下来吧，我不会吃掉你的。猫说：我才不会上你的当呢！看了一会儿，只能……只能……只能眼睁睁地在树下看着。

师：看着猫了，是不是啊？好的，这位同学讲得也不错啊！

师：好，为了检测一下刚才同学们听课的效率，老师给同学们准备了一张作业单，现在请你把这张作业单拿出来，根据你刚才听到的内容，用2～3分钟时间把这张作业单中的小练习完成，等会儿老师要收上来的。

（师巡视）

师：把班级姓名写上。

（师巡视，生答题）

师：头抬高。最后一题用一两句话把它写下来。完成了从后面传到第一个同学手中。

（收作业）

219

改进语文课堂

二、第二次课

师：今天许老师给大家带来了两位动物朋友，你们看这是谁啊？

生：猫。

师：这个呢？

生：老虎。

师：说说看你印象中的这两种动物，是怎么样的？

生：猫很温顺，很可爱。

师：你说。

生：老虎很凶猛。

师：哦，老虎很凶猛。你们知道吗，小小的猫可是老虎的先生，你们相信吗？

生：不相信。

师：好，那么今天我们就来学习第34课。

师：手举起来跟老师一起来书空课题。猫是老虎的先生。

（师板书课题）

师：好，一起把课题读一读，预备，起。

生：猫是老虎的先生。

师：你知道什么是先生？

生：先生就是老师的意思。

师：嗯，老师的意思，还有呢？你们都预习过课文了，课文里告诉你先生是什么？

生：先生就是师傅的意思。

师：哦，对，先生就是老师或者师傅。以前的人把那些值得尊敬的人统称为……

生：先生。

（师板书：老师　师傅）

师：好，读了课题以后，你有什么问题吗？

生：这么温柔、可爱的猫怎么成为凶猛的老虎的老师？

师：猫怎么成为老虎老师？哦，好的，还有什么问题？

生：那么凶猛的老虎会把猫吃掉吗？

师：哦，对啊，这么凶猛的老虎可能把猫吃了。那就让我们带着这些问题来学习课文。把书打开。

师：请你来把学习要求读一读。

（出示自学要求，生读自学要求）

师：要求都明确了吗？书拿起来，开始。

（生读课文）

师：好，都完成了，把书放下。

师：老师这里有一些生字所带的词语，我们"开火车"每个词语读两遍，从你开始。

（生"开火车"读词语）

师：把你刚才读的词语再读一遍，他刚才怎么读的，你们听清楚了吗？

生：他把"眼睁睁"的"睁"读成前鼻音了。

师：哦，那他第二次读的时候，好像老师听到他还把"睁"读成了平舌音，来你再来读一读。

生：眼睁睁，眼睁睁。

师：好的。

师：这个字是一个多音字，它可以读……

生：jiǎo。

师：还可以读……

生：jué。

师：谁能给它找找朋友吗？

师：哦，你来。

生：角，角色。

师：哦，好的。

师：谁能把这句长句子读一读，好你来。

（生读长句）

师：你们发现这位同学在朗读的时候有什么问题呀？请坐。

生：她有一个字读错了。她把"爬搔声"读成了"爬 shāo 声"。

师：噢，这个"搔"是平舌音，不是翘舌音。跟我读：搔。

生：搔。

师：还有什么问题？

生：应该是"趾爪 zhǎo"，不是"趾爪 zhuǎ"。

师：这是一个多音字。好，你自己来纠正一下这两个字的读音。

221

改进语文课堂

生：爬搔声，爬搔声；趾爪，趾爪。

师："趾"和"搔"是这段中的两个生字。我们来看看，什么是"趾爪"？这是什么？你来说说看。

生："趾爪"就是指甲。

师：哦，"趾爪"就是指甲。好的，请坐。

师：那么你们想一想，联系上下文看一看，猫用趾爪在桂树上爬搔的声音是怎样的？你说。

生：是"沙沙沙"的。

师：那么你能用动作告诉老师"搔"是怎样的一个动作？

（生做动作）

师：他就在桌上做，你们看得到吗？

（师做动作）

师：那么"搔"是什么意思呀？

生（齐说）：就是抓。

师：好，请你们根据老师给你们的断句符号，用你们的朗读让老师来感受一下这是一只精灵般的猫。预备，起。

（生齐读句子）

师：第二个断句中，那个"趾爪的爬搔声"读得还不够整齐，我们再来读一遍。忽然——预备，起。

（生再次齐读）

师：读得不错。谁来告诉老师课文哪一小节写了这个猫是老虎的先生的这个故事？

生：第二小节。

师：好，接着请你们听老师来读第二小节，边听边思考。

1. 作为先生的猫教了老虎哪些本领？
2. 老虎又是怎样对待它的先生的？
3. 面对老虎的歹意猫是如何应对的？

（师范读）

师：猫教了老虎哪些本领？

生：猫教了老虎扑的方法、捉的方法、吃的方法。

（师板书：扑　捉　吃）

师：女同学把这句句子读一读。预备，起。

222

第五章 优化教学环节：积累重组整合的实践智慧

（女生齐读句子）

师：你们想象一下，老虎向猫拜师学艺的时候它们会分别说些什么？谁来说一说？

生：老虎听说猫有许多本领，就想拜猫为师。一天，老虎投到猫的门下说："先生，听说您神通广大，可我什么也不会，希望您能教我几手。"猫见老虎这样诚恳，就答应收老虎为徒。猫说："好吧！你一定要认真学习……"

师：于是，猫就……

生：于是，猫就教给他扑的方法、捉的方法、吃的方法。

师：嗯，非常好！还有谁来说说看？

师：还有谁来说一说？

生：老虎听说猫有很多本领，就想拜猫为师，一天它跑到猫的家里对它说："我听说你有很多本领，可是我什么都不会，没法生存，你能收下我吗？"猫见老虎这样诚恳，就答应收老虎为徒。就对它说："好的，但是你不能恩将仇报。"于是猫就教给它扑的方法、捉的方法、吃的方法。

师：那猫怎么知道这里不让老虎恩将仇报的呢？

生：猫教给它，老虎会吃掉它。

师：那么猫既然那么怕它，为什么还要教它呢？那你们认为这只猫怎么样？

生：善良。

师：那它这样做是不是傻乎乎的？明明知道老虎要来吃它的，还教给老虎本领。所以这边猫对老虎说"你不要恩将仇报"不是很恰当。接下来我们再来看看，老虎学了本领之后又是怎么想的，怎么做的？谁来说？

生：这些都教完了，老虎想，本领都学到了，谁也比不过它了，只有做老师的猫还比自己强，要是杀掉猫，自己便是最强的角色了。

师：这是它的想法，它又是怎么做的？

生：就上前去扑猫。

（师出示课文中的句子）

师：男同学把这一段来读一读。

（生齐读句子）

师：老虎的这个想法其实就是它在脑海里想说的话，能不能把老虎的想法改成说话的内容？注意人称的变化。

223

改进语文课堂

（师出示想象说话练习）

生：老虎暗暗地在心里说："本领都学到了，谁也比不过我了，只有我的老师猫先生还比我强，要是杀掉猫，我就是最强的角色了。

师：是不是呀！好的，请坐。是呀，这样老虎"得意扬扬"的得意劲儿就显示出来了，于是它就……

生：打定主意，就上前去扑猫。

师：你觉得它是一只怎么样的老虎？你来说。

生：忘恩负义的老虎。

（板书：忘恩负义）

生：这是一只非常凶残的老虎。

（板书：凶残）

生：这是一只恩将仇报的老虎。

师：哦，这是一只恩将仇报的老虎。你们能不能用你们的朗读把老虎的这些性格读出来。

（生齐读句子）

师：老师听出来了，这只老虎真可怕，但是我们的猫先生是早就知道它的来意的，是什么来意啊？

生：老虎要来杀它。

师：对啊，猫早就知道老虎是要来杀它。

（板书：杀）

师：那你们来猜一下，猫是什么时候知道老虎的来意的？

生：教老虎本领的时候。

师：是在教老虎本领的过程中还是老虎来拜师学艺的时候发现的？

生：在教老虎本领的过程中。

师：在教老虎本领的过程中，对不对啊？那么你们说这是一只怎么样的猫？

生：机灵的猫。

（板书：机警）

师：还有吗？

生：这是一只机智的猫。

师：猫还会在什么时候知道老虎的来意呢？

生：机灵。

第五章 优化教学环节：积累重组整合的实践智慧

师：刚才讲过了，大家再猜猜看，猫是从什么时候知道它的来意的？

生：可能是在老虎来拜师学艺的时候就知道了。

师：那我就要问了，既然它在老虎来拜师学艺时就知道了老虎的来意，那它为什么还要教老虎呢？

生：它怕这只老虎被别的小动物欺负。

师：老虎本来是什么也不会的，也许它找不到食物，它就无法生存了，会饿死，是不是？这是一只……

生（齐说）：善良的猫。

师：对，是一只善良的猫。

（板书：善良）

师：所以，当猫早知道它的来意的时候，它……

生：一跳便上了树。

师：老虎……

生：只能眼睁睁地在树下蹲着。

师：老师也觉得猫是早有防备的，那你们想想看，猫先生当时是怎样想的？

（出示想象说话练习：猫是早知道它的来意的，它想，如果_____，老虎就_____）

生：猫是早知道它的来意的，它想如果把一切本领都传授给老虎，老虎就会吃它。

师：好的，还有吗？

生：猫是早知道它的来意的，它想，如果我不提前怀疑它的话，老虎就会杀了我。

师：噢，提前怀疑？它已经早知道了呀，这里还要说它提前怀疑吗？如果我是怎么样，我应该怎么做，是不是？还有吗？

生：猫是早知道它的来意的，它想，如果我把一切本领都传授给它，老虎就会杀了我。

师：对呀，幸而我们的猫先生没有把一切本领都教给它，还没有教它……

生：上树。

师：老虎虽然是凶残的，是阴险狡诈的，但是，它最终还是败在了猫先生的手下，所以我们说，猫确实是……

改进语文课堂

生：老虎的先生。

（师将课题边的问号擦去）

师：好，我们拿起课本，带着你的感受去读一读第二小节，你知道吗，预备起。

（生齐读第二小节）

师：好，书放下，这个有趣的故事，我们学完了，那你能不能根据课文内容，展开合理的想象，再加上自己的语言，把这个故事说给大家听一听，我们来试试，好吗？这里老师给大家两种方法，第一种方法你可以根据老师给你的提示，把这个故事说完整；第二种方法你还能挑选这些词语小帮手把故事说完整，你可以任选一种，自己准备一下。

（生练习讲故事）

师：准备得差不多了，我们请一个同学来试试看好吗？谁选择了第一种方法？

师：你选择到了，你来说说看。

生：老虎听说猫有许多本领，就想：我什么也不会，就拜猫为师吧。一天，老虎投到猫的门下说："先生，听说您神通广大，特来拜您为师。"猫见老虎这样诚恳，就答应收老虎为徒，说："好吧，但你一定要勤学苦练。"猫教会它捉的方法、扑的方法、吃的方法。这些教完了，老虎想，本领都学到了，谁也比不过它了，只有做老师的猫比它强，要是杀掉猫，自己便是最强的角色了。它打定了主意，就上前去扑猫。猫早知道它的来意，心想：如果我把所有的本领都传授给了它，老虎就会把我给杀掉。幸亏猫还没有教给老虎上树。

师：哦，他讲得好不好？

生：好！

师：非常流利，非常好，说明上课很认真。

师：有没有同学选择第二种方法？这好像有点难，你可以用上老师给的这些词语小帮手。能用多少就用多少。

师：刚才我听到有个同学说他选择了第二种方法，你先来试试看好吗？

师：来，站到这边。

生：有一只老虎……

师：声音响一点儿。

生：有一只老虎一无所长，就投到猫的门下，苦苦哀求说："猫啊，我

第五章 优化教学环节：积累重组整合的实践智慧

什么都不会，你收我为徒吧。"猫语重心长地说："好啊，那你就需要勤学苦练。嗯……"

师：于是猫就……

生：于是猫就收老虎为徒。嗯……

师：教了它……

生：教了它扑的方法、捉的方法、吃的方法。老虎想，我……

师：本领学完了吗？

生：本领学完了，我会……

师：是角（jiǎo）色吗？

生：角（jué）色。

师：角（jué）色。嗯，是角（jué）色。

生：只有猫比我强，我就独占鳌头了。

师：哦，独占鳌头了。

生：老虎独占鳌头了，它无可奈何地说……

师：怎么会无可奈何了呢？它不是说"我"独占鳌头了吗？然后它就怎么做了呀？

生：它就……

师：它怎么做的呀？

生：它就向猫扑去。

师：嗯。

生：幸亏猫明察秋毫。

师：嗯。

生：就跳到了树上，猫知道老虎会杀了它，就还没有教给它上树的本领。嗯……

师：老虎怎么样？

生：老虎就只好眼睁睁地待在树下，看着它。

师：噢，看着它。

师：好的，基本这些词语都能够根据这个故事的情节变化用上了。不错。那么，我们其他同学下课后可以用这两种方法和同学交流一下。

师：好，接下来，我们看看能不能根据这篇课文的内容来给文章换个题目？

师：可以换哪些题目？我要找同学来说说。

227

改进语文课堂

师：噢，你来。
生：忘恩负义的老虎。
师：忘恩负义的老虎。还有吗？你说。
生：聪明的猫。
师：聪明的猫。噢，你说。
生：聪明的猫和忘恩负义的老虎。
师：你说。
生：善良的猫。
师：善良的猫。你说。
生：猫和老虎的故事。
师：哦，猫和老虎的故事。
师：好，那你们看看同学们刚才取的题目与我们今天这个课题比哪个更好，为什么？
师：比如说善良的猫，再看看课题《猫是老虎的先生》，你来说。
生：那个题目就讲到了一个人物。
师：只讲到了猫或者只讲到了老虎，而课题呢？
生：课题中有两个人物。
师：就是把猫和老虎两者之间的关系给我们显现出来了。是不是啊？而且刚才同学们读了课题后有问题的。对啊，这样就能够让我们带着问题去学故事。好，这个猫与老虎的故事是以老虎的落败而结束了，那么本文的作者呢是大文学家鲁迅先生，他在最后一小节说，这是侥幸的，我们一起把最后一节读一读。预备，起。

（生齐读最后一节）

师：什么是侥幸？好，你说吧，今天你还没说过呢！
生：侥幸就是幸运。
师：哦，就是幸运的，好，那么猫侥幸在哪里？它不是逃过了一劫吗，它侥幸在哪？
生：我觉得老虎没把它吃了。
师：哦，老虎没把它吃了。它很侥幸，那么老虎怎么没吃到它的？是因为……
生：因为猫没有教给老虎上树的本领。
师：哦，猫没有教给老虎上树的本领，也就是说老虎还没有把猫所有的

第五章 优化教学环节：积累重组整合的实践智慧

本领都学会，这个老虎特别的什么？

生：性急。

师：否则从桂树上就会……

生：爬下一只老虎。

师：终究是……

生：很怕人的。

师：那么鲁迅先生想通过这个故事告诉我们什么道理呢？

（师引导学生观察板书）

师：在生活中，人们是不是应该像猫一样做一个善良的人，但是在面对像老虎一样心怀鬼胎的人时，是不是也应该要学会保护自己啊。

（师出示寓意并朗读）

师：今天同学们都学得很认真，许老师想考考大家，请大家把书合上，拿出那张小练习单，三道题目挺简单，看谁做得又好又快。

（师巡视指导）

三、第三次课

师：今天老师给大家带来了两位动物朋友（课件出示动物的照片），猫和老虎，说说你印象中的这两种动物是怎样的？

生：我觉得猫是很漂亮的宠物，而老虎是凶猛的野兽。

师：好的。你来说。

生：我觉得老虎是老是张开血盆大口吃别的动物的猛兽。

师：嗯，猛兽。那猫呢？

生：猫是家养温顺的宠物。

师：那你可知道，小小的猫可是老虎的先生，相信吗？

生：不相信。

师：今天我们就来学习第34课。

（师板书课题）

师：举起你们的手，和老师一起把课题写一下。猫是老虎的先生。

（生一齐书写课题）

师：好，我们一起把课题读一遍，预备，起。

生：34，猫是老虎的先生。

师：读了这课题你有什么想问的吗？

229

改进语文课堂

生：猫怎么会是老虎的师傅？

师：猫为什么是老虎的师傅？那么你也就是解释了这个"先生"是什么意思啊？

（师在课题后板书：？）

生：师傅。

师：还有什么问题？你说。

生：老虎为什么只拜猫为先生？为什么不拜其他动物为先生？

师：为什么不拜其他动物为先生？好的。你说。

生：老虎为什么要拜猫为师傅？

师：那就让我们带着这些问题走进课文，打开语文书。

（师幻灯片出示学习要求）

师：×××请你把学习要求给大家读一读。

生：1. 自由朗读课文，读准字音，不加字不漏字。2. 把课文读顺畅。

师：清楚了吗？

生：清楚了。

师：开始……

（生自读课文）

师：好，（出示生字所带的词语）这里有一些生字所带的词语，我请这个小组"开小火车"把每个词语读两遍，声音响亮。

生：一株大树，一株大树。

生：芭蕉扇，芭蕉扇。

生：猜谜，猜谜。

生：师傅，师傅。

生：传授，传授。

生：随声而下，随声而下。

生：眼睁睁，眼睁睁。

生：角色，角色。

师：你们听出刚才的朗读中有什么问题吗？

生：××在读的时候有些问题，读"眼睁睁"（yǎn zhēng zhēng）的时候读成了（yǎn zhēn zhēn）。

师：他把这个"睁"的什么读成了什么？

生：他把"睁"拖长了。

第五章 优化教学环节：积累重组整合的实践智慧

师：他把"睁"拖长了？是这个意思吗？
生：我觉得××把"眼睁睁"的"睁"读成前鼻音了。
师：嗯，对，她听得很仔细啊，这个"睁"应该是什么？
生：后鼻音。
师：刚才他读成前鼻音了，是吗？你来纠正一下。
生：眼睁睁，眼睁睁。
师：我们一起来。
生：眼睁睁，眼睁睁。
师：好，刚才老师听到同学读这个字的时候，这个字应该都读……
生：傅。
师：但是它放在这个词语中的时候，它就变成了……
生：傅，轻声。
师：哎，对，它就变成了轻声，再读一遍。我们一起读一读。
生：师傅，师傅。
师：这个字啊，可是一个多音字，在这里它读……
生：角（jué）。
师：它还可以读……
生：角（jiǎo）。
师：你能给它找找朋友吗？你来。
生：角，角色。角，三角形。
师：嗯，好的。你们看看仔细，这个字和它有什么不同的地方吗？×××。
生：一个有言字旁，一个没有言字旁。
师：哦，那你能不能给这两个不同的字找朋友。
生：谜，猜谜，迷，迷路。
师：哦，好的，谁能够把这句长句子读通顺？×××。
生：突然，桂树上有沙沙的趾爪的爬搔声，一对闪闪的眼睛在暗中随声而下，使我吃惊，也将祖母正讲着的话打断，另讲猫的故事。
师：噢，好的，他在读的时候，你们有没有听到有一个字好像读得不是那么准确？你发现了没有？有人发现了吗？哦，你发现了，你来说说看。
生：我觉得他"趾爪"的"爪"，感觉读得不准。
师：这个"爪"字是不是没有读准音啊？哦，好的，请坐。这个"爪"

231

改进语文课堂

字是一个多音字，它在这里读爪（zhǎo），它还可以读……

生：爪（zhuǎ）。

师：好，在这句句子中有两个生字，第一个读……

生：趾。

师：它是翘舌音，我们不要读错了，第二个读……

生：搔。

师：它是……

生：平舌音。

师：对，那么你知道什么是"趾爪"呢？看看图，×××你来。

生：趾爪的意思就是有趾甲的爪子。

师：噢，这个爪子下面是有趾甲的，那么这个"趾"就是什么意思啊？

生：趾甲。

师：好，猫用趾爪在树上抓爬的时候是什么声音？请你联系上下文说说是什么声音？

生：就是沙沙的声音。

师：啊，什么声音？

生：沙沙的声音。

师：那么，你能不能用一个动作来告诉老师这个"搔"是什么意思？

（生做动作）

师：哦，是这个意思。那么"搔"就是什么意思？

生：抓。

师：抓，对，但是我看到还有的同学他的动作是这样的，这个叫……

生：爬。

师：噢，不正确了，请你们根据断句符号，用你们的朗读让老师能不能感受到一只精灵般的猫。我们女同学来试试看，女同学起立，预备，起。

（女生读句子）

师：老师看到了一只精灵般的猫，请坐，男同学也来试试，起立，预备，起。

（男生读句子）

师：读得不错，请坐，那你们能不能告诉老师课文的哪一小节写的是猫是老虎的先生这个故事的？哪一节啊？

生：第二节。

第五章 优化教学环节：积累重组整合的实践智慧

师：哦，第二节。请大家听老师来读读第二小节，边听边思考（师出示要求）：1. 作为先生的猫教了老虎哪些本领？2. 老虎又是怎样对待它的先生的？3. 面对老虎的歹意，猫是如何应对的？拿起书。

（师范读课文第二小节）

师：作为先生的猫教了老虎哪些本领？

生：作为先生的猫教给老虎扑、捉、吃的本领。

师：你用书上的语言说一说。

生：猫教给它扑的方法、捉的方法、吃的方法。

（师板书：猫 扑 捉 吃 老虎）

师：猫教给老虎扑的方法、捉的方法和吃的方法。

师：我请第六小组把这句句子读一读。预备，起。

生：猫就教给它扑的方法、捉的方法、吃的方法。

师：有个同学没有看仔细，来，这组试试。

生：猫就教给它扑的方法、捉的方法、吃的方法。

师：那你们想象一下，当老虎来向猫拜师学艺的时候，会是怎样的一幅情景？请你和你的同桌说一说。

（师出示想象说话内容，生同桌练习）

师：好了吗？

生：好了。

师：我请你们来说说看。好，请你来说吧！

生：老虎听说猫有许多本领，就想拜猫为师。一天，老虎投到猫的门下，说："可敬的猫老师，我什么都不会，请你教我生存的本领吧！"猫见老虎这样诚恳，就答应收老虎为徒，说："好吧，只要你不要用我教的方法去残害其他的动物，我就可以把所有的本领都传授给你。"

师：于是它就……

生：于是，它就教给老虎扑的方法、捉的方法、吃的方法。

师：好的，还有谁来试试看？好，×××你来。

生：老虎听说猫有许多本领，就想拜猫为师。一天，老虎投到猫的门下来。

师：没有"来"的。

生：说："可敬的猫先生啊，我什么本领也不会，已经很久没有吃东西了。不知道您肯不肯收我为徒？教我生存的本领。"

233

改进语文课堂

师：猫见……

生：猫见老虎这样诚恳，就答应收老虎为徒，说："只要你不用学到的本领去伤害其他的小动物，我就决定把所有本领全部教给你！"

师：于是……

生：于是，猫就教给它扑的方法、捉的方法、吃的方法。

师：你好像说的跟×××的差不多，是不是？还有其他说法吗？好，你来试试。

生：老虎听说猫有许多本领，就想拜猫为师。一天，老虎投到猫的门下，说："可敬的猫师傅，我已经好久没有吃东西了，而且还被那些凶残的野兽攻击，你能不能教给我几招，让我在这个世界上生存下去？"猫见老虎这样诚恳，就答应收老虎为徒，说："只要你能够勤学苦练，我就可以把所有的本领都传授给你！"于是，猫就教给它扑的方法、捉的方法和吃的方法。

师：看到老虎这么可怜，猫就教给它那么多的……

生：本领。

师：你们觉得这只猫怎么样啊？

生：很善良。

（师板书：善良）

师：这是一只善良的猫，还有吗？

生：这是一只好心的猫。

生：这是一只助人为乐的猫。

师：哦，愿意帮助别人。

生：有爱心的。

生：很热情。

生：这是一只助人为乐的猫。

师：小朋友说过了，你要听仔细哦。

生：这是一只热心的猫。

师：那老虎学了本领以后，它是怎么想、怎么做的？书上是怎么说的？

生：老虎想：本领都学到了，谁也比不过它了，只有做老虎的猫还比我强。要是杀掉猫，我便是最强的角色了。

师：这是它的想法，后来呢？怎么做的？

生：它打定主意就上前去扑猫，猫是早就知道它的来意的，一跳便跳上

234

第五章 优化教学环节：积累重组整合的实践智慧

了树。

师：这个是讲老虎的吗？

生：不是。

师：你要看仔细，还有刚才你在读这句话的时候，这里是"自己"，不是"我"。是不是？要看清楚哦。

师：其实呀，老虎的想法就是它在脑海里对自己说的话。那你们能不能把它的想法，变成它说话的内容？

（出示：老虎想，本领都学到了，谁也比不过它了，只有做老师的猫还比自己强，要是杀掉猫，自己便是最强的角色了。

老虎暗暗地在心底里说："＿＿＿＿＿＿＿＿＿。"）

生：老虎暗暗地在心底里说："只有做老师的猫还比我强，要是杀掉猫，我便是最强的角色。"

师：它怎么突然一下子说这句话的？请坐。

生：老虎暗暗地在心底里说："从今以后本领都学到了，谁也比不过我了，只有做老师的猫还比我强。要是杀掉猫，我便是最强的角色了。"

师：是呀。老虎得意扬扬的样子尽显了出来。于是它这样想，于是它……它怎么做？

生（齐读）：它就打定主意，就上前去扑猫。

师：那你觉得这是一只怎样的老虎？

生：这是一只阴险狡诈的老虎。

（出示句子：老虎想，本领都学到了，谁也比不过它了，只有做老师的猫还比自己强，要是杀掉猫，自己便是最强的角色了。它打定主意，就上前去扑猫）

师：那就请你来读一读，把你的感受读出来。

（板书：阴险）

生：老虎想，本领都学到了，谁也比不过它了，只有做老师的猫还比自己强，要是杀掉猫，自己便是最强的角色了。它打定主意，就上前去扑猫。

师：老师觉得这只老虎不够阴险。你来。

生：我觉得这是一只忘恩负义的老虎。

师：那用你的朗读来告诉我们好吗？

生：老虎想，本领都学到了，谁也比不过它了，只有做老师的猫还比自己强，要是杀掉猫，自己便是最强的角色了。它打定主意，就上前去扑猫。

235

改进语文课堂

（板书：忘恩负义）

师：我看到了一只忘恩负义的老虎。好像有点可怕。还有吗？

生：这是一只凶猛的老虎。

师：请你用你的朗读来告诉我。

（生读句子）

师：这只老虎好像还有那么一点点的温柔噢。

生：这是一只可怕的老虎。

（生读句子）

师：老师听出来了，挺可怕的。不过啊我们的猫先生是早就知道它的来意的，什么来意啊？

生：杀猫。

师：谁要杀猫啊？

生：老虎要杀猫。

师：噢，老虎要杀猫。

（板书：杀）

师：那你们猜猜看猫先生早在什么时候知道老虎有这个来意？

生：老虎在拜猫为师的时候。

师：老虎在刚刚投到猫的门下的时候，猫就有这个感觉了。是吗？那我觉得这只猫挺傻的，既然它已经知道老虎来杀它了，那它为什么还要收老虎为徒，还想要教它学那么多的本领呢？

师：那你们猜猜看，猫先生早在什么时候知道老虎的歹意的？

生：就是……老虎觉得……

师：回答我刚才那个问题！你觉得这只猫怎么样？

生：我觉得这只猫很善良。

师：哦，应该是很善良，是不是啊？它有可能是在老虎刚刚来的时候就已经察觉到了，但是它还是愿意教它，它还是很善良的！

生：我觉得它应该是在老虎心底里暗暗想的时候，它就知道的，就是，一边想，一边它会自言自语地说，这些说的话被猫听到了。

师：你刚刚说老虎在想的时候，这只猫就已经知道了。那岂不是这只猫钻到它脑袋里去了，是不是啊？你刚才自己又补充了，它在想的时候可能又在自言自语，它说的话被猫听到了，你觉得这只猫怎么样？

生：很机灵。

第五章 优化教学环节：积累重组整合的实践智慧

师：除了机灵，它是不是有点……

生：机警。

师：除了机灵，它还有点怎么样？还有点警惕是吗？

（板书：机警）

师：我们的猫先生很机警，它早就知道了老虎的来意，所以当老虎向它扑来的那一刹那，猫……

生（齐答）：一跳便上了树。

师：老虎无可奈何……

生：只能眼睁睁地在树下蹲着。

师：那你们想一想，猫先生当时会怎么想？请你们在小组里先讨论一下。

（师出示：猫是早知道它的来意的，它想，如果_____，老虎就_____）

（生分组讨论）

师：好！谁来说一说？

生：猫是早知道它的来意的，它想，如果我把一切本领传授完，老虎就会把我给吃掉。

师：好的，还有呢？有不一样的吗？

生：有！

师：你来讲！

生：猫是早知道它的来意的，它想，如果我先把爬树的本领教给老虎，老虎就会把我给吃了。

师：好！你来！

生：它想，如果我把上树的本领也教给老虎……

师（提示学生按提供的填空语段来讲）：猫是早知道它的来意的……

生：猫是早知道它的来意的，它想，如果我把上树的本领也教给老虎，老虎就会张开血盆大口吃掉我。

师：这只猫教了老虎许多的本领，可是老虎反过来却想要……

生：杀猫。

师：因为猫有了警惕，所以它最后逃过了这一劫。因此，猫确实是老虎的先生。

（指板书中课题"先生"旁边的"？"）

237

改进语文课堂

师：这个问题我们解决了吗？
生：解决了！
（师擦去问号）
师：那就请你们带着你的感受，我们一起把书拿起来，读读课文的第二小节。你知道吗？预备，起。
（生齐读第二节。个别学生读到了第三小节）
师：思想集中，听清楚要求，书放下。
师：这个"猫与老虎"的故事最终以老虎的落败结束了。本文的作者是大文学家鲁迅，他在文章的最后一节说："这是侥幸的。"你知道"侥幸"是什么意思吗？
生：我是用查字典的方法知道"侥幸"就是由于偶然的原因而得到成功或免去灾害。
师：你是用查字典的方法理解"侥幸"的。其他同学还有用其他方法的吗？
生：我是用找近义词的方法理解"侥幸"的，"侥幸"就是幸运。
师：哦，幸运的意思，那你们说说看，这里是幸运是不是事先就料到的，那么猫侥幸在哪里？×××。
生：猫侥幸在老虎很性急。
师：还有呢？×××。
生：猫侥幸在还没教给老虎上树。
师：上树的本领。
师：你说。
生：老虎很性急没有教给它上树的本领。
师：老虎很性急没有教给它上树的本领。老虎很性急，猫还没有教给它上树的本领。是的，猫的幸运是因为老虎太性急，这个偶然的因素才获得的，所以，这就叫……
生：侥幸。
师：好，我们拿起课本，这只老虎还没学完本领就要扑猫，它也太……
生：性急了！
师：机警的猫因为没有教它上树而逃过了一劫，这就是……
生：侥幸的。
师：要不然……

第五章　优化教学环节：积累重组整合的实践智慧

生：从桂树上就会爬下一只老虎，终究是很怕人的。

师：好，课本放下，那么你们知道鲁迅先生通过这个故事想告诉我们什么呢？请你把那张练习纸拿出来，想一想，把你想的写在纸上，同时根据文章的内容把前面的小练习也一起完成。

（生完成练习）

师：好，我们来交流一下。

生：这个故事告诉我们不要把本领教给那些心怀鬼胎、心术不正的人，要学会观察和防护。

师：那你觉得课文中谁是心怀鬼胎的人。

生：老虎。

师：哦，老虎，好的。

生：这个故事告诉我们不能像老虎那样，要尊敬自己的老师。

师：你说。

生：要像猫那样有机警性。

师：要像猫那样机警，你说。

生：这个故事告诉我们要像猫那样做个善良的人，同时也要保护好自己。

师：那么故事中善良的人是谁啊？

生（齐）：猫。

师：我们要像这只猫一样要做一个善良的人，但是对于像老虎那样心术不正的人我们也要学会防备，也要机警一些，也要学会保护自己，刚才几个同学都提到了。

（师出示多媒体，归纳：在生活中，要学会保护自己，防备那些像老虎那样心怀鬼胎的人）

师：这就是鲁迅先生通过这个故事告诉我们的道理。

师：好，课文到这里学完了，那你们能不能根据课文，展开合理的想象，用自己的语言，把这个故事讲给大家听一听，老师给了大家一些提示（出示提示要求），用下面两种方法中的一种把故事讲完整。第一种找你的好朋友，两个或三个，合作把故事讲完整。第二种就是有能力的同学一个人把故事讲完整。我们来分一分，用方法一找朋友的同学就站这边，用方法二的同学站到那边，如果你在理解的故事中能加上一些动作，这样就更好了。

（生分组练习）

239

改进语文课堂

师：好，你来。你是？
生：用方法二。
师：用方法二，好，面对大家。
生：老虎听说猫有许多本领，就想拜猫为师。一天，老虎投到猫的门下，说，（生蹲下）可敬的猫先生，我已经仰慕您很久了（生站起）。您有这么多本领，您能教我几招吗？猫见老虎这样诚恳就答应收老虎为徒。说，看你这么可怜就收下你吧。猫教给它扑的方法、捉的方法、吃的方法。这些教完了，老虎想：本领都学完了，谁也比不过我了。只有做老师的猫还比我强，要是杀掉猫（生做杀的动作），我便是最强的角色了。它打定主意上前去扑猫（生做扑的动作）。猫早知道它的来意，心想：如果我把本领都教给了老虎，老虎就会把我吃掉。于是，猫一跳便上了树，老虎只能眼睁睁地蹲在树下，幸亏猫还没有教老虎上树的本领。
师：他说得好不好？
生：好。
师：我们鼓掌表扬他。
（生齐鼓掌）
师：再请一组同学。
（3名学生上）
（师给他们戴好猫与老虎的头饰，1名学生做旁白）
生1（旁白）：老虎知道猫的本领很强，就想拜猫为师。一天，老虎投到猫的门下，说……
生2（饰虎）：（跪地）尊敬的猫先生我什么本领也不会，听说您有很多本领，我就要饿死了，您就收我为徒吧！
生1：猫见老虎这样诚恳，就答应收老虎为徒，说……
生3（饰猫）：好的，只要你不把我教会你的本领残害其他小动物，我就把所有的本领都教给你。
生1：猫就教给它扑的方法、捉的方法、吃的方法。（生3做动作）这些教完了。老虎想……
生2：本领都学到了，谁也比不过我了，只有做老师的猫还比我强。要是杀掉猫，我就是最强的角色了。
生1：它打定主意就上前去扑猫。（生2做扑的动作）猫是早知道它的来意的，心想……

第五章 优化教学环节：积累重组整合的实践智慧

生3：如果我把所有的本领都传授给它，我就会被它吃掉的。

生1：于是，猫一跳就上了树，老虎只能眼睁睁地蹲在树下，幸亏猫没有把所有的本领都传授给它，加上老虎很性急，猫才逃过了这一劫。

师：他们演得怎么样？

生（齐）：很好！

师：就你们组来吧。

（又3名学生上，师为他们戴上头饰）

生1：听说猫有很多本领，一天，老虎就投到猫的门下，说……

生2：可敬的猫先生啊，听说您有很多本领，我什么本领也不会，我已经很久没有吃东西了，不知道您肯不肯收我为徒？

生1：猫见老虎这样诚恳就答应收老虎为徒。猫说……

生3：好吧，我可以把全部的本领都教给你，但是你不能用学会的本领去残害其他小动物。

生1：（生2、生3做动作）猫教给它捉的方法、扑的方法、吃的方法。本领学完了，老虎想……

生2：本领都学到了。只有做老师的猫还比我强，如果杀掉猫，我便是最强的角色了。

生1：猫早知道它的来意，心想……

生3：心想如果我把所有的本领都教给老虎，老虎就会爬上树把我给吃掉。

生1：于是，猫就一跳上了树，老虎只能眼睁睁地在树下蹲着。幸亏，猫没有把所有的本领教给老虎，再加上老虎也很性急，所以猫就逃过了这一劫。

师：不错。由于时间关系，我们今天的故事扮演只能先到这里。今天，我们学习了课文懂得了一个道理，大家还讲了故事，你们的收获真不小，好，今天的课上到这里。

改进语文课堂

第四节　同行教学评价

基于第一次课三维目标设计及达成的观察
上海市适存小学　　王印永　李晓峰　孙　岚

我们在许颖老师第一次教学《猫是老虎的先生》时，对三维目标的设计及达成情况进行了观察，从中有如下发现。

一、知识与技能目标方面

为了突破生字生词的障碍，教师结合学生的年龄特点，设计了一些活动，如要求学生根据学习要求，通过自由读课文来学习生字生词；借助组词辨别多音字；特别值得肯定的是，教师能将字词教学与语段教学相融合，同时结合图片教学，用动作演示等方法，帮助学生理解"趾爪、爬搔声"。

为了促进学生理解语篇，教师请学生对课题进行质疑；使用停顿符号，指导学生朗读好长句；通过比较句子，体会猫教老虎本领时的耐心、认真；运用改写句子的方法，把老虎的想法，改成老虎在心底里说的话；利用想象说话，把猫早知道老虎的来意及猫是怎么想的表达出来等。这一系列的设计，都为学生理解寓意做了铺垫。因此在整堂课临近结束时，当教师揭示寓意时，就有了水到渠成之感，进一步启发学生明白道理，提升感悟。

当然上述活动中我们觉得设计也有些不尽合理之处。首先"先生"一词的理解不必放在读了第二节以后，可以在课题出示后马上进行请学生交流。这样就能使课堂节奏更紧凑。理解"趾爪"和"搔"的意思，可以在交流读词语的时候落实。这样可以为研读课文省下时间。比较的两个句子，差异不明显，效果不是很好，是否可以舍去。还有，字词教学中，多音字"角（jué）"应该指导一下；"侥幸"是对理解文章有很大作用的一个词语，可以作为重点。

二、过程与方法目标方面

对于生字生词的识记，教师采用了自读课文然后"开火车"，一人读一

第五章 优化教学环节：积累重组整合的实践智慧

个词，随机纠正读音，指导理解词义的方法。但我们觉得重点不够突出，字形容易混淆的，对课文的理解有帮助的词语渗透不够，比如：谜、饶。

对于促进语篇的理解，教师采用了比较句子、改写句子和想象说话等方法。我们觉得比较句子，突出理解猫耐心、认真地教老虎本领，效果一般，本身文中的句子也属于略写，无法深刻表现出耐心的特点，可以通过请学生将"猫是怎样教老虎本领的"说说具体的方法来理解。改写句子和想象说话，这两个设计效果比较好，学生能学以致用。

三、情感态度与价值观目标方面

教师在上课过程中引导学生评价"这是一只怎样的猫？""这是一只怎样的老虎？"向学生传达了一种"要学会自我保护"的意识。而我们认为可以鼓励学生多元化理解寓意，只要能立足于文本，有依据即可。例如，可以引导学生总结出我们要做善良的人，不要忘恩负义等。当然在理解寓意方面，还应让学生在读中进行感悟，整堂课朗读训练不够，学生的体验就不足，教师应给予学生充分表达的机会，在读的基础上，让学生运用课堂上学过的语句，再用上自己的话说一说这个故事，这也有助于引导学生对寓意的再次思考，可以促进学生情感态度价值观的提升。

基于第二次课教学环节有效性的思考

上海市适存小学　史丽萍　刘亚芹　倪　玲

首先，本节课教师在教学环节的设计上作了许多改进。

1. 导入变了。教师直接出示图片讲猫和老虎的性格，随后补齐课题，通过换词，理解"先生"这个词的含义，接着请学生质疑课题。这样的导入，开门见山，简洁明了。此环节持续了2分钟。只是在质疑时没让学生提出有质量的问题。

2. 整体感知部分紧凑了，教师用了7分钟时间完成了这个环节的教学，让学生对课文有了大致的了解。不过感觉"趾爪"、"搔"的教学语言还是啰嗦，生字中字形教学重点未体现。如：谜、饶。

3. 研读部分加入了想象描写，围绕三个问题展开，思路清晰，过程明了。这也是本节课改进最大的部分，20分钟的教学时间里，教师能层层深入，用三个问题串联教学内容，引领学生读懂文本，理解猫和老虎的形象、性格特点。对学生语言运用能力的培养也较突出，且都是为事后讲故事服务，还是很有效的。讲故事部分能给学生提示，通过"小帮手"，降低了学习难度，学生也能离开课本来复述课文了，比较有效。

4. 能完成"提高明理"部分对课文寓意的揭示，给学生以启示，有进步。但在教学中未给予学生足够的准备时间及思考、讲述的机会（此环节持续了6分钟），以教师包办代替结束，没有达到预期的教学效果。

其次，本节课各个环节之间的过渡语自然、简洁，有承上启下的作用。

1. 导入——感知：让我们带着这些问题来学习课文。

2. 感知——研读：同学们读得不错，课文哪一节写的是猫是老虎的先生这个故事？

3. 研读——讲故事：这个短小精悍、生动有趣的故事学完了，你能根据课文内容，展开合理的想象，用自己的话讲给大家听吗？

4. 讲故事——改课题：同学们的故事讲得真不错，我们能不能根据课文内容给文章另外起个题目呢？

5. 改课题——明理：这个猫与老虎的故事最终以老虎的落败结束了。本文的作者是大文学家鲁迅，他在文章的最后一小节说……（此处，教师运用了引读的方式，引导学生讲出了"这是侥幸的。"）

对于这节课的教学情况，我们认为可以进行如下的改进。

教师在引导学生进行改课题时，过渡语如果设计成"同学们的故事讲得真不错，如果你作为故事员在讲这个故事时，会给它取个怎样的题目呢？"这样是否会更贴近课堂一些呢？

此外，本节课的整体感知环节还可以优化。因为课前预习是三年级重点训练的内容，学生对生字词已基本掌握，也能较流利地朗读课文，所以建议课堂上可以直接进行字词的检查反馈，尽量突出重点，使语言精练。

后 记

课例是一个真实的教学案例,是对课堂教学中含有问题或关键事件的教学过程的叙述及诠释。"课例研究"试图让教师亲历一个规范的研究课堂教学改进的过程。

本书中的课例基本涵盖了语文教学中的听、说、读、写教学,此外,还有体现语文综合实践活动的图画书教学和基于最新互动反馈技术和白板技术相结合的语文教学。这些课例的研究是基于现实中始终没有破解的问题与困惑,旨在通过对问题的诊断,以小步子的方式,实实在在地寻求探索破解问题的策略与方法。因此,我们说这是一项行动研究,是一项提升教师反思能力的研究。

本书中的课例既兼顾到小学,也兼顾到了中学;既适用于教师,也适用于教研员以及高校的理论研究者和在校学生参考。每个专题的课例均由四部分组成:课例研究报告、三次课堂教学改进设计、三次课堂教学改进实录以及同行教学评价。

全书由上海市教育科学研究院教师发展中心胡庆芳博士策划,由上海市教委教研室韩艳梅博士负责总体框架的设计、各章节稿件的组织以及最后的修改与统稿。全书各章节的具体分工如下:第一章第一节、第二章第一节、第三章第一节、第四章第一节由韩艳梅撰写;第一章第二节、第三节由陆蕾撰写;第二章第二节、第三节由金晓燕撰写;第三章第二节、第三节由过芸撰写;第四章第二节、第三节由薛闻、葛祎婷撰写;第五章第一节由胡庆芳撰写,第二节由许颖撰写,第三节由王艳等整理;第一章至第五章的第四节是由课例研究小组众多教师撰写的点评,作者在每篇文章中一一署名。

本语文系列的课例研究得到了上海市实验小学、上海市嘉定区桃李园实验学校、上海市洛川学校、上海市风华初级中学、上海市适存小学、浙江省

改进语文课堂

桐庐县城关初级中学以及浙江省桐庐县教师进修学校的大力支持！在研究过程中还得到了松江区教师进修学院诸灵康、陈赣老师，黄浦区教师进修学院李海燕老师对其中多个专题的积极协助，在此深深致谢！香港教育学院余婉儿博士也亲自参与了部分专题的合作研究，对促进沪港两地语文教学的交流与彼此借鉴起了积极作用，在此表示感谢！

特别要感谢的是参加各专题研究的执教教师、点评教师及所在学校的语文教研组。各专题参与研究的教师均是在某些领域已有专长，或已取得一定的教学成效的教师中精选出来的。但研究并不仅是这些执教教师在单兵作战，在他们的身后，有着强大的教研团队在支撑，每一次课后的研讨、反思与改进，都有来自集体智慧的声音。

记得有人提出过这样的教师成长公式：经验＋反思＝成长，反思是我们教师发展的重要基础。当代著名教育家叶澜教授也曾指出："一个教师写一辈子教案不一定成为名师，如果一个教师写三年的教学反思就可能成为名师。"其实，每位教师的成长都是这样过来的，我们相信，反思是教师专业发展的必由之路，在实践中尝试，在反思中研究，使自己在自我调整、自我完善的过程中不断得到发展和提高。反思后的改进，相信更能激发我们灵感和力量。

因时间仓促，本课例研究可能还有很多不完善之处，我们期待倾听来自语文教学同行的声音，您的意见和建议将是我们继续前行的动力！

韩艳梅
2010年12月于上海

摆渡者教师书架(现已出版部分)

丛书名称	主编或作者	书名	定价(元)
大师背影书系	张圣华	《陶行知教育名篇》	24.90
		《陶行知名篇精选》(教师版)	16.80
		《朱自清语文教学经验》	15.80
		《夏丏尊教育名篇》	16.00
		《作文入门》	11.80
		《文章作法》	11.80
		《蔡元培教育名篇》	19.80
		《叶圣陶教育名篇》	17.80
教育寻根丛书	张圣华	《中国人的教育智慧·经典家训版》	49.80
		《过去的教师》	32.80
		《追寻近代教育大师》	29.80
		《中国大教育家》	22.80
杜威教育丛书	单中惠	《杜威教育名篇》	19.80
		《杜威学校》	25.80
		《杜威在华教育讲演》	29.80
班主任工作创新丛书	杨九俊	《班集体问题诊断与建设方略》	19.80
		《班主任教育艺术》	22.80
		《班级活动设计与组织实施》	23.80
新课程教学问题与解决丛书	杨九俊	《新课程教学组织策略与技术》	16.80
		《新课程教学现场与教学细节》	15.00
		《新课程备课新思维》	16.80
		《新课程教学评价方法与设计》	16.80
		《新课程说课、听课与评课》	16.80
新课程课堂诊断丛书	杨九俊	《小学语文课堂诊断》(修订版)	18.60
		《小学数学课堂诊断》(修订版)	18.60
		《小学综合实践活动课堂诊断》	23.60
		《小学品德与生活(品德与社会)课堂诊断》	22.80
名师经验丛书	肖 川	《名师备课经验》(语文卷)	25.80
		《名师备课经验》(数学卷)	25.60
		《名师作业设计经验》(语文卷)	25.00
		《名师作业设计经验》(数学卷)	25.00
个性化经验丛书	华应龙	《个性化作业设计经验》(数学卷)	19.80
		《个性化备课经验》(数学卷)	23.80
	于永正	《个性化作业设计经验》(语文卷)	20.60
		《个性化备课经验》(语文卷)	23.00

续表

丛书名称	主编或作者	书　名	定价(元)
深度课堂丛书	《人民教育》编辑部	《小学语文模块备课》	18.00
		《小学数学创新性备课》	18.60
课堂新技巧丛书	郑金洲	《课堂掌控艺术》	17.80
课改新发现丛书	郑金洲	《课改新课型》	19.80
		《学习中的创造》	19.80
		《多彩的学生评价》	26.00
教师成长锦囊丛书	郑金洲	《教师反思的方法》	15.80
校本教研亮点丛书	胡庆芳	《捕捉教师智慧——教师成长档案袋》	19.80
		《校本教研实践创新》	16.80
		《校本教研制度创新》	19.80
		《精彩课堂的预设与生成》	18.00
		《让孩子灵性成长:青少年野外活动教育创新》	20.00
		《联片教研模式创新:一题一课一报告》	23.00
美国教育新干线丛书	胡庆芳	《美国学生课外作业集锦》	35.80
美国中小学读写教学指导译丛	胡庆芳　程可拉	《教会学生记忆》	22.50
		《教会学生写作》	22.50
		《教会学生阅读:方法篇》	25.00
		《教会学生阅读:策略篇》	24.80
提升教师专业实践力译丛	胡庆芳　程可拉	《创造有活力的学校》	22.50
		《有效的课堂管理手册》	24.00
		《有效的课堂教学手册》	32.80
		《有效的课堂指导手册》	24.80
		《有效的教师领导手册》	25.80
		《提升专业实践力:教学的框架》	30.80
		《优化测试,优化教学》	22.50
		《有效的课堂评价手册》	26.80
中小学教师智慧锦囊丛书	费希尔	《初为人师:教你100招》	16.00
	奥勒顿	《把复杂问题变简单——数学教学100招》	17.00
	格里菲思	《精彩的语言教学游戏》	17.00
	墨菲	《历史教学之巧》	18.00
	沃特金　阿伦菲尔特	《100个常用教学技巧》	16.00
	扬	《管理学生行为的有效办法》	16.00
	鲍凯特	《让学生突然变聪明》	17.00
	库兹	《事半功倍教英语》	17.00
	鲍凯特	《这样一想就明白——100招教会思考》	17.00
	海恩斯	《作文教学的100个绝招》	15.00
教育心理	俞国良　宋振韶	《现代教师心理健康教育》	25.80

续表

丛书名称	主编或作者	书　名	定价(元)
教师在研训中成长丛书	胡庆芳　林相标	《校本培训创新:青年教师的视角》	21.80
		《教师专业发展:专长的视野》	21.60
		《听诊英语课堂:教学改进的范例》	31.60
		《提升教师教学实施能力》	22.00
中小学课堂教学改进丛书	胡庆芳　王　洁	《改进英语课堂》	32.80
		《改进科学课堂》	26.00
		《改进语文课堂》	28.00
其他单行本	胡庆芳	《美国教育360度》	15.80
	徐建敏 管锡基	《教师科研有问必答》	19.80
	杨桂青	《英美精彩课堂》	17.80
	陶继新	《教育先锋者档案》(教师版)	16.80
	单中惠	《西方教育思想史》	59.80
	孙汉洲	《孔子教做人》	27.90
	丰子恺	《教师日记》	24.80
	陶　林	《家有小豆豆》	27.00
	徐　洁	《教师的心灵温度》	26.50
	赵　徽 荆秀红	《解密高效课堂》	27.00
	赖配根	《新经典课堂》	29.00
	严育洪	《这样教书不累人》	27.00
	管锡基	《中小学综合实践活动课程资源包》	39.80
	孟繁华	《赏识你的学生》	29.80
	申屠待旦	《教育新概念——教师成长的密码》	27.00

"新课程教学问题与解决丛书"荣获第七届全国高校出版社优秀畅销书一等奖！
《陶行知教育名篇》荣获第八届全国高校出版社优秀畅销书一等奖！
"大师背影书系"荣获第八届全国高校出版社优秀畅销书二等奖！
《名师作业设计经验》(语文卷)、《名师作业设计经验》(数学卷)、《名师备课经验》(语文卷)荣获第17届上海市中小学幼儿园优秀图书三等奖！
《西方教育思想史》荣获全国第二届教育科学优秀成果二等奖（1999）！
在2006年全国教师教育优秀课程资源评审中，"新课程教学问题与解决丛书"中的《新课程教学组织策略与技术》《新课程教学现场与教学细节》《新课程备课新思维》和《新课程说课、听课与评课》被认定为新课程通识课推荐使用课程资源，《陶行知教育名篇》被认定为新课程公共教育学推荐使用课程资源，《课改新课型》被认定为新课程通识课优秀课程资源，《小学语文课堂诊断》被认定为新课程语文课优秀课程资源，《小学数学课堂诊断》被认定为新课程数学课推荐使用课程资源！